中国清洁发展机制基金资助

峰值目标下
中国低碳发展路径选择研究

——以天津为例

孙振清◎等 著

人民出版社

序

　　一个国家 CO_2 排放什么时候达到峰值,峰值时人均排放多少,取决于经济社会发展的诸多因素,如 GDP 增长速度、GDP 能源强度及单位能耗 CO_2 排放强度的变化等。发达国家不同的国情和发展方式,其达到峰值的时间和人均峰值排放水平也有很大差别。

　　当前发达国家能源消费和 CO_2 排放大都呈现了持续下降的态势,CO_2 排放达到峰值具有如下特征:峰值时间均出现在基本完成工业化之后,CO_2 总量达峰值时间一般滞后于人均 CO_2 排放峰值时间,CO_2 排放总量达峰时间一般早于能源消费总量达峰时间,工业部门的达峰时间要早于全国总量达峰。不同发达国家人均排放达峰值时的排放水平有较大差别。如美国、欧盟人均 CO_2 排放峰值均出现在二十世纪七十年代初,人均峰值 CO_2 排放量美国达 22.2t,而英国和德国分别为 11.7t 和 13.4t,欧盟 15 国平均为 9.4t。欧盟 CO_2 排放总量达峰时间是在 1980 年,而美国由于人口增长较快,其 CO_2 排放总量直到 2005 年才达峰。日本在 2005 年人均 CO_2 排放和总量排放同时达峰,人均排放量为 9.5t。美国人均峰值时排放水平约为欧盟和日本人均峰值时水平的 2 倍。经济发展方式和消费方式的变革对控制 CO_2 峰值水平有至关重要的作用。

　　中国正处于工业化、城镇化快速发展阶段,未来 CO_2 排放什么时间能达到峰值,峰值排放量有多大,都有很大不确定性。很大程度上取决于当前和今后的发展方式和政策,取决于未来科技创新和发展方式转变的力度。中国 CO_2 排放达峰时间和峰值总量,不能简单地进行预测。即使用复杂的能源、环境和经济耦合模型,也只是对未来各种政策下的发展趋势和情景进行模拟,而难以进行准确的预判。当前研究并确立 CO_2 排放峰值目标,是分析在努力采取大力度减排政策和措施,加快实现低碳发展转型的战略下,探讨经努力可争取实现的积极紧迫的 CO_2 减排目标,并以此为导向,构建促进经济社会发展方式转变和大力度节能减碳的倒逼机制。当然,未来实际的 CO_2 减排路径与确立的峰值目标在时间和数量上都会有所偏差,但更重要的是一个积极紧迫的减排目标对促进低碳转型将起到重要的制约和积极的引导作用。

孙振清教授及其带领的天津科技大学能源环境与绿色发展研究中心团队,在经过认真分析国外达峰前后特点的基础上,对中国的峰值提出的原因及障碍进行了剖析,重点对天津市达峰的影响的重点行业,采用一般均衡模型方法对天津市的工业、一产、三产及家庭的未来碳排放情景进行了分析,并对天津市的对外贸易的碳排放影响进行了研究。提出不同路径下的天津实现峰值目标的对策。其成果对其他省市也具有非常好的借鉴作用。

天津作为优化开发区的重要部分,是京津冀大气环境治理的重点。国家将天津市在京津冀协同发展中定位于:"一个基地、三个区",即全国先进制造研发基地、国际航运核心区、金融创新示范区、改革开放先行区。和之前的"中国北方的经济中心、国际航运中心和国际物流中心、现代制造业基地",有所不同。这一改变更加赋予天津更多的研发、创新和先行的职能,更希望未来天津在绿色发展中,发挥更大的作用,能够率先达峰、率先转型发展,为其他省市和地区,起到引领和示范作用。

让我们共同期待。

是为序!

国家气候变化专家委员会副主任

清华大学低碳经济研究院院长、原常务副校长

2016 年 7 月 1 日

目　录

前　言

　　2015 年 12 月巴黎时间 12 月 12 日晚上,《联合国气候变化框架公约》195 个缔约方一致同意通过《巴黎协定》,宣布新气候机制的诞生:明确了全球应对气候变化的长期目标,即把全球平均温升控制在工业革命前 2℃之内,并努力控制在 1.5℃之内。为此,全球温室气体排放需尽快达到峰值,到本世纪下半叶实现温室气体的净零排放。明确全球长期目标的实现以国家自主决定贡献(INDC)的自愿行动为基础,同时要加强各国行动和支助的透明度,并从 2023 年开始,进行全球每 5 年一次的盘点或总结,以评估实现协定宗旨和长期目标的集体进展情况。

　　2015 年 9 月 25 日的联合国可持续发展峰会,宣布了 2030 年可持续发展议程 17 个大目标和 169 个子目标。其中目标 13 是采取紧急行动应对气候变化及其影响。进一步明确气候变化的严重性、紧迫性和共同性。2014 年 11 月 12 日中美双方在北京签署了有关应对气候变化和清洁能源合作的联合声明。声明中分别说明了中国和美国的 2025 年和 2030 年的减排目标,将峰值问题提到了世人面前。2015 年 6 月 30 日,中国政府向联合国气候变化框架公约秘书处提交了应对气候变化国家自主贡献文件①。以正式文件的形式提出中国 2030 年的行动目标:二氧化碳排放 2030 年左右达到峰值并争取尽早达峰,单位国内生产总值二氧化碳排放比 2005 年下降 60%—65%,非化石能源占一次能源消费比重达到 20% 左右,森林蓄积量比 2005 年增加 45 亿立方米左右。实现峰值目标成为一项政治任务,也成为

---

　　①　国家发改委:《我国提交应对气候变化国家自主贡献文件》,2015 年 6 月 30 日,见 http://qhs. ndrc.gov.cn/gzdt/201507/t20150701_710232.html。

中国能否作为负责任大国的一个重要标志。

2015 年 8 月 12 日天津港发生大爆炸,举国关注。这次爆炸天津直接经济损失约为 700 亿元,虽然与 GDP 总量 1.57 万亿来说算个零头,但其间接影响更加深远,也为天津以重工业作为经济发展支柱的模式敲响了警钟:走绿色、低碳、循环的可持续发展道路,是历史的必然。发展理念尤其是作为改革先行先试的自贸区建设,必须具有前瞻性和长远性。李克强总理在十二届三中全会的《政府工作报告》中指出,我国发展面临"三期叠加"矛盾,即:增长速度换挡期,结构调整的阵痛期,前期刺激政策的消化期。中国经济虽然经过了三十多年的快速增长,但是由于国内外环境的变化,经济下行压力依然较大,一些外资企业纷纷撤出中国大陆,迁往东南亚、非洲等人力成本相对更低的国家,而一些高科技公司如 3D 打印技术的研究机构也撤回本土,对转型中的中国造成巨大压力,经济发展进入新常态。

在新常态下实现转型发展是国人的诉求,也是中国梦的一部分。如何在经济发展速度接近或者低于 7%,工业尤其是在支持中国经济发展做出重大贡献的重化工业发展被披上了高耗能、高污染和低附加值帽子的情况,如何通过提高附加值、降低能源消耗,进行升级转型,如何扩大服务业在产业结构中的比重填补工业转型留下的发展空间,走绿色低碳发展的道路,成为政府、企业和关心国家可持续发展的人们共同关注的焦点,也是急切需要解决的问题。

那么,峰值目标是自然发展的产物,还是人为干预的结果?本书将对西方主要发达国家碳排放峰值出现前后的经济发展、能源结构和政策特征等进行梳理,发现其中一些规律、得出一些结论。以此为基础,分析我国 2030 年峰值目标提出的背景及"艰苦卓绝"努力的实现难度。运用 Kaya 因素分解法,对天津市近些年碳排放的影响因素进行分析,发现天津作为曾力争北方经济中心的直辖市,其碳排放的主要来源是电力、冶金、化工和石油开采等工业行业,但是居民生活和交通排放呈上升趋势,成为实现达峰目标必须要特别关注的问题。

为了能更清晰了解和判断未来天津碳排放及经济社会发展趋势,课题组建立了可计算一般均衡模型。通过此模型对天津 2030 年前的碳排放峰值进行了四种不同情景分析,分析表明峰值可能出现年份是 2017、2021、2022 或 2025 年,也就是说最早出现在 2017 年,最晚出现在 2025 年。其中 GDP 增速、人口增长、产业结构、能源结构等是最主要的影响因素。之后,在考虑峰值目标硬约束的情况下,对天津市的第一产业、工业、钢铁产业、生活用能、外贸产业结构、城市废弃物等分别进行量化分析,为天津市实现低碳发展的最优路径选择提供参考和支撑。

仅以此书,献给为美丽中国、美丽天津做出贡献的各位专家、学者和国人。

孙振清负责本书的框架设计和最终修改和统稿,各章编写情况如下:

第一至第四章:孙振清;

第五章:温丹辉;

第六至七章:何延昆;

第八章:林建衡,温丹辉;

第九章:侯小波,温丹辉;

第十章:侯小波;

第十一章:李春花;

第十二章:李妍,孙振清。

本书第一章主要介绍了德国、英国、日本、美国和欧盟西方发达国家和地区在能源消耗和碳排放方面达到峰值时的一些规律,如工业化进程基本结束、人口增速较慢,人均提前于总量达峰,主要耗能产品消费量趋于稳定、煤炭消费量进入下降通道等。

第二章介绍了中国峰值目标提出的国内外背景,以及中国为此付出艰苦卓绝努力的原因。第三章运用 kaya 公式对天津市的碳排放影响因素进行剖析,并与北京进行了对比,有助于透彻了解碳排放特征。第四章提出了天津市碳排放峰值目标总体实现路径,并以情景分析的方法揭示未来天津最有可能的低碳情景路径。为了进一步揭示实现峰值目标,产业之间以及工业内部各行业的关系,在第五章,对本研究建立的 CGE 模型进行介绍,并综合分析了各行业的能源消耗与碳排放情况,对其主要行业的未来发展趋势进行了情景分析,以更清晰了解各产业的排放贡献和未来可能情景。

为了更清晰地了解碳排放大户工业的内部排放及可能的减排潜力,增加了第六章工业发展路径一章。第七章结合 CGE 模型的结果,对钢铁行业的未来发展进行了剖析,尤其是在峰值目标约束下,如何发展钢铁产业,其低碳发展的道路如何走下去,给出了指导性建议。

第八章在分析了改革开放后天津市人口发展特征基础上,对天津市的人均居民生活消耗和交通排放等进行了分析,认为天津市人口 2030 年前达峰的可能性不大,2030 年后还有增长,但是年增长率不会太高,未来的交通排放将成为居民碳排放的主要来源,需要加以关注。

第九章在模型分析的基础上,对天津市农林畜牧的碳排放进行分析,虽然其占总排放的比例不高,但是其降低难度较大。需提早规划准备和投入研究,增强适应能力。

作为发展中的城市,其废弃物处理是政府最为头疼的事情,第十章介绍了天津市废弃物的排放特征及未来趋势,并对政府公共卫生管理部门、市民等提出了具体的建议和意见。

作为北方最大的港口城市,天津的对外贸易对 GDP 贡献较大,为此第十一章单独对天津市外贸的碳排放影响进行了定量分析,并得出了有益的结论。

第十二章对国家和天津市出台的有利于节能减排的政策法规、条例等进行了梳理,并提出了课题研究小组的研究结果,为天津市的实现峰值目标提供体制机制保障。

总之,峰值问题是一个全新的研究领域,涉及的领域较广、内容繁杂。由于作者水平所限,书中难免有不妥之处,敬请各位专家学者批评指正! 孙振清的邮箱:sunzhenqing@tsinghua.org.cn。

在本书的编写过程中得到了人民出版社的大力支持和帮助,研究生贾旭、张楠、邢春为本书的搜集整理资料和附图的绘制做了大量工作,在此表示感谢。同时还要感谢国家发改委、天津市发改委、中国清洁发展机制基金对本研究的鼎立支持和资助。

第一章 西方发达国家碳排放峰值分析

碳排放达峰是全球气候谈判中的焦点,事关2℃温升目标能否实现的关键问题。中国国家主席习近平与美国总统奥巴马在 APEC 会议后的会晤中明确提出,2030 年中国碳排放总量达到峰值,并提前实现。这对于处于工业化进程中的中国来说,确实需要"艰苦卓绝"的努力。那么,西方发达国家在碳排放峰值目标上表现如何,我国从中可以获得哪些可供借鉴的经验和教训? 下面进行具体分析。

第一节 峰值问题概述

碳排放量受能源结构、产业结构、人口、经济发展水平等众多因素影响,各国达峰时的所处条件不尽相同,但也有一定的规律可循,如表 1.1—表 1.2 所示。

运用 kaya 公式(第三章将对此方法做介绍)对主要发达国家碳排放影响因素进行分析发现,对碳排放增长贡献较大的是人均 GDP 增长率和人口增长率,其中前者的作用远超后者。发达国家人口增长十分缓慢,1960—2013 年英国人口增长率 0.39%,德国 0.21%,法国 0.68%,日本 0.62%,美国稍高为 1.09%,OECD 国家平均 0.91%,低于世界平均的 1.65%0.74 个百分点(据世界银行数据测算)。因此,人口因素的影响相对较小。此外,对碳排放量贡献为负的两个因素是能源强度和单位能源碳排放强度,其中前者的贡献大于后者,可以说能源结构调整对碳减排具有决定性作用,但是其影响效果小于对能源强度的影响。能源强度下降是各国碳排放降低最重要的驱动因素,因其源于包括产业结构调整、技术进步和国家能源政策等因素。

表 1.1:部分国家和地区达峰时的主要指标

	指标	美国	欧盟	德国	英国	日本
碳排放达峰	碳排放达峰年	2007	1979	1979	1973	2005
	碳排放峰值/$MtCO_2$	6523.8	4816.6	1176.4	726.4	1396.6
	达峰时人均GDP/美元	38710	11591	15611	17382	39295
	三产比重	1:22:77	5:37:58	2:42:56	2:41:57	1:28:71
	城市化率/%	81	69	73	77	86
人均碳排放达峰	人均碳排放达峰年	1973	1979	1979	1973	2007
	人均碳峰值/tCO_2/人	22.27	8.57	14.13	11.32	9.73
	人均碳峰值时人均GDP/美元	20861	24636	16669	28889	25510
	人均碳峰值三产比重	5:34:61	5:37:58	2:42:56	2:41:57	1:28:71
	人均峰值城市化率/%	74	69	73	77	88
主要产业部门达峰	工业部门排放峰值年	1968	1979	1973	1969	1973
	工业部门峰值/$MtCO_2$	1068	1155	273	171	315
	交通部门峰值年	2005	2007	1999	2007	1998
	交通部门峰值/$MtCO_2$	1790	963	178	129	256
	建筑排放峰值年	1972	1973	1970	1963	2002
	建筑排放峰值/$MtCO_2$	826	857	239	147	180

数据来源:世界银行数据库,2014 年 5 月 10 日,见 http://databank.worldbank.org/ddp/home.do。

表 1.2:碳排放达峰时与 2010 年的指标对比

	达峰时碳排放/$MtCO_2$	碳排放量(2010 年)/$MtCO_2$	能源强度(2010 年)/kgce/1000 $	碳强度(2010 年)/kg CO_2/$	电力达峰否	运输达峰否	年人口增长率(2010 年)/%
德国	1103.6	750.2	173	0.38	是	是	−0.153
英国	726.4	465.8	141	0.28	是	是	0.784

续表

	达峰时碳排放/MtCO$_2$	碳排放量（2010 年）/MtCO$_2$	能源强度（2010 年）/kgce/1000 $	碳强度（2010 年）/kg CO$_2$/$	电力达峰否	运输达峰否	年人口增长率（2010 年）/%
欧盟	4678.2	3576.8	174	0.38	是	是	0.219
日本	1220.7	1092.9	178	0.22	否	是	−0.018
美国	5762.7	5195.0	244	0.64	否	否	0.836

数据来源：世界银行数据库，2014 年 5 月 10 日，见 http://databank.worldbank.org/ddp/home.do。

通过上面的指标对比可以发现，各国能源消费总量在能源和经济危机出现后快速下降，随后能源消耗量达到峰值。1973 年至今，发达国家分别发生了 1973 和 1979 年石油危机、1990 年经济危机、2000 年科技泡沫、2007 年次贷危机等四大经济危机。经济发展是能源消费增长的最大驱动力，经济危机导致能源消耗下降，碳排放和能源峰值也大多在经济危机前出现。不考虑经济危机的影响，各个国家和地区的能源消耗增速是在减慢的。两次石油危机使全世界认识到能源的稀缺性。为了摆脱能源短缺的束缚，发达国家大多从石油危机以后加大力度寻找替代能源。此后，天然气、核能等能源均得到快速发展，可以说两次石油危机开启了发达国家能源结构调整的步伐，使能源结构趋于多样化。虽然在 1990 年前，气候变化问题在国际社会关注度还不高，减缓碳排放也不是各国考虑的因素，但是随着人们对化石能源稀缺性以及对清洁、高效能源偏好度的增加，客观上促使各国所消耗能源的含碳量逐渐降低。

为了应对能源危机，发达国家加快了产业转型。虽然产业转型是伴随国家发展始终的，尤其是随着科学技术的发展，人力成本的增加，一国产业结构必然由依赖资源、劳动力的低端向依靠智力、高科技的高端发展。但是两次石油危机加快了发达国家产业转型的步伐。能源稀缺、环境保护和经济全球化加速，促使发达国家的高污染高耗能行业向国外转移，同时大批提高能效的技术得到开发和应用。产业转型，技术进步和节能政策使发达国家能源强度迅速降低。

所以从能源消费的历史看,发达国家在两次石油危机之后能源消费增速开始减慢。德国是在石油危机期间达到能源消耗的峰值的。美国、欧盟、日本和英国虽然那个时期的能耗没有达到峰值,但是它们能源消耗的增长曲线也是趋于平缓的。

另外,这几个国家(地区)能源消耗达到峰值时,其人均 GDP 在 25000 美元左右,而城镇化率超过 70%。换言之,能源消耗达峰是在人均收入达到一定水平基础之上才实现的。由表 1.1 可见,1979 年后五个国家和地区的人均能耗趋稳,虽然人均能耗未达到最高值,但后来的最高值与之相差无几。如果把能源消耗达峰看作一个缓慢过程的话,可以认为,1979 年各国均迈入达峰路径。从人均能耗达峰时的各国情况(表 1.3)可见,欧盟和日本能耗达峰时人均年耗能超过 5 吨标煤,而美国要高出一倍以上,而此时它们的人均 GDP 均在 2 万美元以上,而且,高能耗产品均提前达峰,其后才实现人均能耗和碳排放达峰,而且,碳排放提前于能耗达峰。这里的例外是日本,其人均能源消耗 2000 年就已达到峰值(这个峰值并不突出,而是进入高位平台期),到 2007 年人均碳排放才出现峰值迹象。这是因为,1999 年日本核能发展停滞,其能源碳排放因子不降反升,造成碳排放达峰晚于能源达峰。以上充分说明,碳排放达峰的最基本条件是能源结构得到充分优化且能够持续保持,一旦保持不住,极有可能出现反弹。

表 1.3:人均能耗达峰情况对比

人均能耗峰值比较	钢产量达峰年	水泥产量达峰年	人均碳排放达峰年	人均能耗达峰年	人均能耗峰值(kgce)	能耗峰值时人均GDP/$	碳排放达峰时城市化率/%
德国	1973	1972	1979	1979	6692	20861	73
英国	1973	1973	1973	1973	5512	24636	77
欧盟	1973	2007	1979	2004	5178	26381	70
日本	1973	1996	2007	2000	5843	28889	79
美国	1973	2005	1973	1978	11837	25510	74

资料来源:根据世界银行数据整理。

　　同时各国钢铁总产量与人均钢铁产量均在 1973 年达到峰值(图 1.1 和表 1.3 所示)。同样作为高耗能行业的水泥,各个发达国家的总产量也在 1979 年前达到峰值,英国、美国为 1973 年,德国、日本、欧盟均为 1979 年。

(单位: t/人)

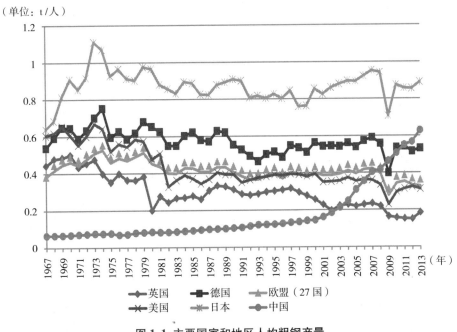

图 1.1:主要国家和地区人均粗钢产量

资料来源:世界钢铁协会、世界银行。

　　此外,对碳排放量贡献为负的两个因素是能源强度和能源 CO_2 排放系数,能源强度的贡献大于能源 CO_2 排放系数,说明能源结构调整对碳减排有重要作用,但是其贡献值远远小于降低能源强度的贡献。能源强度下降是各国碳排放降低的最重要的因素,主要影响因素包括产业结构调整、技术进步和节能政策。也就是说,产业结构升级要比能源结构调整对于减少碳排放更容易,效果也优于能源结构调整。

　　随着能源结构的优化,发达国家在部门排放占比、碳排放因子等方面有趋同趋势,如表 1.4 所示。热力和电力排放占总排放的 45% 左右,制造业和建筑业的排放占 15% 左右,住宅和服务业排放占比与制造和建筑业类似,交通排放占比国家间差别较大,但约在 19% 以上。

表 1.4：碳排放结构（2011 年）

项目 国别	热电/%	制造业和建筑/%	住宅和商业/%	交通/%
德国	46.89	15.27	17.95	19.90
英国	44.40	11.09	17.12	26.36
欧盟	41.96	15.46	15.37	25.20
日本	47.32	20.64	12.66	18.52
美国	46.87	11.31	10.03	30.98
均值	45.49	14.75	14.63	24.19

资料来源：世界银行 WDI，2015。

下面对各国峰值发生前后的具体情况进行分析。

第二节　德国峰值情况介绍

德国在 1979 年碳排放达到峰值，并且人均碳排放、能源强度和能源消耗也同期达到峰值。其中，化石燃料发电占总发电量的比重则由 1973 年的 93%降到 1979 年的 84%和 2008 年的 59%，年均下降率达到 1.2%。1973 年制造业排放达到峰值，制造业产值及其对 GDP 的贡献也于 1979 年达到峰值（1979 年其 GDP 占比达 30%，到 2010 年降为 21%）。

一、1979 年前德国能耗和碳排放

1965 至 1973 年德国机动车拥有量激增，供暖设施进行燃煤改造，原油替代煤炭，使得石油消耗量从 0.863 亿吨标油上升到 1.622 亿吨标油，年均增长率 8.2%，煤炭消耗由 1.635 亿吨标油下降到 1.283 亿吨标油，年均能源使用量减少 440 万吨标油即 628.6 万吨标煤。到 1972 年石油消耗量首次超过了煤炭，成为第一大能源。1973 年的石油危机使得世界各国对石油消耗量的增速放缓，德国也不例外，1979 年德国石油消费量到达峰值，之后逐渐下降。石油作为用于供热能源使用的部分被天然气取代，石油危机也

使煤炭消费量回升以弥补石油的不足。1975 年到 1985 年煤炭消费量出现一个小高峰,增加到了 1.476 亿吨标油,一次能源结构中的煤炭又超过了石油,成为第一大能源。

20 世纪 60 年代,日益严重的环境污染催生了民众的环保意识,推动政府在环境方面加快立法。1971 年德国发布了《环境规划方案》,1972 年出台第一部《废弃物处理法》,1974 年颁布《控制大气排放法》。环境立法促进了能源结构调整速度,核电等清洁能源得到了长足发展,具体情况如何,后面将专题论述。

从第二次世界大战后到 20 世纪 70 年代初结束的国民经济恢复建设时期,钢铁和建筑业对德国经济发展起到了巨大作用。第二产业(制造业与建筑业)占国民生产总值的比重从 1950 年的 50.1% 上升到 1961 年的54.6%,随着基础设施建设的结束,逐步下降到 1973 年的 45%。期间,德国[①]水泥产量达到峰值,其排放从 1960 年的 338.7 万 tCO_2 上升到 1972 年的586.8 万 tCO_2[②],达到历史最高值。

大规模经济建设为建筑业、机械工业、化学工业和汽车工业的发展提供了巨大的驱动力。作为重要工业原料的钢铁,此时产量也大幅攀升,由1967 年的 4139.1 万吨增长到 1974 年的 5939.6 万吨,钢产量达到历史最高水平。

二、达峰后德国排放分析

德国虽然碳排放和能源消耗在 1979 年就达到了峰值,但是石油危机对碳排放的影响很大,这一时期德国碳排放达峰很大程度上依赖于经济增速放缓、能源结构调整和能源技术的进步。石油危机的影响使德国认识到化石能源短缺不可避免,必须认真考虑能源政策。1983 年到 1991 年间德国

---

① 注:这里的数据指联邦德国,没有计算原东德数据。东西德合并后其水泥的碳排放依然没有超过 1972 年的数值。

② 二氧化碳信息分析中心网站:2014 年 3 与 10 日,见 http://cdiac.ornl.gov/ftp/ndp030/CSV - FILES/nation. 1751_2011.csv。

经济迅速复苏,人口增加,可是能源消耗量却没有增加,这与德国这一时期的节能政策、能源结构和产业结构调整分不开。

（一）1985 年后德国电力排放逐步下降

德国电力构成中化石燃料比重逐渐下降,年发电量增量由核能、可再生能源填补,尤其是 2000 年后可再生能源发电量迅猛提高。电力构成中排前四位的是煤电、核电和天然气及可再生能源,总计超过 90%。

1. 1985 年后煤炭比重开始下降

1955 年硬煤占德国能耗总量的 75%。一方面,通过内燃机车的发展提高了石油的地位,另一方面,通过多数供暖设施从利用煤和焦炭转变为利用既便宜又舒适的燃料油,后来转而利用天然气,此外钢铁企业通过采用新的工艺减少煤炭需求,使得硬煤应用份额迅速下降。硬煤仅仅在 20 世纪 70 年代石油危机时利用份额有所回升,其后就一直处于下降之中。由于开采费用昂贵,因此在政府以高额补贴和对外国煤进口限制的保护下,德国硬煤才得以在国内销售。

1985 年德国煤炭消费 1.476 亿吨标油,到 1994 年下降到 9560 万吨标油,下降的原因在于,其部分依赖煤炭生产的工业企业停产和转而利用更加高效的清洁能源。自此,能源消耗量在一个较小的范围内波动。而煤电在电力结构中的占比由 1983 年的 68% 下降到 1994 年的 57%。

2. 天然气快速发展

德国天然气的大量使用分为两个阶段:第一阶段从 1965 到 1979 年,这一时期,天然气大量用于发电行业。天然气发电占总发电量的比例由 1965 年的 1% 迅速上升到 1979 年的 16%。天然气消耗量由 1965 年的 29.2 亿立方米增长到 1979 年的 582.2 亿立方米。第二阶段是第二次石油危机即 1983 年后,天然气取代石油成为供热的主要能源,1992 年后成为第二大能源载体,而在 1968 年其作用还不显著。天然气消耗量的增长源于德国天然气的开采和从荷兰、苏联进口量的增加。1983 年天然气发电占比达 8.5%,然后一路下跌,1994 年又回升到 8.1%,但是之后天然气消费总量和其发电量总体保持增长态势①。

3. 1973—1990 年核电大发展

自 20 世纪 70 年代新核电厂投产后,德国核能利用量逐年上升。核电由 1965 年的 1. 37 亿 kWh,增加到 1973 年的 121. 05 亿 kWh,1989 年则增到 1617. 06 亿 kWh。核电的总发电量占比也由 1983 年 16. 4%增加到 1991 年的 27. 5%。虽然德国从 20 世纪 80 年代末之后再没有新的核电厂投入运行,但是由于发电效率的提高,核电在电力结构中的占比却逐渐提高。这个时期其他能源如可再生能源,占能源总量的比例还较低。尽管水电在第二次世界大战前后的几十年进行了扩建,并对太阳能和风能设备进行了大规模补贴,但到 2000 年可再生能源(不包括水电)仅占能源消耗量的 2. 4%左右。

(二)德国工业排放在 1983—1991 年间缓慢下降

德国制造业排放在 1973 年达到峰值,制造业产值的 GDP 占比在 1979 年达到峰值的 30%,1973—1979 年,德国工业不断向产业链高端发展,单位产值能耗迅速下降。到 2010 年德国制造业占 GDP 的比重为 21%。1983 年后德国经济复苏,制造业的 GDP 占比变化不大,同时制造业产值大幅增加,从 1. 80 亿美元上升到 1991 年的 4. 51 亿美元。但是制造业排放却没有大幅上升,而是小区间内波动,这和德国的产业结构调整以及产业节能政策分不开。

德国第二产业(制造业与建筑业)占国内生产总值的比重在 1950 年为 50. 1%,1961 年达到最高,为 54. 6%,以后逐渐下降,1983 年降为 39%,1991 年为 37. 3%,1998 年为 31%,2010 年降到 28%。第三产业占比在 20 世纪 50 年代在 40%上下波动,60 年代逐步上升,1983 年达 59%,2010 年达 71%。其中金融保险、房地产、宾馆、科教文卫等服务业上升最快,1960 年服务业只占 GDP 的 11. 4%,1981 年达 24. 1%,1996 年则达到 37. 5%。

机械制造一直是德国的第一大工业部门。1970 年后机械工业投入下

①　数据来源:世界银行 WDI(2015)。

降,1984 年和 1985 年德国机械产品出口额占世界机械出口额的 18.7% 和 19.4%,低于美国水平。面对这种情况,德国政府和企业界调整竞争战略,机械工业投资占销售额的比重 1988 年增加到 5.5%,之后机械产品出口占世界机械出口总额的比重达到 21% 左右,超过了同期的美国和日本。同时,机械制造占制造业总产值的比重也在升高,1999 年为 32%,2007 年达到 37%。

1984 年到 1990 年,德国制订了"未来信息技术计划""微系统技术计划""神经网络计算机计划",东部地区"2000 年通信技术长期计划"和"生产技术计划"等。这些计划确定发展微电子、计算机、光电子、神经网络、人工智能等技术,促进电子工业的发展。政府为此提供了一系列资助,如从 1987 年到 1996 年"未来信息技术"计划提供 89 亿多马克资助,为"东部地区 2000 年长期通信技术计划"资助 50 亿马克,对"微系统技术计划"资助 4 亿马克,资助"生产技术"4500 万马克等。政府的这些资助主要用于发展追赶世界先进水平的关键技术、关系到国防建设和国民经济发展的技术、扩大出口和提高国际竞争能力的技术以及改善劳动条件、改善居民生活及环保技术等[①]。这些技术的发展无疑为增加德国产品的附加值、降低能源消耗和碳排放奠定了基础。

(三)20 世纪 90 年代后制造业碳排放迅速下降

1991 年到 1993 年间的第三次石油危机对德国制造业打击巨大,不仅制造业的碳排放出现剧烈下降,制造业产值也大幅缩水,其 GDP 的占比从 1991 年的 28% 下降到 1997 年的 22%。与 1979 年到 1985 年的第二次石油危机情形类似。制造业的 CO_2 排放从 1989 年的 2.06 亿吨下降到 1993 年的 1.37 亿吨,此后经济复苏,但是碳排放再没有回升到原来水平,这与德国执行的一系列节能政策不无关系。

为了节能减排,德国出台了一系列促进循环经济和环境保护的法律法

---

① 韩永文:《德国的产业结构变化、支柱产业和产业政策》,《经济改革与发展》1995 年第 11 期。

规,如1994年制定1996年施行的《循环经济与废物管理法》、1998年实施的《生物废弃物条例》、1999年实施的《垃圾法》和《联邦水土保持与旧废弃物法令》、2006年实施的《欧盟垃圾处理条例》等。德国政府把资源闭环循环的循环经济思想扩展到生产和消费各环节,强调生产者责任即对产品整个生命周期负责,尽量节省资源、能源,避免和减少废弃物的源头产生,对废弃物进行最大限度的再利用,对无法再利用的进行环境无害化处置。

德国产业结构变动的总趋势与欧盟其他成员国乃至其他所有发达国家大体相同:一是高新技术产业的比重逐步上升,高新技术及非高新技术产业的比重逐步下降;二是绿色化发展趋势,主要表现在高污染、高耗能产业的比重下降,低污染、低耗能产业的比重上升;环保产业的比重上升;文化产业、旅游产业等无烟产业的比重上升。1990年以来德国制造业各个部门的碳排放均开始下降。1998年2月由德国教育与科技部发布的技术前瞻报告,肯定了德国在环保、能源、建筑和汽车工业领域超过美国居于世界领先地位;在化学、生产工艺、生物医学、航天领域仅次于美国,居世界第二位;在信息技术、服务业领域居世界第三位。德国的高科技产品迅速崛起,高科技产品出口占制造业出口总量的比例从1990年的12%上升到2000年的19%。

产业结构调整的绿色化趋势涉及面十分广泛。首先是高污染、高耗能产业的比重在逐步下降,低污染、低能耗产业的比重逐步上升。例如2005年,德国一次能源消费量为3.35亿吨标油,比1990年的3.51亿吨标油少1600万吨标油。这虽然部分与气候因素有关,但也与各种节能措施及钢铁、化工等高耗能产业产量的减少有关。同1990年相比,2005年德国单位产值能耗下降了35%,年均下降2.05%,能源利用效率不断提高。

1994年,德国环保产业产值达333亿美元,占当年国内生产总值的1.2%,从业人员为17.1万人,占总就业人口的0.48%,产值年增长率为10.3%(当年GDP增长率为3.8%)。1996年德国环保市场规模为710亿马克,远高于法国的310亿、英国的280亿马克。环保方面的专利份额德国最高,1994年占全世界环保专利的29.4%。在环保设备的出口方面,德国也保持世界领先地位①。产品的高效低排放,提升了德国产品的附加值,而附加值的提升为德国产业进一步升级奠定了资金基础,形成了良性循环。

(四)德国建筑碳排放

1979 年至 1983 年,受第二次石油危机的影响,德国各部门的碳排放均有下降。建筑排放下降到 1.65 亿吨 CO_2,1983—1986 年德国经济回升,住宅等部门排放回升到经济危机及以前 2.37 亿吨 CO_2 水平。但是这一时期天然气开始取代石油供暖,因此,1986—1990 年间,虽然德国的经济大发展,人口增长迅速,但是住宅排放却降到了石油危机时的 1.84 亿吨 CO_2 的水平。

1980—1990 年间是德国建筑排放降低的第一阶段。这一时期通过大楼供暖设施的转变和与许多城市供应线路的扩建,使得天然气的合同和消耗量连年增加。由于天然气是使用方便并且被看作是有益于环境的能源,自从 1995 年以来天然气作为最重要的房屋供暖能源代替了供暖油。

为了降低建筑排放,德国制定完善政策、标准体系及技术规范,此外德国还于 1976 年通过《节能法》规定了建筑节能的具体措施。2002 年德国又发布新的节能法规 EnEV2002,实现了从单一节能到系统、综合节能的转变。新法规的核心是从控制单体建筑围护结构(如外墙、外窗和屋顶)的最低保温隔热指标,转化为控制建筑物的实际能耗,进行总量控制。EnEV2002 规定了与建筑体形系数(建筑外表面积与其包围的采暖体积的比值)相对应的建筑物最大允许能耗标准和建筑最大允许平均散热系数以及一系列实施上的具体管理措施,具有很强的实际操作性②。德国的所有建筑在设计时必须提供"建筑能耗证书",分项列出所需电能、燃油、燃气、燃煤数量,并制成建筑能耗计算表。通过量化建筑能耗,形成建筑能耗证书系统,使得政府机构、专业人士等对在建及已有建筑的严格监控更加有效。

---

① 刘立群:《德国产业结构变动的绿色化趋势》,《德国研究》1999 年第 3 期。
② 王红霞:《德国的建筑节能措施及对我国的启示》,《科技情报开发与经济》2010 年第 9 期。

（五）德国运输业排放

德国的交通运输排放曲线比较缓,从 1982 年的 1.24 亿吨 CO_2 一直上升到 1999 年的 1.76 亿吨 CO_2 并达到峰值,之后开始稳步下滑,到 2011 年为 1.49 亿吨 CO_2。德国主要通过以下措施实现减排:第一是汽车发动机的改造技术。因为柴油发动机相比汽油发动机能耗可以降低 35%,至 2005 年,德国全国汽车就有 50% 为柴油发动机。1990—2004 年,德国汽车发动机利用效率提高了一倍,汽车燃料消耗降低了 40%。第二是税收。德国的汽油价格中,税收占 70%。法律还针对高速公路货车按二氧化碳的排放量收费,而使用天然气的汽车到 2020 年前享受免税优惠。第三是推广新型燃料。第二代生物燃料市场占有率为 3.4%,由此每年至少可以减排二氧化碳 500 万吨[1]。第四是能耗标识标准制度。虽然政府没有强制淘汰高耗能汽车,但却有了相应的强制性能耗标识,就像家电、建筑物一样,消费者很容易做出选择。

三、德国近年的低碳政策

进入 21 世纪,德国在低碳经济发展中取得了极大的成功。德国可再生能源消耗量从 1999 年的 210 万吨标油上升到 2011 年的 2320 万吨标油,可再生能源发电占总发电量的比例也由 2% 上升到 13%,2013 年更是达到 24.9%。德国政府制定的《可再生能源市场化促进方案》《未来投资计划》《家庭使用可再生资源补助计划》《废弃物管理技术指南》《城市固体废弃物管理技术指南》等政策促进了可再生能源的发展以及节能减排。德国 1991 年出台了《可再生能源发电并网法》,还制定了《可再生能源供暖法》,促进可再生能源供暖。2002 年实施《热电联产法》以及根据 2007 年 11 月公布的欧盟指令制定的关于二氧化碳捕获、运输和封存(CCS)法律框架等,引导低碳发展和倡导低碳生活。在德国,这些较为完善的循环经济法律体系是

---

[1]　王群、韩晓艳:《欧盟低碳经济策略及其对中国的启示》,《经济研究导刊》2012 年第 5 期。

节能减排与低碳发展的保障。

2000 年 4 月 1 日生效的《可再生能源法》为改变德国的能源结构提供了契机,修订后的《可再生能源优先法》对可再生能源发展具有促进作用。同时,德国政府相继出台了生物燃料、地热能、生态税等法规,在近年的立法或修订中制定了有关优惠和促进可再生能源使用的条款。2004 年德国政府又出台了《国家可持续发展战略报告》,其中专门制定了"燃料战略——替代燃料和创新驱动方式",旨在减少化石能源消耗,减少污染,减排温室气体。"燃料战略"提出了优化传统发动机、合成生物燃料、开发混合动力技术和发展燃料电池四项措施。而且法规、政策确定的各种优惠和补贴有力保证了可再生能源利用的不断增长。2012 年再生能源发电总量已占到总发电量的 22.4%,约 1368 亿 kWh,其中主要是风力发电,其次为太阳能、水力、生物质能及垃圾发电等①。

开发低碳技术。2006 年 8 月德国推出了第一个涵盖范围较广的"高技术战略",用以持续加强创新力量,占领未来全球技术市场制高点。2007 年德国联邦教育与研究部又在"高技术战略"框架下制定了"气候保护高技术战略"。目前,德国确定有机光伏材料、能源存储技术、新型电动汽车和 CCS 等四个重点研究方向应对气候变化、发展低碳经济。由于德国在环保产业项目的持续研发,使其在污水处理技术、风力发电、包装回收、雨水再利用、垃圾焚烧新技术、煤气化技术等领域处于领先地位。德国还不断开发出新的矿物能源发电技术,在 IGCC、煤炭汽化技术等领域掌握关键技术,使化石能源发电效率不断提高,德国装备制造业在降低 CO_2 排放方面也拥有领先技术。例如,Linde 公司在德国 RWE 火力发电厂建造了一台试验装置。该试验装置采用了巴斯夫公司最新研发的、被称为"气体洗涤"的 CO_2 分离工艺和试剂。Linde 公司在这一合作项目中的任务是设计和制造气体洗涤试验装置。项目目标是,到 2020 年时能将火力发电厂燃烧后排出废气中 90%

---

① 数据来源:世界银行 WDI(2015),BP(2015)。

的 CO_2 分离出来,并将这些分离出来的 CO_2 保存在地下[①]。作为 CCS 技术的最早探索国家之一,德国最早开始示范应用 CCS 技术,并进入商业化研究。目前德国环保产业中的环保技术和设备输出的世界市场占有率高达21%,居世界第一位[②]。德国在节约能源、提高能效、减少二氧化碳及有害气体排放的同时,其环保产业与技术不仅对国民经济增长贡献巨大,而且在为社会创造大量就业机会和推动产业持续发展方面发挥了积极作用。

运用经济手段刺激低碳经济发展

(1)征收生态税。1999 年 4 月生效的《生态税改革实施法》的生效,主要涉及石油、汽油、取暖油、天然气和电力等能源,用途和品种不同税率也不一样,平均税率为油价的 12%—15%,税收的 90% 用于补充企业和个人养老金,10% 用于环保措施投入。此措施实施 5 年,二氧化碳排放减少 2%—3%,单位油耗下降 10%。2003 年,德国又颁布了《进一步发展生态税改革方案》,将税收从按劳动力因素负担转为按环境消费因素负担[③]。此税大大降低了德国劳动力成本,但也给高能耗行业带来很大负担。为保障就业,减轻企业税负,保证德国优势产业的全球竞争力,2012 年德国联邦政府制定了关于征收生态税的新规定,大幅调降企业生态税。根据新规,各行业自2015 年起严格监控本行业能耗,只要确保每年降耗 1.3%,企业即可免缴大部分生态税。新规有效期至 2022 年。德国经济部长罗斯勒表示,通过新规可以实现经济和生态环保的同步增长[④]。德国的机动车辆税是真正意义上的税,该税向机动车使用者征收。对于交通法上许可的总重量在 3.5 吨以下的载重汽车、公共汽车以及机动车辆,每 200 公斤(或以下)每年须缴纳

---

① 本网编辑:《聚焦德国装备制造业——节能环保技术是发展的重点》,汽车网,2013 年 2 月 21 日,见 http://auto.vogel.com.cn/2012/0221/paper_2904.html。

② 相震:《德国节能减排低碳经验及启示》,《三峡环境与生态》2011 年第 3 期。

③ 郭潇:《德国环境治理:不靠命令靠经济》,见 http://finance.ifeng.com/a/20140819/12949053_0.shtml。

④ 中国驻德国使馆经商参处:《德国联邦政府新规减免企业生态税》,2012 年 8 月 30 日,见 http://de.mofcom.gov.cn/aarticle/jmxw/201208/20120808268657.html。

数额不等的税款。由于生态税所导致的驾驶习惯的改变和汽车行驶总里程数的减少,使得2000—2003年间道路交通的燃油消耗量每年都有约2%的下降。

(2)财政补贴。政府对有利于低碳经济发展的生产者或经济行为给予补贴,是促进低碳经济发展的一项重要经济手段。为充分挖掘建筑以及公共设施的节能潜力,德国政府计划每年拨款7亿欧元用于现有民用建筑的节能改造,包括建筑供暖和制冷系统、城市社区的可再生能源生产和使用、室内外能源储存和应用等。为鼓励私人投资新能源产业,德国出台了一系列激励措施,给予可再生能源项目政府资金补贴。政府还向大的可再生能源项目提供优惠贷款,甚至将贷款额的30%作为补贴。德国提出2012—2014年间购买电动车的消费者可获得政府提供的3000—5000欧元的补助。德国于2002年4月生效的《热电联产法》规定了以"热电联产"技术发电可获得补贴,如2005年年底前以更新的"热电联产"设备发电,每千瓦可获补贴1.65欧分[①]。

四、德国峰值分析

德国的排放峰值基础牢固,主要部门碳排放均已达到峰值并稳步下降。达峰顺序是:制造业和商业建筑排放首先达到峰值,然后热力和电力排放在1979年达到峰值以后开始下降,1979年到1998年运输业排放逐渐达到峰值1.78亿吨CO_2并开始下降。2000年的德国人口达到峰值后增速下降。由于近期德国出台了一系列控排政策,可以认为德国碳排放峰值基础是牢固的。

德国的能源结构一直不断优化,从1965年到1979年天然气取代石油作为建筑用能,到1973年到1990年核能和天然气发电取代煤电,再到2000年以后德国的可再生能源的大发展,可再生能源电力占总发电量的比例由2000年的13%,提升到2011年的20%,致使德国的能源碳排放因子迅速下

---

① 徐琪:《德国发展低碳经济的经验以及对中国的启示》,《世界农业》2010年第3期。

降,吨标煤排放从 1965 年的 2.15 吨 CO_2 下降到 2013 年的 1.82 亿吨,与英国相当,使得德国的单位产值和产品的碳排放量比其他国家具有较强的竞争力。

进入 21 世纪后,德国的可再生能源比例不断扩大,可再生能源在一次能源消耗中的比例于 2014 年达到 11.68%,比 2000 年的 2.53% 提高了 9 个多百分点,抵消掉了煤炭减少留下的能源空缺量。运输业和住宅碳排放峰值也在这一时期到来。这得益于前面已经介绍的,最近十多年来德国的可再生能源政策和一系列节能政策,以及包括新能源汽车、建筑节能等产品和技术的研发与利用。德国可以说是碳排放达峰与经济增长关系处理得最好的国家。由德国峰值形成的过程可见,峰值是国家顺势而为产生的结果,对竞争力影响正与负,完全取决于社会各界对其的态度和采取的行动,处理得好,并提前做好准备,压力将变成动力。

第三节　英国峰值情况介绍

在 1973 年,英国的碳排放总量就已经达到峰值(包括人均碳排放量),但是不稳固,到 1979 年又出现一次小峰谷。1969 年制造业排放达到峰值,制造业占总排放量的比重也达到最高的 29.1%,之后排放总量及其占比均开始下降,1973 年为 25.3%,1979 年则达到 21.3%。1996 年能源消耗达到 2.26 亿吨标油的最高值后,2005 年一度接近此值达到 2.23 亿吨标油,即英国能源消耗在 1996—2005 年间围绕 2.20 亿吨标油的高位波动,但是始终没有超过 1996 年的数值。2005 年后,能源消耗开始逐渐进入稳定下降通道。从 1980 年到 2004 年间能源消耗处于上升过程,而碳排放却缓慢下降,这得益于天然气的大量使用替代了煤和石油,同时核能在 1998 年以前也有了长足的发展(这一情况跟德国类似)。英国部门达峰次序也是建筑、商业(1963 年)和制造业(1969 年)、电力排放(1979 年)。运输排放在 2007 年前处于上升期,其上升量与前面建筑和制造业的下降量相抵,使得英国在 1973 年总排放量就达到峰值,虽然 1985—1992 年间出现了小幅上升,但依然保持下降的总趋势。

一、20世纪70年代的能源消费

第二次世界大战后初期,煤炭在英国能源生产和消费结构中占比非常大。然而随着经济的发展,尤其是马歇尔计划①实施后,石油在能源消费中的比例越来越高,并取代了煤炭的地位。从1965年到1973年煤炭消费量从1.174亿吨标油下降到0.807亿吨标油,期间石油消费量从7420万吨标油上升到1.132亿吨标油。煤炭在一次能源中的占比由1960年的接近3/4降到了1974年的不到1/3,煤炭减少的部分几乎完全由石油填补,石油占一次能源的比重从1960年的1/4上升至1974年的一半以上,石油超越了煤炭成为主要能源。而此时,英国可供开采的北海油气田还没有大规模开采(英国勘探北海油气始于20世纪60年代,1975年开始产油,1985年产量达到高峰,产油1.276亿吨)。

1974年英国天然气产量占能源生产总量的28.9%,而其在消费中的比重却只有15.6%,不能从根本上弥补石油危机带来的能源短缺。而且从1965年到1990年间,天然气用于发电比例较低,最高时也在4%以下。天然气消费量从1965年的70万吨标油上升到1974年的3010万吨标油。这一阶段主要是用天然气取代不清洁的煤用作家庭用能,这使得英国住宅二氧化碳排放从1963年的1.47亿吨快速下降到1969年的1.07亿吨。而此时,核电和水电占比依然较低,为天然气的发展提供了机遇。

二、达峰前后英国部门的排放

(一)工业排放

英国制造业和建筑业(第二产业)的碳排放1969年达到1.71亿吨的最

---

① 马歇尔计划(The Marshall Plan),官方称为欧洲复兴计划(European Recovery Program),是第二次世界大战结束后美国对被战争破坏的西欧各国进行经济援助、协助重建的计划。该计划于1948年4月正式启动,持续了4个财政年。这个时期内,西欧各国通过参加经济合作发展组织(OECD)共接受美国的金融、技术、设备等各形式援助达131.5亿美元。

高值后,一直呈下降态势,1980 年下降到 1.40 亿吨 CO_2。这主要源于英国利用石油危机带来的机遇,推动国内产业结构调整。

1973 年至 1979 年两次石油危机期间,英国第二产业的 GDP 占比保持在 41%左右,产业结构基本没有太大变化。1980 年后则由 41%下降到 1993 年的 30%,1993 年至 1997 年维持在 30%左右,2010 年下降到 22%。服务业的 GDP 占比则由 1973 年的 57%,上升到 1993 年的 68%,2013 年更高达 79%。可见,英国产业结构的重大调整期是在 1980 年至 1993 年间,以及 1997 年至 2013 年的两个时段,两个时期的产业结构变化幅度都在 10%左右。

由于受到第二次石油危机影响,第二产业中制造业占 GDP 的比例由危机前的 25%,降低到 2010 年的 11%。1970 年英国钢铁产量达到 2832 万吨的峰值。英国的制造业排放峰值早早到来,主要归于其较早进入后工业化时代,制造业急剧收缩。

1973 年前,英国第三产业大发展。20 世纪 60 年代初,英国仿效法国实施"计划化"作为"需求管理"的补充。在全国经济发展委员会的各项计划中,明确规定第三产业各部门的增长目标,而且对第三产业进行较大规模的直接投资,第三产业中的基础部门大部分是国有企业。政府对交通运输和通讯部门的投资为这些部门的发展提供了良好条件。此外,政府在科研、公共服务、教育、卫生、经济服务等方面的费用支出在政府财政支出中也占有较大比重。

英国政府的财政刺激为第三产业发展创造了条件。自 20 世纪 60 年代开始,政府为刺激旅游业的发展,对营建旅馆的资本开支给予 20%的补贴,或按每增加一间客房提供一千英镑的补贴。在短短三四年内,全国共增加了五千多间客房,而这一时期制造业和建筑排放中的建筑排放达到峰值 1.71 亿吨 CO_2,此时也是英国钢产量和水泥产量达峰的时期。旅馆的建设为英国旅游业的发展铺平了道路。在贷款和税收方面,政府对各类服务设施也有较高的优惠。

1980 年到 1993 年服务业迅速发展。20 世纪 70 年代中期,英国政府宣布海外收入免税。从 1978 年起,劳务出口被划归零税率组免征增值税,大大促进了第三产业的出口。为了解决城市交通问题,政府除承担全部新建道路的投资外,还向城市交通服务提供 50% 的补贴,每年额外拨付二十亿英镑对私营汽车公司进行税负补贴。1973 年开始,政府的地区援助扩展到服务领域,对落后地区服务业创造的每一个工作给予一千至一千五百英镑的固定补贴,对落后地区的第三产业发展起到了推动作用。这一系列政策使英国服务业占 GDP 的比重从 1980 年的 58% 上升到 1993 年的 68%[①]。

1997 年到 2012 年,第二产业 GDP 占比从 29% 下降到 21%。工业的排放稳步下降。1997 年钢铁业的碳排放为 244.7 万吨,到 2002 年下降到 124.4 万吨,2012 年下降到 121.7 万吨[②]。水泥、化工、造纸等高耗能行业排放都开始降低,虽然中间有波动,但总体呈下降趋势。这既得益于英国的产业结构调整,也受其产业节能政策的影响。

1981 年,英国制定的《节能法》强化了能源设备的设计和制造的能效标准。1994 年巴西里约可持续发展大会后,英国率先制定《可持续发展:英国的战略选择》,确立了可持续发展战略,制定了《工业发展环境法》《家庭节能法》等多个专项法律防治污染。1996 年英国又修订了节能法,进一步规定节能相关细节问题。一系列的节能政策措施使英国工业的碳生产力(单位碳排放所增加的产值,是能源强度的倒数)有所增加。

在产业方面英国主要有四种制度:"领跑者"制度、能源效率承诺、节能标识制度和"碳足迹"制度。这些制度保证了在国民生产总值不断上升的同时,碳排放水平的持续下降。

(二)电力排放 1979 年达到峰值

英国热力和电力排放在 1979 年达到 2.75 亿吨的峰值,第二次石油危机后降到 1984 年的 2.20 亿吨。1979 年到 1982 年的第二次石油危机导致

---

① 靳步:《英国第三产业发展述评》,《经济问题探索》1986 年第 3 期。

② 英国政府网站:2014 年 12 月 10 日,见 https://www.gov.uk/government/statistics/final-uk-emissions-estimates。

英国经济有所下滑,发电量减少,发电碳排放同时降低。经济复苏后,发电量虽然上涨,但是碳排放却没有达到以前的高位,主要是由于英国电力结构趋于合理,核电和天然气替代燃煤发电。

1980—1990 年是英国核电代替煤电的时期,1979 年英国核电占总发电量的 23%,到 1993 年这一比重增加到了 28%。两次石油危机期间,英国认识到能源安全的重要性,并于 1977 年制定了核工业法推动核能发展。

1991 年后天然气替代煤炭快速发展,最终天然气、煤、核电占总发电量的比重达到 92%。而煤电占总发电量比重由 1991 年的 66%,降低到 1998 年的 35%。而天然气发电占总发电量的比重由 1991 年的 2%,增加到 1998 年的 33%,上升了 31 个百分点。而这一时期,英国的能源碳排放因子从 67.3% 快速下降到 55.9%。英国的热电排放也从 1991 年的 2.43 亿吨下降到 1998 年的 2.13 亿吨。

英国天然气产业发展经历了两个阶段,第一阶段是 1965 年到 1989 年。这一时期,天然气作为生活能源取代了煤和石油被大量使用,第二阶段是 1991 年后,天然气开始作为发电能源,英国电力结构发生了重大的变化。

1982 年通过的《石油天然气(企业)法》赋予了英国中央政府处置天然气公司资产的权利,并要求该公司的管道对第三方天然气供应商开放。1986 年通过的《天然气法》开启了英国天然气私有化的进程。英国天然气公司改制成为公开上市公司,同时作为天然气工业的行业监管机构的天然气办公室依法设立,独立负责行业监管和消费者权益的保护①。

首先在天然气上游领域已经形成竞争局面的情况下,对垄断下游市场的英国煤气委员会(British Gas Council)进行私有化改造,取消财政补贴。然后,放开部分天然气市场,将其划分为批发市场、合同市场和收费市场 3 种类型。最后依法建立专门监管机构,消除市场垄断。根据《1986 年天然气法》,英国政府成立天然气供应办公室,专门负责天然气行业的监管工作。1992 年天然气办公室发布法令,规定年用气量在 7—70 万立方米的工

---

① 高文辉:《发展天然气法制要先行——英国天然气工业发展与监管的启示》,《中国石油企业》2006 年第 4 期。

业和商业用户可以选择供气商,同时决定1996年前开放英国国内天然气市场。监管法律的变化导致天然气供应领域竞争格局的转变,将近40家供气商先后进入该领域,市场竞争不断加剧①。

加强行业监管导致产业结构的变化,不仅给消费者带来了巨大的实惠,也使生产商、运输商、销售商等产业参与者最终受益。从1986年到1995年,以不变价计算,英国民用和工业气价分别下降24%和47%。其中,电力生产商的气价下降高达54%。同期天然气用量增加了38%,电力生产商用气量增长了21倍。1995年英国对《天然气法》进行了修改,强化了市场监管和竞争的有效性,实现满足消费者需求和保护消费者利益的综合体。

(三)建筑和公共服务排放达到峰值

1.建筑排放

1965年至1990年间,英国天然气消耗虽然大量增加,但是用于发电的却微乎其微。天然气的消费从1965年的70万吨标油上升到1974年的3010万吨标油。这一阶段主要是用天然气作为家庭用能取代不清洁的煤,这也使得英国的建筑排放从1963年的1.47亿吨快速下降到1969年的1.07亿吨,从此再也没有回升到1963年的峰值水平。

1974—1983年英国的人口几乎没有增加,这是导致建筑排放减少的根本原因。1984年以后英国人口快速上升,但是运输排放和住宅排放几乎没有增加,主要是受英国通过《节能法》(1981年和1996年)确立了连续性节约能源战略的影响。英国于1994年率先制定《可持续发展:英国的战略选择》,确立了可持续发展战略,并制定了《工业发展环境法》《家庭节能法》等多个专项法律防治污染。1999年,英国政府公布第二份可持续发展战略,进一步细化了经济、社会和环境的目标,并进行量化评估。2006年4月,英国再次出台建筑节能新标准,规定新建筑必须安装节能设施。英国也是较早采取法律、税收等措施应对气候变化的发达国家之一。

---

① 丁春香、张秋辉:《英国天然气产业发展政策及启示》,《天然气技术》2009年第3期。

英国制定了建筑能效标识制度,对新建的居住建筑,销售前需由有关中介机构按照能耗情况进行能效测评,并颁发能级标识(A—F,A 为最优,F 为最差),如未达到一定的等级标准(如要求达到 D 级以上),则不允许销售。针对已建成的居民住宅,借助能源供应公司向居民住户提供节能服务。英国政府颁布的《能源供应商义务》规定,各能源提供商必须帮助居民用户提高能源使用效率。针对英国老建筑偏多、节能改造需要大量资金的情况,政府责成天然气和电力等能源供应商每年必须投入一定资金改善老建筑节能水平,包括建筑节能改造、安装节能灯、采用高能效电器和节能锅炉等,使老建筑达到一定的能效标准①。

英国政府根据欧盟标准和市场化计划(MTP),制定了详细的能效产品标准和节能产品目录,以帮助居民用户挑选使用最合适的节能产品。此外,使用财税政策引导扶持居民用户节能。如英国政府给予安装保温墙体的居民 100 镑退税;对居民购买微型发电设备的,产品附加税从 17.5% 降低到 5%;建立"能源效率基金",以财政资金补贴的形式激励居民购买节能设备等。

2.商业及公用事业方面

英国政府采用一揽子方案来促进商业及公用事业方面的能源节约,具体包括:一、重点关注商业及公用事业建筑物的能源节约。英国政府要求大型公共建筑必须张贴能耗证书,公布能源使用情况,对一些中小型企业的建筑物则通过安装能耗监测系统和提供更详细的能耗账单方式来督促企业节约能源。二、针对公用事业领域,尤其是政府部门,制定更严格的节约能源目标和标准。英国政府要求政府部门到 2020 年碳排放较 1990 年降低 30%,同时对政府采购也做了详细规定,公布了诸如汽车等用能的最低能效标准②。

交通能源消耗约占英国总能耗的 28% 左右,其中 80% 的能源消耗集中在道路交通上③。英国政府认为,至少要从提高交通工具效率、用更高效汽

---

① 齐康:《英国应对气候变化的节能减排政策措施》,《上海节能》2010 年第 4 期。

② 刘宇光:《英国节能减排政策及其启示》,《神华科技》2009 年第 3 期。

③ 数据来源:英国政府网站,2014 年 7 月 10 日,见 https://www.gov.uk/government/statistics/energy-consumption-in-the-uk。

车和燃油、改变出行模式和改善城市交通四个方面节能和减排。具体做法包括:一、征收碳排放费。在航空领域参照欧盟温室气体排放贸易制度征收碳排放费,并考虑将征收范围延伸到地面交通领域。二、通过财税政策引导驾驶者的选择。通过征收车辆购置税和汽车消费税来鼓励消费者选择低排放汽车。三、鼓励低碳交通模式。继续大力发展地铁、公共汽车等公共交通,鼓励人们选择步行和使用自行车等绿色出行方式[①]。

三、英国近年的低碳政策

20世纪90年代前后,由于有大量廉价能源可供利用,能源并不被特别关注。从1978年到2003年,英国可以说几乎没有独立的正式的官方能源战略,因为20世纪70年代石油危机后,国际能源一直处在低价位。进入21世纪后,英国建立的政策法规体系涵盖了包括碳税收、碳信托基金、碳交易市场、碳金融等各方面都较为全面健全的政策体系。

一是税收体系。1997年以来,英国政府就开始采取一系列与能源和碳排放有关的税收政策。2001年4月,英国政府在其"气候变化计划"中提出并实施气候变化税(CCL)。二是建立碳信托基金等政府补贴机制。2001年,在开征气候变化税后,从其气候变化税中每年拨出大约0.66亿英镑作为碳信托基金,到目前碳基金的资金来源包括气候变化税、垃圾填埋税和英国贸易与工业部的少量资金。三是建立碳排放交易机制(UK Emissions Trading Scheme,UK ETS)。英国于2000年实施"气候变化计划",并按此计划于2002年启动英国温室气体排放交易体系,在2005年欧盟排放体系开始实施时,为了与欧盟政策一致,该体系于2006年12月31日结束,参与制度的企业部分加入欧盟排放交易体系。

英国2001年开始征收气候变化税,限制发展高能耗产业,推广可再生能源,税率从每度电0.0047英镑增加到2010年4月的0.00485英镑。对可再生能源发电实行减免税等,鼓励企业使用低污染能源。2002年开始执行

---

① 国家发改委节能管理信息化赴英国培训班:《英国节能工作对我国的启示》,《国外能源》2009年第9期。

《可再生能源义务法案》，承诺到 2020 年可再生能源占一次能源的比例提高到 15%，其中约 30% 电力来自于可再生能源。

2003 年制定的能源白皮书《我们的能源未来——构筑低碳经济》第一次提出了低碳经济的概念，把能源问题、气候变化和经济发展紧密联系在一起。《能源法 2004》对这一结合又做了进一步的强调，引起了世界对发展低碳经济的关注，也为气候变化找到了与经济发展的结合点，为气候变化这一政治问题，真正找到了与实体经济结合起来的立足点。

2007 年 7 月，政府发布了住房绿皮书《创造更绿色的未来：政策说明》，计划在 2016 年前使所有新住宅实现零碳排放。为实现这一目标，新住宅碳效能标准在 2010 年提高 25%，2013 年再提高 25%。自 2019 年起，所有新建的非居民楼建筑都应实现零排放，公共部门应于 2018 年率先实现目标。2010 年 4 月英国政府又推出《减碳承诺节能机制》，要求大型公共部门和私营机构强制性节能，约有 5000 家机构参与，其排放量占英国总排放量的 10% 左右。

2011 年 3 月英国政府推出可再生供热激励计划，对可再生供热技术进行长期支持，包括地源热泵和木屑锅炉等。2011 年 4 月英国政府推出《可再生供暖奖励》制度，旨在区别普通供暖系统与可再生供暖系统，并对大部分符合条件的技术实现约 12% 的投资收益。据估计，到 2020 年可再生供暖奖励共可减排 6 千万吨二氧化碳。2011 年 10 月颁布的《英国能源法案 2011》提出了绿色交易计划（Green deal plan），推广市场机制获得建筑改造的初始资金并回收投资。

2011 年 10 月 18 日《英国能源法案 2011》得到英国皇家批准，得以实施。该法案将禁止业主出租能效等级低的房屋（F 和 G 等级）。据估算，此类出租房屋约有 68 万户，占总出租住宅数量的 1/5。法案要求于 2018 年前对这些房屋进行提高能效改造，否则禁止出租。此外，根据要求，从 2016 年开始，私营部门业主不得以任何理由拒绝对不动产进行的提高能效改造。2011 年 12 月英国政府正式发布碳计划，替代英国政府 2011 年 3 月 8 日发布的《碳计划草案》（Draft Carbon Plan），名为《碳计划——实现我们的低碳未来》,计划到 2020 年在 1990 年的基础上减碳 25%。

这些政策和措施对英国保持碳排放总量稳步下降起到了一定作用。

四、英国峰值分析

2000 年以前,尤其是 1991 年到 1999 年,英国的二氧化碳排放量下降迅速,从 6.306 亿吨下降到 5.772 亿吨,但是能源消耗却从 2.157 亿吨标油上升到 2.216 亿吨标油。可以看出,这段时间英国降低碳排放的主要措施是优化能源结构,降低单位能源 CO_2 排放系数。1990 年后,英国以天然气发电大量取代煤发电,单位能源 CO_2 排放系数从 1991 年的 1.84tCO$_2$/tce 快速下降到 1999 年的 1.62tCO$_2$/tce,这也是英国单位能源 CO_2 排放系数的最低值。2000 年以后开始小幅度上升,未来如何发展,要看英国可再生能源能不能像德国那样取得长足的发展。2012 年英国的可再生能源发电占其总发电量的 11.4%,而德国却达到了 22.4%。

英国的碳排放峰值出现在 1973 年,能源消耗也在 1979 年达到峰值。从部门来看,电力部门首先达峰,随后住宅和商业、制造业等分别达峰,只有运输业排放达峰较晚,2007 年才达到峰值,至今依然处于下降通道,2013 年比 2007 年下降了 11.9%[①]。而且 2010 年的英国能源 CO_2 排放系数和能源强度,均是五个国家和地区中最低的。所以可以认为,英国的碳排放峰值已经实现。

英国在 1973 年碳排放就达到了峰值,但是 2005 年能源消耗几乎超过 1973 年的最高值,而德国在 1979 年碳排放和能源消耗同时达到峰值。英国能源在 1973 年和 1979 年两次石油危机时都有一个峰值,随后经历了漫长的 20 年能源消耗上升期,到 2005 年才超过石油危机时的峰值,所以英国和德国的能源峰值不同的原因在于第二次石油危机之后的发展过程存在差异。石油危机过后,各国经济开始复苏。从 1985 年到 2005 年,德国的能源强度年均下降率为 2.2%,英国为 2.47%。而德国的 GDP 按不变价算这 23

---

① 数据来源:英国政府网站,2014 年 6 月 3 日,见 https://www.gov.uk/government/statistics/energy-consumption-in-the-uk。

年间为 1.94%,英国为 2.83%。只有能源强度变化率超过 GDP 变化率,能源消耗才不会随着 GDP 的增加而增长,从而实现能耗峰值。这也是英国为什么碳排放达峰后,能源消耗在 2005 年又出现一次小高峰的主要原因。

第四节　欧盟峰值出现前后的情况

欧盟[①]碳排放总量在 1979 年达到峰值(同年人均碳排放达峰),为 48.18 亿吨,2004 年能源消耗总量达到 18.23 亿吨标油的峰值。而化石燃料发电占比,1973 年达到最高的 77%,1979 年降为 71%,此后一路下降,到 2011 年降为 46.6%。制造业产值占 GDP 的比重在 1993 年为 21%,制造业的排放在 1979 年达到 11.55 亿吨 CO_2 的峰值。第二产业从 1970 年的 41% 下降到 1979 年的 37%,服务业从 1970 年的 53% 上升到 1979 年的 58%。

对欧盟电力结构的分析发现,1979 发电量不断增加,但是电力排放几乎没有变化,得益于化石燃料总体减少,减少的部分被核电取代,1973 年石油危机以后核电发展迅猛,在 1993 年甚至达到总发电量的 33%。进入 21 世纪以后,油电逐渐被淘汰,天然气、煤和核电构成发电量的 78%,可再生能源和水电占 18%。

石油危机之前由于快速发展和大规模基础设施建设,欧盟的能源消耗和碳排放水平迅速升高。1979 年碳排放和总量同时达峰,能源消耗依然保持增长。1979 年到 1984 年是欧盟经济衰退期,碳排放水平和能源消耗情况不予讨论。这一时期天然气消费从 1965 年的 5020 万吨标油上升到 1979 年的 2.43 亿吨标油。两次石油危机期间,核能有小幅度增长,由 1973 年的 1540 万吨标油上升到 1979 年的 4360 万吨标油,石油从 1965 年的 3.84 亿

---

① 注:这里欧盟国家包括:比利时,保加利亚,捷克,丹麦,德国,爱沙尼亚,爱尔兰,希腊,西班牙,法国,克罗地亚,意大利,塞浦路斯,拉脱维亚,立陶宛,卢森堡,匈牙利,马耳他,荷兰,奥地利,波兰,葡萄牙,罗马尼亚,斯洛文尼亚,斯洛伐克,芬兰,瑞典,英国等 28 个国家。文中欧盟数据 1985 年前不包括爱沙尼亚、拉脱维亚和立陶宛,1991 年前不包括斯洛文尼亚。

吨标油上升到 1979 年的 7.78 亿吨标油。

一、欧盟在 1979 年后能源发展情况

石油危机后,欧盟各国开始重新思考石油和煤炭在能源结构中的地位。例如,法国率先适度降低对石油的依赖。20 世纪 70 年代下半叶,法国政府提出了"石油退位"的口号,主要措施包括:首先减少原油进口,压缩石油消费量。原油进口量从 1973 年的 1.35 亿吨减少到 1985 年的 0.74 亿吨。同期,石油消费量也从 1.27 亿吨降到 0.85 亿吨。其次,重新重视煤炭。20 世纪 60 年代和 70 年代上半叶实行的缩减煤炭政策,使煤炭部门元气大伤,产量大幅度下降。法国的煤炭资源潜力虽然不大,但在石油危机和石油涨价的情况下,煤对于调整能源消费结构的作用仍然不可忽视。因此,政府修改原来的煤炭政策,重新重视煤炭,制定稳定国内生产和增加进口的政策,使得 1985—1989 年煤炭消费出现了一次小高峰。所以,在 1990 年以前,欧盟各国的煤炭消耗变动幅度不是太大,保持在 4 亿吨标油以上,1990 年后煤炭消费量大幅下降。1990 年比 1989 年下降了 7.2%,是之前从没有发生过的。在经历了 1992、2008、2009 年的大幅度的跳水式下降后,2014 年的煤炭消费量只有 1985 年的一半,这与各国的产业及能源政策有密切关系。

(一)核电大发展期(1973—1993 年)

1973 年前,欧盟原油发电量占总发电量的 25%,到 1983 年降到了11%,1993 年只占 8%。而核电从 1973 年的 4% 上升到 1983 年的 19%,1993年攀升到 33%。煤电占比在 1990 年前几乎没有太大变化,一直维持在 40%以上,而 1991 年下降到 39.9% 后一路下跌,2008 年跌破 30%。可以说,1973 年至 1981 年间是核电逐渐取代石油的时期,而 1980 年到 1997 年是核电逐渐取代煤炭的过程。进入 21 世纪后,煤炭和核电的占比胶着在一起,不相上下,2005 年后均有下降,而天然气和可再生能源发电比例逐渐升高,对降低碳排放起到了关键性作用。

1. 1973 年到 1979 年核电大发展

1974 年 1 月,欧盟部长理事会通过决议成立能源委员会筹划制订"共同能源政策事宜",1974 年 12 月,通过到 1985 年的能源政策目标和一般的指导方针,为共同能源政策奠定了初步基础。从第一次石油危机爆发到第二次能源发生前夕,欧共体主要采取了以下措施:(1)对能源生产和建设提供资助和贷款,为核电站的研究和建设及煤炭生产提供补助,实施监督煤炭进口制度;(2)鼓励再生能源研发,在英国建立欧洲联合可控热核聚变实验装置,协作开展相关研究;(3)提倡消费节能,要求各成员国在危机期间减少能耗[①]。

1974—1981 年间,法国核电站建设和核能发展达到高峰,成效显著。在这个时期,美国、联邦德国、意大利等国相继修改和削减核能计划,而法国则不仅没有压缩,反而加速建设核电站。1975 年制定核能发展十年长期计划,确定到 1985 年建成 40 座核电站,发电量 6000 万吨标油,相当于法国电能需求量的 5%,能源需求总量的 25%。

2. 1980 年到 1990 年核电替代煤炭

1980 年 5 月,第二次石油危机过后的欧盟部长理事会做出决议,制订了 20 世纪 80 年代的能源计划,确定到 1990 年能源目标是经济增长 1%、能源消耗只增加 0.7%或更低;石油进口量占能源消费总量的比重降低到 4%[②]。在此目标支持下,欧共体又制定了许多具体的政策与措施,对欧共体的能源危机起到了缓解作用。

为了和欧共体的能源政策相呼应,欧共体成员国纷纷制定自己的能源战略。在欧共体的部长理事会决议的指导下,核电被各国看作是重要的能源组成部分。如法国制定了自己的核能发展计划。在时任法国总统的德斯坦推动下,核能计划实施顺利。1974—1981 年间,法国兴建的核电站达 42 座,装机容量达 4200 万千瓦;1982 年年底核电站总装机容量达 2270 万千瓦,超过日本,居世界第二位。到 2011 年法国运行中的核电机组共有 59

①　刘文秀、埃米尔·J.科什纳等:《欧洲联盟政策及政策过程研究》,法律出版社 2003 年版。
②　刘文秀、埃米尔·J.科什纳等:《欧洲联盟政策及政策过程研究》,法律出版社 2003 年版。

29

座,总功率为 63363 兆瓦,每年发电 4000 多亿千瓦时,核电占总发电量的约 78%,位居世界主要工业大国的首位[①]。

(二)1993 年后天然气大规模替代煤炭

欧盟天然气的发展经过两个阶段,首先是从 1965 年到 1982 年天然气大量应用于生活用能,由 1965 年的 3540 万吨标油上升到 1982 年的 1.365 亿吨标油。1993 年以后天然气发电迅速推广,从占总发电量的 7% 增长到 1999 年的 15.6%。天然气消耗也从 3.10 亿吨标油上升到 4.45 亿吨标油。这一时期煤炭总消费量快速下滑,从 1965 年的 5.08 亿吨标油下降到 1999 年的 3.12 亿吨标油。

1988 年 5 月,欧共体委员会发表的《内部能源市场》的报告指出,天然气和电力领域需要出台新的指令,自此开始发展欧盟内部能源市场,第一阶段由一些电力和天然气供应的指令组成,第二阶段由《关于进一步开放天然气和电力网络的指令草案组成》[②]。

1996 年 12 月,欧盟 27 个成员国达成了建立内部统一电力市场的协议,随后欧盟委员会颁布了 96/92/EC 指令,并于 1997 年 2 月生效。按照该指令要求,欧盟成员国必须在 1999 年 2 月将电网对外开放,允许第三方进入,并对外开放本国 25% 的电力市场。1998 年欧盟颁布的天然气指令(98/30/EC)为天然气的输送、储存、分配和供应等制定了共同规则,促进了天然气市场竞争和供应安全。

二、欧盟 21 世纪后的能源与气候变化政策

进入 21 世纪后气候变化问题日益引起国际社会的广泛关注,能源政策开始融入气候政策之中。欧盟开始制定中长期经济发展战略,"里斯本战略(2000—2010)"和"欧洲 2020 战略(2010—2020)"相继出台,成为指引欧

---

① 中新网:《法国提出建立一支核安全快速反应部队》,2012 年 1 月 5 日,见 http://www.chinanews.com/gj/2012/01-04/3578142.shtml。

② JanneHaal and Matlary,*Energy Policy in the European Union*.Macmillan press Ltd.,1997.

盟经济社会发展的总体战略。

（一）"里斯本战略（2000—2010）"时期的能源政策

2000 年，欧盟成员国领导人在葡萄牙首都里斯本通过了首份十年经济发展规划，称为"里斯本战略"。同年 11 月，欧盟发布"《迈向欧洲能源供应安全战略》绿皮书"，规划未来欧盟的发展方向：在欧盟内部制定完善的能源市场法规；鼓励燃料生产多样化；提高能效，大力开发可再生能源；建立严密的能源形势分析与监测体系；加强能源科研与技术开发；加强国际合作，参与国际能源市场竞争等。2006 年 3 月，发布《欧洲可持续竞争力和能源安全战略》绿皮书增加了加强与能源供应方的对话与沟通、建立确保能源供应安全的国际机制等能源供给战略。

2008 年 1 月，欧盟委员会公布"气候行动和可再生能源一揽子计划"，核心是"20—20—20"行动，即：承诺到 2020 年将欧盟温室气体排放量在 1990 年的基础上减少 20%，若能达成新的国际气候协议，欧盟则承诺减少 30%，设定可再生能源在总能源消费中的比例提高到 20% 的约束性目标，包括生物质燃料占总燃料消费的比例不低于 10%，将能源效率提高 20% 等。

（二）"欧洲 2020 战略（2010—2020）"时期的能源政策

欧盟委员会自 2010 年先后发布了多个政策文件，支撑欧盟能源系统稳定运行和长远发展。

1.能源 2020：竞争力、可持续、安全的能源战略①

2010 年 11 月 10 日，作为"欧洲 2020"计划的一部分，欧盟公布"能源 2020"未来十年能源新战略，明确未来十年五大能源政策：

第一，实现高效欧洲，争取 2020 年节能 20%。文件强调：能源高效是减少温室气体排放、提高能源安全和竞争性、为消费者提供用得起的能源，以及创造就业的最有效方式。呼吁强化相关政治承诺，成员国、区域性和地方

---

① 孙振清等：《全球气候变化谈判历程与焦点》，中国环境出版社 2013 年版。

性机构要在综合性的国家能源效率行动计划指导下,加强政策执行力。能源产业要把能效目标和能源技术创新整合到产业模式之中。

第二,建设真正统一的泛欧能源市场,确保能源自由流动。欧盟到2020年投入1万亿欧元,完成泛欧能源供应网络的基础设施改造和现代化。一是及时准确执行内部能源市场立法。二是为2020—2030年欧洲基础设施确定蓝图。到2020年将所有成员国纳入欧洲内部能源市场。为欧洲电力和天然气系统规划2020—2030年蓝图,出台更具长远视野的"能源2050路线图"。三是使基础设施发展的许可程序和市场准则合理化。四是建立合理的资助机制。

第三,为企业和居民提供安全、可靠和用得起的能源。一是使能源政策对消费者更友好,实行积极的竞争政策,帮助消费者更好地参与能源市场,进一步改善零售市场。二是持续改善能源安全性和可靠性,重新评估近海石油和天然气开发的安全状况,进一步加强核安全和可靠性的法律机制,新能源技术开发利用也要考虑提高安全与可靠性。

第四,推动技术研发和创新,使欧洲在能源技术和创新上保持领先地位。加快主要能源技术开发和推广,重视技术创新的战略意义。欧盟意识到国际技术市场的激烈竞争,强调欧洲需要在能源技术市场保持领先,并加强与他国技术合作。

第五,加强欧盟的国际伙伴关系。欧盟对外能源政策必须确保所有成员国的有效团结、责任和透明,反映欧盟的利益,确保欧盟内部能源市场的安全。欧盟对外能源政策还必须与欧盟其他对外行动(发展、贸易、气候等)保持一致并相互促进。

2. 2050能源路线图[①]

2011年12月15日,欧盟委员会发布"2050能源路线图",即实现欧盟到2050年碳排放量比1990年下降80%至95%目标的具体路径。承诺2050年相比1990年温室气体排放量减少80%—95%。采取的措施有:第一,实

---

① 孙振清等:《全球气候变化谈判历程与焦点》,中国环境出版社2013年版。

施完全符合欧盟的能源 2020 年战略;第二,投入更多精力进行能源系统改造;第三,继续支持可再生能源发展;第四,加大公共和私人投资的研发和技术创新中的投资力度,是低碳发展至关重要的路径;第五,2014 年完成欧盟内部市场的统一;第六,能源价格能够更好地反映真实成本,尤其在整个能源系统需要新的投资的前提下;第七,增强欧洲及其邻国新能源基础设施和存储能力。

3.可再生与清洁能源政策

能源价格——欧盟能源价格与成本报告

2014 年 1 月 22 日,欧委会发布"欧盟能源价格与成本报告",提出控制能源价格的建议:完善内部能源市场;提高能效;改善能源基础设施、实现能源供给多元化、在能源谈判中欧盟应一致对外;落实欧盟能源政策时应充分考虑对能源价格、消费者和纳税人的影响;统一税收,贯通能源输送网络,统筹可再生能源开发,以提高效率,降低成本。

(2)清洁燃料战略

2013 年 3 月,欧盟委员会宣布实施清洁燃料战略,着手在欧洲推行符合统一设计和使用标准的替代燃料站点。

第一,关于充电站。欧盟委员会提出了各成员国 2020 年充电站发展目标,并要求其中 10%用于公共用途,同时提出欧盟将采用通用的充电接口。

第二,关于加氢站。该战略提议将现有加氢站连接形成具有通用技术标准的网络,适用于目前已有氢气网络的 14 个成员国。

第三,加大液化天然气(LNG)利用。欧盟目前用于船舶加燃料的 LNG 基础设施还处于发展初期,仅瑞典拥有用于海上船舶的小规模 LNG 储存设施。欧盟委员会提议到 2020 年、2025 年前,在"泛欧核心网络"涵盖的所有 139 个海口、内陆码头修建固定式或移动式的 LNG 加注站。欧盟目前仅有 38 个公路 LNG 加注站,战略要求 2020 年前,在"泛欧核心网络"公路沿线每隔 400 公里设置一个加注站。

第四,其他清洁燃料。促进生物燃料、压缩天然气(CNG)等清洁燃料的发展,并加大基础设施建设。生物燃料目前已占据欧盟近 5%的市场份额,关键是其可持续性问题。欧盟目前只有 100 万辆 CNG 汽车,仅占汽车总量的 0.5%,该战略要求 2020 年前,全欧范围内最多不超过 150 公里设置一个具有通用标准的 CNG 加注站,将是目前的 CNG 汽车数量的 10 倍。

(3)生物质能

为大力开发第二代生物燃料推进节能环保,欧盟能源委员会与环境委员会于 2013 年 7 月共同修订了欧盟有关燃料和可再生能源法规。欧盟在大力发展"次生"生物燃料的同时,将控制使用粮农型生物燃料,保护农田土壤不受生物燃料发展的负面影响。"次生"生物燃料使用生活垃圾、餐厨废油、苔藻及其他不与粮食、饲料作物直接竞争的生物原料生产,既有利于大幅减少温室气体排放,又能避免增加农田土壤荷载压力,有利于保持农田土壤质量、实现农业的可持续发展。

修正案鼓励生产"次生"生物燃料,并在交通运输部门设立了阶段性发展目标:2016 年"次生"生物燃料占交通运输燃料消费总量的 0.5%,2020 年达 2.5%,2025 年达 4%。按照欧盟委员会制定的中期发展战略,传统生物燃料在欧盟交通运输燃料消费总量中的比重将在 2020 年达到 5%。

4.交通领域

汽车排放标准

2014 年 2 月 25 日,欧洲议会决定到 2020 年,欧盟范围内所销售的 95% 的新车二氧化碳排放平均水平需达到每公里不超过 95 克,到 2021 年这一要求必须覆盖所有在欧盟范围销售的新车。如果届时汽车制造商无法达到上述标准,超出碳排放标准的车辆将受到欧盟每辆车 95 欧元(约合 130.60 美元)/克/公里的罚金处罚。2015 年欧盟内新车二氧化碳排放均值为每公里 130 克,2012 年欧盟内新车的碳排放水平为每公里 132 克。

5.资金支持

(1)欧盟战略能源技术行动计划(SET-Plan)

自 2008 年起,欧盟战略能源技术行动计划实施以来,除欧盟的其他计划如经济恢复计划、NER300 计划等以外,仅欧盟第七研发框架计划(FP7)能源主题就资助支持了 350 个能源技术研发创新项目,资助金额超过 18 亿欧元。迄今,SET-Plan 已获得巨大成功:欧盟第一座集中式太阳能发电厂投入商业化运营,智能电网成功接入间歇式可再生能源(风力发电和光伏发电),年产 4 万吨到 8 万吨木质纤维素燃料的 9 座精炼厂示范项目顺利进行,欧盟首座海上风力发电浮动研发平台落成,欧盟数个城市利用燃料电池技术实现零排放的氢能公共交通运输系统建设等。

(2)LIFE+计划

LIFE+计划是欧盟于 1992 年启动的一项专门支持环境及资源保护项目的金融机制,面向欧盟成员国、候任国及欧盟周边国家的研究机构、学术组织和私有企业开放。目前,该计划已实施 4 期,支持 3708 个环境研发创新项目,是欧盟层面环境保护领域的一个重要研发计划。

与以往 LIFE 计划相比,新一轮的 LIFE 计划涉及环境、气候变化和多学科综合研究 3 个专题,大力鼓励私有企业的参与,LIFE 资金将与银行合作,以贷款和担保金的形式对项目进行资助。2014 年 4 月 30 日,欧委会批准为 LIFE+(欧盟环境融资工具)规划项下 225 个新项目提供资金,新项目涉及自然保护、气候变化、环境政策、欧盟内部相关环境情况信息与通信。上述项目共需资金 5.893 亿欧元,其中欧盟出资 2.826 亿欧元。

(3)停止向燃煤发电站发放贷款

2013 年 7 月,欧洲投资银行将停止向二氧化碳排放量高于 550 克/千瓦时的燃煤发电站发放贷款,以减少污染、实现气候目标。自 2007 年开始,欧洲投资银行向化石燃料发电厂提供了约 110 亿欧元的贷款,仅占其能源领域 830 亿欧元贷款总额的一小部分。在欧洲投资银行之前,许多多边金融机构已经采取了相似的措施,例如世界银行只在"极少数情况下"资助燃煤发电厂。越来越多的私营贷款机构也开始重新考虑其在煤炭相关资产方面的借贷。

(4)可再生能源补贴

2013 年 11 月,欧盟委员会向各成员国政府发布可再生能源支持方案指南,要求各成员国对太阳能和风电的支持政策应考虑技术进步、投资成本的降低及产能扩大等因素,灵活调整相关激励政策。随着可再生能源竞争力的提高,应最终取消对该行业的政府支持。现行的优惠电价补贴政策应逐步代之以其他的支持手段,但不应突然性和追溯性地改变政府对可再生能源的激励措施。

(5)加大对能源基础设施的投入

2014年5月12日,欧盟委员会宣布在"联接欧洲设施(Connecting Europe Facility,CEF)"项目下首批发放7.5亿欧元,用于欧盟能源基础设施建设。项目主要集中在天然气和电力领域,重点解决能源供应安全问题,结束部分成员国"能源孤岛"现状,同时有助于完善欧盟内部能源市场,加速新能源在能源结构中的融合进程。在欧盟2014—2020多年度财政预算框架下,CEF项目总资金为58.5亿欧元,由欧委会对资金项目筛选评定。

2014年10月30日,欧盟拨款6.47亿欧元支持重要能源基础设施工程,主要方向为天然气管道新建项目,波罗的海、中东欧和东南欧的液化天然气项目装船港口建设以及电力创新技术研究项目。旨在加强欧洲能源安全、结束部分欧盟成员国与欧洲能源网络的隔离状态,并完善欧洲能源市场,支持可再生能源并网。

(6)支持应对气候变化技术研发

欧盟委员会2014年7月8日决定,拨款10亿欧元支持19个应对气候变化的项目,资金来源于出售碳排放权所取得的收入。这些项目将为欧盟每天节省10亿欧元的化石燃料进口费用,同时也有益于展示欧盟在提高可再生能源产出以及碳收集和储存方面的技术。19个项目涉及生物能、地热能、光伏、风能、潮汐能、智能电网及首次碳收集和储存(CCS)等技术,项目在12个成员国分别展开。

(三)气候变化法及碳排放权交易体系

2004年,欧盟制定了应对气候变化的法律和碳排放权交易计划。据规定,从2005年起许多发电厂、石油精炼厂和钢铁厂必须持特殊许可证才能排放二氧化碳以及进行二氧化碳排放权的交易活动。2005年,欧盟正式启动欧盟排放交易机制(EUETS),规定了某些特定设备的二氧化碳排放上限。此外,利用财税政策促进低碳经济的发展。英国先后引入了气候变化税、气候变化协议、排放交易机制、碳信托基金等多项财税政策,推动发展低碳经济;丹麦、芬兰、荷兰、挪威、意大利和瑞典等国,开始对化石燃料燃烧产生二氧化碳的化石燃料开征国家碳税;德国、奥地利等国也相应引入了能源税和碳税制度①。这些措施无疑为推动欧盟的减排起到了巨大推动作用。

综上所述,欧盟电力排放在 1980 年达到 17 亿吨 CO_2 峰值后,在 16 亿吨上下波动,没能突破 17 亿吨,而制造业和商业与建筑排放率先达峰,运输排放在 2007 年前处于上升态势,之后开始下降。欧盟所采取的措施均有利于能耗和碳排放的降低,所以总体上来说,欧盟的碳排放峰值基础相比于其他区域更加稳固。

第五节　日本峰值情况介绍

日本碳排放量在 2005 年前后出现了一次高峰(人均碳排放同时),能源消耗量也同时达到峰值(包括人均能耗)。1960 年至 1973 年间制造业排放快速升高并达到峰值。1973 至 1983 年,经历了十年快速下降期,之后波动到 2006 年,制造业能耗又出现一次高峰(但低于 1973 年数值)后稳定下来。2005 年制造业增加值的 GDP 占比降为 19.9%②。

日本的工业排放在 1973 年已经达到峰值,运输排放在 1999 年、住宅和商业排放 2002 年达到峰值并开始下降,只有电力和热力排放没有到达峰值。运输和住宅排放的降低量之和与热电排放的增加量相抵,促使日本碳排放在 2005 年达到一个小高峰。但是根据最新资料发现,日本的碳排放 2013 年能源工业 CO_2 排放达到了历史最高值,致使其碳排放接近历史最高值(在峰值年代上,日本发布的排放清单数据与其他机构数据在这里存在差异,请读者

① 华金秋、王瑗等:《欧盟发展低碳经济的成功经验及其启示》,《科技管理研究》2010 年第 11 期。
② 注:这里采用世界银行 WDI 数据和日本提交给 UNFCC 的温室气体排放清单报告,可能与 BP 中心、IEA 数据存在一定差距。

对照阅读），这与日本福岛核事故后能源结构调整有直接关系。

一、1973 年前能耗和碳排放增速快

从 1965 年到 1973 年，日本 CO_2 排放增长迅速，由 4.462 亿吨上升到 10.49 亿吨，能耗也自 1.489 亿吨标油增加到 3.45 亿吨。1965 年以前，日本能源主要以煤为主，20 世纪 50 年代中期日本煤炭供给陷入困境，而中东国家陆续开发了多处优质油田，每桶约 1 美元的廉价石油源源涌入市场，日本意外地获得进口大量廉价石油的天赐良机。日本采纳经济学家松永安左卫门的建议，将发电结构变为"火主水辅"和"油主煤辅"[①]，到 1973 年，石油发电量曾一度占总发电量的 73.2%，而煤电占比从 28% 下降到 8%。1960 年 6 月制定《贸易汇兑自由化计划大纲》，9 月制定《贸易、外汇自由化促进计划》，大量进口廉价石油的能源供给体制建立了起来，并及时调整和升级为以石油为主的能源结构。石油消耗也迅速从 1965 年的 8790 万吨上升到 1973 年的 2.692 亿吨标油。这样，"1 美元石油"时代推动了日本经济的高速起飞。

从 1955—1970 年间，日本 GDP 年均增长率超过 10%，经济总量逐渐超过法国、英国和联邦德国，到 1968 年，日本成为仅次于美国的第二经济大国。有理由相信，日本经济的高速发展主要得益于以石油为主的能源安全政策的制定和实施，而廉价稳定的石油供应是支撑日本经济的主要基础。1960 年，中东石油占日本进口石油的比例为 79.3%，1965 年达 88.2%。1973 年 10 月第四次中东战争爆发，阿拉伯石油输出国组织（OAPEC）决定对支持以色列的美、日等国实行禁运。震惊世界的石油危机由此爆发，对"漂浮在石油之上的日本经济"打击巨大。

二、能耗 1973 年后增速降低

1973 年到 1982 年两次石油危机期间，日本能耗和碳排放变化不大。碳排放从 10.49 亿吨 CO_2 下降到 9.40 亿吨 CO_2，能源消耗从 3.45 亿吨标

---

① 叶静亚：《二战后日本能源安全政策演变分析》，《特区经济》2011 年第 12 期。

油下降到 3.37 亿吨标油。遭受两次石油危机打击的日本不得不重新考虑能源战略。

经历了 30 年的高速发展以后，日本的电力排放也迅速达到峰值，到 1979 年电力碳排放 3.71 亿吨 CO_2。石油危机后日本开始极力调整能源结构和电力结构。1974 年，日本政府提出了"新能源技术开发计划"（即"阳光计划"）以减少对石油的依赖，寻找替代能源，重点发展核能。日本于 1993 年实施的"新阳光计划"还投入巨资开发利用太阳能、风能、光能、氢能等新能源，对潮汐、地热、垃圾等发电项目也开展了研究。为保证"新阳光计划"的顺利实施，日本每年拨款 570 多亿日元，其中约 362 亿日元用于新能源技术的开发。1971 年，年发电量 43.9 万千瓦的福岛第一核电站 1 号机组投入运行。此后的 8 年间，又有 5 台机组先后建成，年发电量高达 76 万千瓦时和 106.7 万千瓦时，如果再加上第二核电站 4 台年发电量 106.7 万千瓦时的机组，福岛核电站的规模位居日本乃至世界前列[①]。

到 1990 年 6 月底，日本有 38 个核电厂在运行，总装机容量 30.4 吉瓦，成为西方世界的第三大核能生产国（美国有 109 个机组，120.6 吉瓦装机容量，法国有 54 个机组，53.6 吉瓦装机容量）。核能从 200 万吨标油上升到 4430 万吨标油，其占一次能源的比例由 1973 年的 0.6% 提高到 1990 的 8.9%；石油在一次能源消费中占比则从 1973 年的 77.4% 下降到 57.9%。1973 年到 1987 年，核电占总发电量的比例从 73% 下降到 27%，而核电从 2% 上升到 27%，天然气发电从 0% 上升到 19%，煤电由 8% 升到 15%。1990 年的第三次石油危机使石油发电比例下降到 17%。

1987 年后日本核电生产量从 4285.6 万吨标油上升到 1998 年的 7404.2 万吨标油的历史最大值，天然气消费量从 1987 年的 3590 万吨标油上升到 2000 年的 7230 万吨标油，而煤炭消耗量也从 1987 年的 6940 万吨标油上升到 2000 年的 9890 万吨标油。三者的升高挤占了石油的消费量，2000 年石油消耗量为 2570 万吨标油。而日本的电力结构也随之发生了深

---

① 龚海莹：《日本核能发展路径》，《中国报道》2011 年第 4 期。

刻的变化,到 2000 年,日本的核电占 31%,天然气发电占 24%,煤电上升到 22%,石油发电只占 8%。日本和英国、德国的不同点是煤电一直上升,但由于能源结构优化,能源碳排放系数 1990 年就到了最低值 2.49kgCO$_2$/kgoe 后就再没有上升。

到 2008 年,日本的电力结构中煤电、核电和天然气发电占据主要位置,三者占比达 81%。福岛核事故之后,核电大幅下降,煤和天然气的地位更加突出,煤电重启,碳排放再次拉升。但是,最新数据[①]显示,2013 年碳排放总量达到 13.11 亿吨 CO$_2$,没有超过历史最高值。

三、日本工业排放 1973 年达到峰值

日本工业碳排放 1973 年达到峰值,碳排放量从 1960 年的 1.09 亿吨到 1973 年 3.15 亿吨。此时第二产业占 GDP 的比重为 43%,第三产业占比为 52%。随后日本的制造业受两次石油危机的影响,其碳排放量下降到 1981 年的 2.39 亿吨,到 1990 年第三次石油危机以前又上升到 2.88 亿吨,但是远远低于 1973 年的峰值水平。

(一)1973 年前日本制造业和建筑排放增速快

战后日本为了快速恢复国家生产力,推动经济发展,制定了以重化工业为主导的产业发展政策,形成了日本 20 世纪 70 年代工业化、重型化的"重厚长大型"产业结构。1973 年前期(经济复苏期及经济高速成长期),日本以煤炭、钢铁、石化产业为主导大力发展重化工产业,有效地促进了经济的快速发展。从 1963 年到 1973 年,日本粗钢产量从 62154 吨上升到 119322 吨,增长了一倍多。

日本第一产业在国民收入部门构成中所占比重 1955 年的 22.8%,急剧下降到 1960 年的 14.9%、1965 年的 11.2%、1970 年的 7.8%,而以重化工业为核心的第二产业在国民收入中的比重由 1955 年的 30.8%,上升到

---

① UNFCCC 网站:http://unfccc. int/files/national _ reports/annex _ i _ ghg _ inventories/national _ inventories_submissions/application/zip/jpn-2015-sef-cp2-23apr.zip。

1960 年的 36.3%、1970 年的 38.1%。重化工业在工业生产总值中的比重由 1960 年的 56.4%，上升到 1970 年的 62.2%，在出口总额中的比重由 1960 年的 44.2%，上升到 1970 年的 73%，其中机械工业的出口增长尤为迅速，在出口总额中所占比重由 1960 年的 25.6%，上升到 1970 年的 46.7%。与此同时，轻工业品的出口额在出口总额中所占比重由 1960 年的 47.3%，下降为 1970 年的 22.6%[①]。随着重化工业的发展，日本能源消耗量的增长超过了国民生产总值的增长，在 1963 年到 1973 年间，日本国民生产总值年平均增长率为 9.9%，而能源消费年增长率达 11.5%，从能源消费的部门构成来看，1975 年工业部门占 55%（其中钢铁工业占 17%，化学工业占 12%，窑业土石占 4%），运输部门占 14%（其中铁路运输占 2%，公路、民航等运输占 12%），民生部门占 21%（其中家庭占 10%）[②]。很明显，钢铁和化学工业是消耗能源最多的产业，它们约占能源整个消费量的三分之一。

（二）1973 年之后日本制造业排放趋稳并降低

日本的制造业排放受两次石油危机的影响下降到 1981 年的 2.39 亿吨 CO_2，到 1990 年第三次石油危机以前又上升到 2.88 亿吨 CO_2，但是远远低于 1973 年的峰值水平。到 1990 年日本的制造业产值也是快速上涨的，受房地产泡沫的影响较重。房产泡沫破裂后，1991—1994 年制造业的 GDP 占比迅速从 26% 下降到 22%。

1.结构调整

石油危机后，日本通产省下设的专门研究产业结构的咨询机构——产业结构审议会每年发布《产业结构的长期展望》，提出具体的产业结构及各产业产品结构转换方向及政策措施，逐步改变了以前的以重化工业为中心的增长至上路线，从而转向以知识密集型产业为中心的灵活增长路线。

日本政府在 1973 年版的《通商白书》中提出，由于世界范围的能源危

---

① 庞中鹏：《日本能源外交研究》，博士学位论文，中国社会科学院研究生院，2008 年。
② 张宝珍：《在"能源危机"的威胁下，日本是如何进行其产业结构的调整的》，《世界经济》1981 年第 11 期。

机以及大规模的环境污染,日本必须从自身产业结构入手,向省能源、省资源、环境依存度低的知识密集型产业结构转变。1974 年出台的《产业结构长远规划》中明确提出积极推进节能、低污染型产业结构调整,提出了产业结构调整的四大方针:一是为实现国民"真正的富足"打好产业基础,建设福利型、生活保障型产业结构;二是大力节省资源、能源,建设资源、能源高效利用型产业结构;三是发展技术密集型产业,促进产业结构高级化;四是促进国际协调,建设适应国际经济变化的国内产业结构和贸易结构。确定了"保护环境、节约资源"为产业结构调整的主要目标。

《产业结构长远规划》收到明显效果。1974 年后,日本三产结构开始稳步调整,第二产业发展速度明显放缓,第三产业比重稳步上升。1970 年第二、三产业比重均为 47%,到 1985 年则为 41% 和 56%。第二产业内部结构也发生了明显变化。1960 年,日本原材料产业产值占国民生产总值的 4.7%,比组装加工业高出近一倍,是典型的重工业结构。之后原材料加工业持续壮大,但其增长速度已经明显低于组装加工业。以 1973 年石油危机为拐点,原材料产业占比开始下滑,组装加工业占比迅速提高,1975 年原材料产业仍占制造业总额的 36.7%,位居首位。到 1985 年下降到 30.2%,取而代之的是组装加工业,占制造业比例由 26.6% 上升到 40%。这表明日本的产业结构已完成由重化工业向知识密集型工业的转变,汽车、机械、家电、半导体等组装加工业已成为制造业的主导[1]。

这一时期日本三次产业结构的升级带来了资源利用效率的明显提升,整体环境质量也显著改善。产业部门能源消耗占比逐年下降,由 1960 年的占全国能源消耗的 66.3%,下降到 1985 年的 52.3%,1995 年则为 47.3%。产业结构的调整反过来进一步促进了能耗的降低和碳排放的减少。

2.大力开发制造业节能技术

日本通过改善工艺、开发新技术、延伸传统产业加工链条、促进产品精深加工来减少资源消耗,达到环保要求,同时能够促进产业结构向附加价值

---

[1] 宋丹瑛、张天柱:《论资源环境优化产业升级——以战后日本产业结构调整为例》,《技术经济与管理研究》2012 年第 3 期。

高、终端消费产业发展。20世纪80年代普及大型废热回收设备,此后又加强提高设备效率。在淘汰落后产能方面,以新日铁为例,从1979—1993年,通过四次关停并转等措施淘汰落后产能,实现集约化的节能生产。20世纪80年代开始,日本向"创造型知识密集产业"结构调整,产业政策的重心体现在"科技、技术"方面,提出了"科技立国"的战略口号,其中节能减排技术的研发和推广是"科技立国"的重要组成。20世纪90年代后,又提出《新技术立国》(1994年)和《科学技术创造立国》(1995年)等方针政策。主要内容与技术政策紧密相关,主动推广节能减排技术的研发,从而进一步促进日本高新技术产业的发展。新环保节能技术的研发,不仅使日本积累了世界上最先进的节能减排技术,同时也为日本企业在国际市场上赢得了更多商机,促进了日本产业高端化。例如,节能型变压器的推广和电动汽车产业迅猛发展,都已经达到世界领先水平[1]。

四、1997年之后运输排放和建筑排放达到峰值

1982年到1990年,日本的交通运输排放增速加快,从1.47亿吨增加到2.10亿吨CO_2。1990年以后,交通运输的排放增速开始放缓,到1999年不再增加,此时的峰值为2.58亿吨CO_2。日本的城镇化主要集中在两个阶段,第一阶段是从1960年到1975年,日本的城镇人口从63%增加到76%,达到发到国家的平均水平(英国78%)。日本的建筑排放和建筑业排放都在这一时期有了显著增长:建筑排放从2000万吨增长到8900万吨CO_2。第二阶段是从2000年的79%增加到2010年的91%,高于发达国家平均水平(英国80%,德国74%)。

日本的建筑和商业排放是平滑上升的曲线,从1980年的8800万吨CO_2,上升到2002年的1.80亿吨CO_2,达到峰值。另外,日本人口于2005年达到峰值,然后开始下降,使得日本运输和建筑的碳排放达峰的基础更加稳定。

1974年,日本内阁成员会议通过了设立"珍惜资源和能源运动本部"的

---

① 宋丹瑛、张天柱:《论资源环境优化产业升级——以战后日本产业结构调整为例》,《技术经济与管理研究》2012年第3期。

决议,确定了企业、政府、民用部门节约石油、电力消费等的方针,推广节能政策;于 1978 年启动"月光计划"(即节能技术开发计划);1979 年制定《节约能源法》;1998 年修改后的《节约能源法》要求企业在保证同等产出的情况下,能源消耗必须以每年 1% 的速度递减。

日本政府先后出台了《节能法》《关于推进地球温暖化对策的法律》等,规定重点用能企业必须配专职能源管理士,每年向通产省及相关部门报告能耗状况。不能按期完成节能目标或提出合理计划,主管部门有权向社会公布,责令其限期整改,并处以一定的罚金;提高汽车、空调、冰箱、照明灯、电视机、复印机、计算机、磁盘驱动装置、录像机等产品的节能标准;明确国家、地方、企业与国民的责任和义务,确定了防止地球温暖化的基本方针,要求国家和地方政府制定具体的目标;二氧化碳排放量大的企业制定削减计划并向社会公布。此外,日本企业的能源效率也得到较大改善,节能产品不断问世。电器产品在节能方面取得飞速进展,汽车百公里油耗不断减少,成了世界公认的节能车。节能产品不仅给日本社会带来降低能耗的效益,也使日本对外贸易增强了竞争优势,如其省油型小汽车畅销世界,为日本赚取了大量外汇。日本的节能技术和经验还成为企业的特殊资本。

五、近年日本的低碳政策

近年,日本先后通过了《关于促进利用再生资源的法律》《合理用能及再生资源利用法》《环境基本法》《关于促进新能源利用等基本方针》《可再生能源标准法》《新能源法》《地球变暖对策推进法》《能源合理利用法》修正案和《推进地球温暖化对策法》修正案等法案,对于环境保护和能源开发再利用都给予了相当明确的规定。"福田蓝图①"提出后,日本国会出台了《研发力强化法》和《低碳社会形成推进基本法案》,为"福田蓝图"中设定

---

① 2008 年 6 月 9 日,日本时任首相福田康夫在日本记者俱乐部发表了题为《向"低碳社会日本"努力》的演讲。福田表示必须摆脱在产业革命之后对化石能源形成的依赖,为了我们的子孙大力创建低碳社会。接着,福田康夫以政府名义提出日本新的防止全球气候变暖的对策,即"福田蓝图",包括应对低碳发展的技术创新、制度变革及生活方式的转变,提出日本温室气体减排的长期目标是:到 2050 年日本温室气体排放量比 2008 年减少 60% 至 80%。

的减排长期目标提供法律依据,以立法的形式将加快技术创新、构建低碳社会作为国家战略。目前,日本已经形成以基本法、综合法和专项法为架构,基本法统领综合法和专项法的法律体系。这些法律有效保障了低碳经济的稳步推进。

六、日本碳排放达峰分析

日本碳排放实现峰值晚于英国和德国等老牌发达国家很多年,主要原因有:一是日本自身发展特点决定。从石油危机时代其能源强度就已经远低于英国和德国,使得日本在之后的经济发展过程中,降低单位产出能耗的潜力很小。GDP 增长带来的能源消费增加量不能完全通过降低能源强度予以抵消。二是在 1998 年以前,日本的单位能源碳排放远低于英国和德国(核能占比巨大),到 1999 年随着日本核能发展停滞,日本单位能源碳排放因子反而升高,到 2007 年已经接近英国和德国,2014 年超过这两个国家。这与日本能源结构中煤炭比例上升、核电比例大幅下降有关。这也是日本在 2000 年人均能源消耗就达到峰值,然后到 2007 年人均碳排放才达到峰值的原因(其他国家均是碳排放峰值在能源消耗峰值之前)。三是伴随着日本人口的快速增加,GDP 也增长迅速。从 1985 年到 2005 年,按照 2005 年不变价计算,日本的年均增速为 2.09%,高于德国的 1.93%,从 1960 年到 1999 年,日本的人口由 9250 万增加到 1.235 亿,增长了 3103 万人,到 2005 年,日本人口达到峰值 1.28 亿人,1960 至 1990 年人口年均增速达 0.97%,高出高收入 OECD 国家的平均值 0.1 个百分点,这对于人口增速较低的发达国家来说是不小的增长率了。

按照能源品种划分碳排放结构,天然气发电、核电、煤电各对 2005 年日本碳排放贡献 27%,但是由于福岛核事故可能导致此后日本的核电占比有所下降(2014 年降为零),所以作为日本最大排放源的电力部门的排放还不会达到峰值。此外,日本 2005 年碳排放峰值的出现与其不景气的经济现实有关,但是日本的制造业、交通运输和住宅及商业等的排放已经达到峰值。2005 年日本人口达到峰值以后开始减少,增长率为负值。

综上所述,日本的碳排放峰值已经到达,再次出现新的峰值可能性不大,2012 年其排放达到了一个小高峰,但是 2014 年又回落,按照目前的发展趋势观察,其排放峰值也将逐渐稳定。

第六节　美国峰值情况介绍

美国的能源消耗和碳排放均在 2007 年达到峰值,但是人均碳排放在 1973 年就达到了峰值。1970 年美国制造业的 GDP 占比为 27%,同年制造业碳排放达到最大值,此后缓慢下降,到 2007 年下降到 13%。

一、20 世纪 70 年代的能耗

在美国经济发展的不同阶段做出主要贡献的能源先后有煤炭、石油和天然气以及核能。到 20 世纪初,煤炭在能源构成中的比例达到顶峰,1910 年占到能源消费总量的 77%。随着石油、天然气资源的陆续被发现、开采,这些资源消费量不断增加。虽然煤炭的绝对产量仍稳定,但所占份额在逐渐下降。石油、天然气产量迅速增加,占领了不断扩大的能源消费市场的大部分份额。到 20 世纪 50 年代石油、天然气取代了煤炭成为主要能源,1950 年占比为 57.8%,到 20 世纪 70 年代初,已占到 75%,,煤炭消费比重降到 18%。在这一时期,核能得到初步发展,但其比重 70 年代末刚超过 4%,略低于同期水电的水平。

石油、天然气价格低于煤炭,也是石油占据能源市场大部分份额的主要原因。19 世纪末到 20 世纪 20 年代的大部分时间里,煤炭实际价格较稳定,此后逐渐上升,而石油和天然气正好相反,在 20 世纪直到石油危机前大部分时间石油价格在不断下降。1970 年,美国石油的实际价格比 1950 年还低 28%,使得有希望 20 世纪进一步发展的煤炭的消费量停止上升,许多传统的煤炭市场开始被石油和天然气占领。

美国一次能源消费结构中,1965 年到 1973 年石油消费量从 5.521 亿增长到 8.342 亿吨标油,天然气从 3.974 亿增长到 5.673 亿吨标油,石油和天然气的廉价使得煤炭消费量几乎没有增长,维持在 3.269 亿吨标油。

二、1973 年的能源与碳排放

(一)电力

1973 年石油危机发生后,尼克松总统发起"独立工程"(Project Inde-pendence),要在 1980 年实现美国能源自给。福特政府于 1975 年签署《能源政策与节约法案》,重新设定 1985 年为能源独立的目标期限。1977 年,卡特就职之后更是将能源政策作为其政府的中心议题,宣布能源独立等同于一场"道义战争",并将能源独立的实现期限推迟至 1990 年。1978 年《全国能源法案》规定一系列化石燃料替代措施。伊朗革命爆发后,卡特又于 1980 年 6 月签署《能源安全法案》,斥巨资促进人工合成燃料的发展。然而,20 世纪 80 年代后期国际油价大幅回落,70 年代制定的大批能源替代方案难以为继,里根政府上台后实施大规模的"退出"战略,大幅削减各类可再生能源研发开支,拒绝实施先前法案所要求的设定设备能效标准,并鼓励美国深海地区传统油气资源的开发利用[1]。从 1979 年到 1985 年,美国的一次能源供应中石油和天然气呈现 U 型变化,到 1988 年石油消耗增加到 7.877 亿吨标油。在第三次石油危机的影响下,美国天然气消费快速上升。到 1992 年为 5.35 亿吨标油,恢复到了石油危机时的水平。能源消耗和碳排放均呈现倒 U 型,到 1987 年恢复到了石油危机前的水平,碳排放 51.61 亿吨 CO_2,能耗达 18.23 亿吨标油。

美国 20 世纪 70 年代能源变革措施虽然最终失败[2],但这些措施仍然产

---

[1]　宋丹瑛、张天柱:《论资源环境优化产业升级——以战后日本产业结构调整为例》,《技术经济与管理研究》2012 年第 3 期。

[2]　20 世纪 70 年代至 80 年代,美国的能源政策以应对能源危机为主,从尼克松、福特到卡特的三任美国总统均实施了大规模的能源变革措施,追求"能源独立"。但是政策的出台不仅仅取决于特定的历史环境,更取决于复杂的政党斗争及利益集团的实力对比。总统与国会及相关利益集团对于能源政策的不同立场导致这一时期的能源政策并没有取得多大的成就,国会内部强大的反对力量使得推动立法的成效非常有限。里根及克林顿总统主张通过市场的力量配置资源,但这一阶段并没有取得进展,稳定的能源供应、对立的政策决策过程及党派分歧使得美国能源政策变革失败。

生了重要影响。如形成综合性能源政策理念、建立能源部并采取了需求侧管理措施。福特政府建立了美国历史上第一个汽车燃油经济标准（CAFE），里根政府时期逐步关注化石能源利用对环境的负面影响，美国国内较为进步的州（加利福尼亚、马萨诸塞、纽约和缅因等）和其他左派政治力量对里根政府在能源政策上的大幅"倒退"和对环境的漠不关心强烈不满，迫使里根政府于1987年立法对12种家用电器设定了能效标准[1]。总之，对比80年代末和70年代初，美国能源消费结构的确发生了明显变化，化石能源占比由近93%下降至约85%。

三次石油危机使美国核电进一步发展，核电从1971年的910万吨标油增加到1995年的1.60亿吨标油，核电占发电量比重从1970年的1%上升到1995年的20%。电力排放1997年以前经历了一个快速增长期，之后增速趋缓，但是美国总发电量的增长率却没有降低。结果是从1997年到2009年美国煤电占总发电量的比重由54%下降到45%。而天然气发电从13%上升到23%，天然气电力逐渐取代煤电。

从部门碳排放结构可见，美国制造业1968年、住宅和商业排放1972年达到峰值，运输业2006年达到峰值，电力部门在2007年达到峰值。

（二）第一次石油危机后产业结构的变化

美国的建筑和制造业排放在两次石油危机呈现U型态势的增长轨迹。1973年出现第一个10.68亿吨CO_2的峰值，1979年形成第二个峰值9.93亿吨CO_2，1981年石油危机过后，制造业和建筑的碳排放就再也没有回到危机前的水平，并稳步下降。

从20世纪50年代到70年代的大约20年间，美国第一产业占国内生产总值的比重不断下降。1960年以后，美国第二产业发展速度减慢，第三产业在国内生产总值中所占比例超过50%，劳动力由第一、二产业向第三产业转移，第三产业逐渐在国民经济中占优势地位。到1986年，第一

---

[1]　叶玉：《渐进主义与美国能源政策发展》，《国际展望》2010年第2期。

产业的占比下降到 2.2%；第二产业占比略有下降，达 26.6%；第三产业的占比则一直呈上升趋势，达到 68%。实际上在 20 世纪 70 年代，第三产业占国内生产总值的比重已达 65.5%，其中信息业达到 50% 多。1970—1980 年，美国新兴高技术工业年均增长率达到 7%，是工业平均年增长率3% 的一倍多。在新技术革命影响下，美国产业结构在该阶段的变化表现出两大特点：一是国民经济的重心向非物质生产部门的第三产业转移；二是制造业重心逐步向高级技术工业转移，并以尖端技术对制造业现有设备进行普遍改造。

美国第三产业的迅速发展。20 世纪 80 年代美国国民经济重心向第三产业转移的速度明显加快。在国民生产总值的产业构成中，第三产业在1960 年已占 59.9%，到 1980 年，经过 20 年的发展也只上升到 65.2%，但到1990 年已超过 70%。

制造业的重心逐步向高级技术工业转移。20 世纪 80 年代，美国制造业中高级技术部门的就业人数持续上升。如从 1972 年至 1983 年，美国半导体、计算机、电信和遗传工程四个部门的就业人数增长了 37%[①]。

（三）20 世纪 90 年代后美国产业结构变化的特征

20 世纪 90 年代以来，由于美国高新技术产业的发展以及克林顿政府削减资本收益税等政策的实施，使第二产业的相对地位（主要指在 GDP中的份额）保持较稳定的态势。第三产业发展速度最快，从 20 世纪 50 年代开始，在美国国民经济中占绝对优势地位，其产值在 GDP 中的比重自1950 年的 54.5% 连续上升到 1993 年 72% 的高点后，1994—1996 年保持在 72%。1996 年以后第三产业的比重由 72% 迅速提升到 2001 年的77%。到 2010 年，美国第三产业占比已经达到 79%，第二产业的 GDP 占比仅为 20%。

第二产业中，制造业占据了主导地位，但其占第二产业的比重呈逐年下

---

① 龚慧峰：《八十年代美国产业结构调整的特点与前景》，《世界经济》1985 年第 12 期。

降趋势,60 年来下降了 18%。代表技术密集和知识密集的计算机和电子产品行业在耐用品制造中所占比重增长了 10.7%,代表资源性产业和传统制造的初级金属产品制造和汽车行业,分别下降了 5.8% 和 6%,机械制造也下降了 3.4%。

第三产业中,金融、保险、地产、租赁等在服务经济中份额有所提升,占服务业的比重达到了 32.1%,成为服务业发展中贡献最大的行业;专业化的商业服务占服务业比重为 18.1%;教育服务、卫生保健、社会救助行业占服务业比重达到 12.5%,较 1947 年提升了 8.4%。传统的零售业和运输仓储业份额下降较大①。

20 世纪 90 年代以来,美国"服务化经济"的特征更加明显。第三产业在美国经济结构中的地位越来越重要,其总值和就业人数大大超过第一、二产业,并出现了经营方式集约化、服务上多样化等一系列特点。1992 年《美国总统经济报告》中引自美国商务部经济分析局提供的数据,1991 年美国居民个人消费支出中,购买劳务的比重已达 56.3%。这说明,随着社会财富和个人收入的不断增加,人们购买商品的支出在达到一定水平之后,增长的收入被用来购买各种劳务,从而显示出生活水平和消费质量的提高。

(四)美国近年能源与气候变化政策

随着 2006 年国会中期选举民主党取得控制权,《2007 年能源独立与安全法案》获得通过,很大程度上反映了民主党的变革理念,美国能源政策开始由"开源"走向"节流"。比如该法案自 1975 年以来首次将 CAFE 标准②由每加仑行驶 25 英里提高到 35 英里。同时为诸多生产和生活设施建立了

① 赵嘉、唐家龙:《美国产业结构演进与现代产业体系发展及其对中国的启示——基于美国 1947—2009 年经济数据的考察》,《科学学与科学技术管理》2012 年第 1 期。
② CAFE 标准是美国现行的"corporate average fuel economy(公司平均燃油经济性标准)"的英文简写,其计算方法如下:将一款车型的年生产量乘以该车型平均每加仑油量的行驶里程,得到一个权值。再把该车生产公司所有车型的权值相加,所得之和除以该汽车公司的汽车年生产总量,就是该公司产品的 CAFE 数值。

能效标准,并为交通运输确立了新的可再生燃料配额标准(RFS),确定 2008 年起始年的目标为 90 亿加仑,然后逐步提升至 2022 年的 360 亿加仑①。

奥巴马上台后对外力争主导气候变化谈判,对内积极推动绿色新政。他曾试图推动专门的气候立法,但是被无限期搁置后,开始转向其他方式推动其气候变化措施。奥巴马一方面依靠总统自身的力量,另一方面依靠美国环境署来缓慢推动,实现最大的努力。2013 年 6 月,奥巴马在第二个任期发布《总统气候行动计划》,是美国总统发布的最为全面的气候变化应对计划,也算是美国较为详细的"气候战略"。计划强调遵循 2009 年发布的到 2020 年温室气体排放比 2005 年减少 17% 的承诺,这份行动计划要点有三:实施新的减排措施,减少美国碳排放;帮助地方政府应对气候变化造成的极端天气破坏;领导国际社会、动员(尤其主要新兴经济体)形成应对气候变化的全球性解决方案。这些措施有助于美国在气候变化问题上重振国际形象和领导力。

为了树立美国的国际领导力,在 2014 年的 APEC 会议上,奥巴马宣布美国的减排计划。美国计划于 2025 年实现在 2005 年基础上减排 26%—28% 的全经济范围减排目标并将努力减排 28%,体现出美国欲作为气候变化问题领导者的姿态和决心。

另外,美国总统奥巴马依靠美国环境署推动减排。2014 年 6 月 2 日,美国环境保护署(EPA)公布了一项新的清洁能源提案,首次要求到 2030 年将美国发电厂的二氧化碳排放量在 2005 年的基础上减少 30%,并将颗粒、氮氧化物和二氧化硫等污染物排放水平降低至少 25%,同时,通过提高能源效率将电费缩减大约 8%。新提案最重要的特点就是"弹性",最大的弹性就是考虑到各州情况不同,因此每个州的减排目标和方式并不相同。根据美国环境保护署的提案,各州可自行决定如何达到减碳标准,包括通过

----

① Fred Sissine, *CRS Report for Congress. Energy Independence and Security Act of 2007: A Summary of Major Provisions*, http://www1.eere.energy.gov/manufacturing/tech_assistance/pdfs/crs_report_energy_act_2007.pdf.

"总量管制与配额交易"计划,但须于 2016 年 6 月前颁布法案、提交计划。这些措施,无疑将促进美国的减排行动。

三、美国峰值分析

2000 年以前美国的热力、电力和运输排放经历了一个漫长的快速上升期。运输业的 CO_2 排放从 1982 年的 12.20 亿吨增长到 2000 年的 17.08 亿吨,而同期电力和热力排放从 17.18 亿吨上升到 26.85 亿吨 CO_2,年均增速 2.5%。2000 年后两部门的碳排放均开始放缓。但从 2000 年到 2007 年(经济危机以前)这 7 年电力和热力排放的年均增速为 0.24%,运输排放在 1982—2000 年间,年均增速为 1.88%,而 2000—2007 年的年均增速为 0.58%。而美国的住宅和商业排放、第二产业排放从 1990 年以来已经开始趋于平稳,几乎没有太大变化。

美国 2007 年碳排放有一个短暂的峰值,但是由于美国运输和电力排放还在上升,较高的人口增长率(1960 年至 2013 年美国人口年平均增长率 1.068%高于 OECD 国家的 0.895%和高收入 OECD 国家的 0.748%,而且进入 21 世纪后依然保持较高的增长率),美国的碳排放峰值还不稳固,未来可能有更高的碳排放量。美国的能源强度始终在下降,制造业的 GDP 占比为 13%(这一比率再下降的可能性很小),奥巴马产业回归的政策进一步影响这一比例,预期未来其制造业排放将会回升。

所以美国的碳排放虽然呈现短暂的、基础不稳固的峰值,但是四个部门的排放均已趋于平缓,美国的碳排放峰值即使没有到来也不会太远,今后可能会在一个区间里小幅震荡,这取决于美国的能源和产业政策的走向。

第七节　对中国实现峰值目标的启示

从以上对碳排放达峰国家和地区的分析,碳排放达峰是一个自然发展过程和国家政策引导共同叠加的过程。从对历史数据以及表 1.5 可见:

表 1.5：主要发达国家 CO_2 排放人均和总量峰值及能源消费峰值

国家及地区	人均 CO_2 排放峰值年份	CO_2 排放总量峰值年份	能耗总量达峰年份	工业部门终端能耗峰值年份	人均 CO_2 排放峰值/吨/人	能耗达峰时人均能耗/吨标煤/人
美国	1973	2007	2007	1973	22.2	10.8
欧盟	1973	1980	2005	1973	9.4	5.54
英国	1973	1975	2001	1973	11.7	5.41
德国	1980	1980	1985	1973	13.4	6.51
日本	2005	2007	2004	1973	9.5	5.87

资料来源：根据 BP、IEA 和世界银行资料整理。

第一，人口增长率处于相对较低的水平是西方发达国家达到峰值的最主要条件。人口自然增长率稳定在较低的水平，一般不超过 1%，有些老牌发达国家人口年增长率在 0.7% 以下。

第二，能源消费结构中，煤炭占比逐渐降低到 50% 以下的较低水平，而且煤炭多用于钢铁部门，用于发电的比例相对较低。

第三，产业结构中第三产业占比较大，第二产业处于下降或稳定在较低水平。

第四，人均主要耗能产品同时出现或者提前达到峰值，促使总量提前达峰。

第五，工业化进程基本结束后，能耗才能达峰，有时由于能源结构影响，即便工业化进程结束，也不能稳定达峰，有时会出现反复。

总之，达峰是一个循序渐进的过程，不能拔苗助长，更不能希望一蹴而就，必须按照经济发展规律，并采取相应的引导和激励措施，否则就会出现反复，甚至影响经济持续健康发展。峰值目标的实现还与一个国家和地区的城镇化水平、工业化进程、发展方式选择、政策导向以及科技创新水平等密切相关，某一个因素的波动均有可能影响峰值实现的时间和水平。这一点应该引起政府和学者的高度关注。

第二章　中国峰值目标的提出及挑战

2009 年的哥本哈根会议将限制两度温升目标写入协议当中之后,2℃温升成为国际社会一致认可的目标。之后的国际气候变化谈判中,各国最为关注的是何时、以何种路径实现这一目标,以及需要各方承担的减排责任问题。为此排放峰值目标的总量以及达到总量的时间成为关注的焦点问题(如图 2.1)。联合国环境规划署(UNEP)自 2010 年开始,每年都发表年度碳排放差距报告(即世界各国现有减排承诺与实现 2℃温升目标要求的减排量之间差距),警示世界各国人民,要在 21 世纪末比工业革命前的全球气温升高幅度限制在 2℃目标内的窗口几近关闭,各国必须立即采取行动,尽早使碳排放达峰,否则控制 2℃温升的目标可能性越来越小、成本将越来越高。而 2014 年的报告特别强调全面减排的观念,各行业各环节从能源开发、工业过程到农业生产等都应减排,进一步警醒人们减排形势的严峻性。另外,由国际气象组织发布的报告不断提醒人们,大气中的温室气体浓度在不断上升,有可能在 21 世纪末温升超过 2℃,甚至达到 4℃这一带来巨大人类灾难的幅度。为此,要提前做好高温升带来挑战的准备,并提出 2020 年前达到峰值成本最有效,否则今后的减排成本随着峰值目标实现的推迟,付出的成本会升高,有的情景下可能实行负排放措施[①]。

国际社会已经将温升 2℃目标作为一个政治上的国际责任问题看待,并将是否对此做出承诺以及采取措施作为衡量标准。同时,国际气象组织公布全球温室气体排放浓度在增加,观测点的增温幅度在加大等消息,强化

---

① UNEP:*The Emissions Gap Report* 2012 - UNEP, 2012 年 12 月 20 日, 见 www.unep.org/pdf/2012gapreport.pdf.

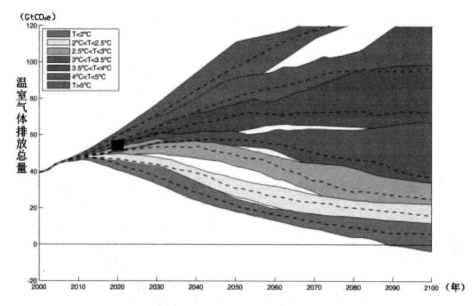

图 2.1：温升与实现路径情景

资料来源：《UNEP：排放差距报告，2013》。

公众的关注，以对各国政府施压。

表 2.1：2014 年 12 月观测记录

	增温幅度*	最暖年份排名
陆地	+1.36℃	第 3 个
海洋	+0.55℃	第 3 个
陆地+海洋	+0.77℃	第 1 个

＊增幅参照是 20 世纪的 12℃平均温度。

资料来源：NOAA，http://www.ncdc.noaa.gov/climate-monitoring/。

表 2.1 显示，美国国家海洋与大气管理办公室发布的全球陆地与海洋记录自 1880 年有记录以来，2014 年是海洋和陆地最为温暖的一年，年均温度比 20 世纪的平均值 13.9℃高出 0.69℃，超出 2005 年和 2010 年最高记录 0.04℃。

2014 年海洋平均温度也是有记录以来的最高值，高出 20 世纪的 16.1℃平均温度 0.57℃，超出 1998 年和 2003 年记录 0.05℃。2014 年全球平均陆地表面温度高出 20 世纪 8.5℃的平均值 1.00℃,也是第四个最高的记录①。

可见,人类造成的全球气候变化带给公众的压力越来越大,若不尽早采取措施加以遏制,未来后果将难以掌控。

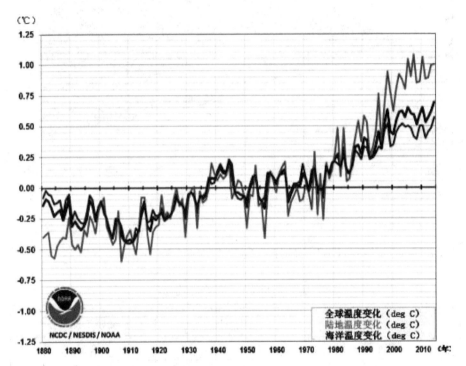

图 2.2:美国气候数据中心公布的温度变化记录(1880—2014 年)

资料来源:NOAA。

按照减排目标,2010—2020 年全球排放达到峰值,其后 2020 年排放 440 亿吨,2050 年排放 220 亿吨左右,否则温升两度目标很难实现。而这一数据 2013 年就已达到 316 亿吨②,比 2012 年增长 1.4%,为历史最高水平。能源行业的温室气体排放占总排放量的三分之二,因此在应对气候变化问

---

① NOAA:*GlobalAnalysis-Annual* 2014,2014 年 12 月 5 日,见 http://www.ncdc.noaa.gov/sotc/global.

② IEA:*CO$_2$ Emissions From Fuel Combustion Highlights* 2014.2014 年 12 月 5 日,见,ttp://www.iea.org/publications/freepublications/publication/CO$_2$-emissions-from-fuel-combustion-highlights-2014.html.

表 2.2：全球实现 2℃温升目标 2020、2030 和 2050 年的可能排放路径

路径数	峰值年*　年	2020 年总排放 GtCO₂e		2030 年总排放 GtCO₂e		2050 年总排放 GtCO₂e	
		中间	百分数范围**	中间	百分数范围**	中间	百分数范围**
21 世纪全球温升幅度低于 2℃							
可能概率 ＞ 66%	39	2010—2020	44	26—（41—47）—50	37	20—（33—44）—47	21	12—（18—25）—32
中间概率 50%—66%	25	2010—2020	46	40—（44—48）—52	41	36—（39—46）—53	27	20—（24—29）—36

* 峰值年指百分数范围介于第 20 个至第 80 个百分位

** 范围指最小值—（第 20—第 80 百分数）—最大值

资料来源：UNEP.*THE EMISSIONS GAP REPORT A UNEP Synthesis Report* 2014。

题上，能源行业的贡献和影响至关重要。2013 年美国能源领域 CO_2 排放量比上年下降 3.8%，降至 20 世纪 90 年代以来最低水平，有一半是因为页岩气替代了煤炭。欧洲的 CO_2 排放量也进入全面下降区间。而 2013 年中国 CO_2 排放增长 3.8%，这是过去 10 年增长最慢的一次，增速为 2011 年的一半，单位发电量的 CO_2 排放水平降低了 17%。但是，中国碳排放占全球总排放量的四分之一，依然是排放最大国。

可见中国减排压力不会降低，而且将在碳排放达到峰值，以及达峰后排放总量进一步降低等方面受到越来越大的压力。为此我国政府在 2009 年对外承诺 2020 年实现 40%—45% 的目标，并将此目标分解到省市（天津市 2015 年的目标是碳强度降低 19%）。2014 年 11 月 12 日，中美双方在北京签署了有关应对气候变化和清洁能源合作的联合声明。声明中宣布，美国计划于 2025 年实现在 2005 年基础上减排 26%—28% 的目标，并努力减排 28%；中国计划 2030 年左右二氧化碳排放达到峰值且将努力早日达峰，并计划到 2030 年将非化石能源占一次能源消费的比重提高到 20% 左右。此外，中美将在一系列促进节能减排的领域开展技术合作，包括先进的煤炭技

术、核能、页岩气和可再生能源等。随后李克强总理在瑞士达沃斯论坛上再一次对外解释说明,对中国这个 13 亿人口的发展中国家来说,这需要付出艰苦卓绝的努力。中国下一步将努力降低化石能源特别是煤炭能源在整体能源消耗中的比重,同时努力推进清洁煤技术①。那么,中国为什么要对世界承诺付出艰苦卓绝的努力才能实现的目标? 这必须从应对气候变化的国际和国内两个大局、承担全人类生存和发展,以及使我国经济、社会、环境可持续发展的双重任务考虑,才能给出比较满意的结论:应对气候变化不仅仅是国际社会的压力,而是我们自己也要做。

第一节　我国应对气候变化国际形势

2009 年后,国内很多学者如何建坤、姜克隽等和研究机构如清华大学、国家发改委能源研究所、国务院发展研究中心、中科院等,均作出对我国碳排放峰值目标的研究和判断。他们认为,越早实现峰值对中国的经济影响越大,损失也越大,在 2025、2030、2040 和 2050 年四个达峰年份中,2050 年达峰损失最小,而 2030 年达峰需要付出巨大的社会经济代价。中国人民大学邹骥课题组认为:在现有技术体系和技术水平下,中国的 CO_2 排放在 2050 年前很难出现峰值。中国要在 2030 年出现温室气体排放峰值,尽管在技术上存在可能性,但需要付出巨大的社会经济代价,包括高额的增量投资和增量成本,并带来宏观经济总产出的损失。而中国如要在 2030 年实现排放峰值,并在 2050 年使其碳排放强度在 2005 年的基础上下降 91%,则在 2050 年需要付出高达 1.6 万亿美元的增量成本,相当于届时 GDP 水平的 6%②。如届时 GDP 增速低于 6%,我国经济很可能出现负增长。这对于人均每天低于 1.25 美元收入的人口依然有 6.3% 的中国来说,这样的负担实在是太

---

① 腾讯网站:《李克强达沃斯讲话:中国经济不会"硬着陆"》,2015 年 1 月 23 日,见 http://news.qq.com/a/20150123/005037.html。

② 联合国开发计划署:《中国人类发展报告 2009/10:迈向低碳经济和社会的可持续未来》,中国对外翻译出版公司 2010 年版。

沉重和不可接受的。这也就是李克强总理所说的,艰苦卓绝的努力。

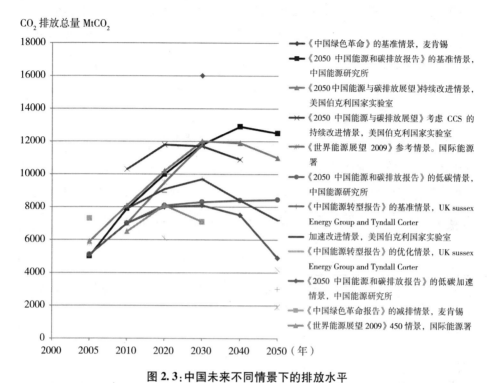

图 2.3:中国未来不同情景下的排放水平

资料来源:美国劳伦斯伯克利国家实验室(http://china. lbl. gov/sites/all/files/lbl - 4472e - energy -
2050april-2011.pdf)。

2010 年,作者根据中国经济发展趋势以及环境容量,考虑气候变化的影响,曾预测中国的碳排放峰值最早可能出现在 2035—2040 年[1]。形势的发展迫使中国的峰值目标不得不提前 5—10 年时间到来,可见,外部和内部驱动力驱使中国不得不采取更加激进的措施。

一、温升限制目标趋紧

2014 年 4 月 19 日,政府间气候变化专门委员会(IPCC)第五次评估第三工作组报告指出:全球温室气体排放已升至前所未有的水平,如果不采取

---

[1]　Jiang bing, Sun zhenqing, liu Meiqin. *China's energy development strategy under the low-carbon economy*, *Energy*, No. 35, 2010, pp. 4257-4264.

更多减排措施,到2100年全球平均气温将比工业革命前高3.7℃至4.8℃。到21世纪末,控制全球平均温度上升2℃之内是可能的,但是到2050年全球温室气体排放相比2010年要减少41%—72%,到2100年排放要接近零。如果不考虑其他温室气体,根据报告前面给出的2010年全球CO_2排放量380亿吨、1971—2010年累计排放1.07万亿吨的数据,2℃目标下的全球排放空间是很有限的。按照2010年的排放水平,2050年以前剩余的碳排放空间仅够排放17—31年。要以成本有效的方式实现2℃目标,全球2030年温室气体排放量需要限制在300—500亿吨CO_2,相比2010年水平下降40%,最低限度也要恢复到2010年的水平。这对各国来说都是艰巨的任务。2030年前全球排放尽快达到峰值,是实现2℃目标的必要前提①。

表2.3:实现2℃温升可能的温室气体排放水平

年	中间值/Gt-CO_2e	相对于1990年排放	相对于2010年排放	范围/Gt-CO_2e	相对于1990年排放	相对于2010年排放
2025	47	+27%	−4%	40—48	+8%至+30%	−2%至−18%
2030	42	+14%	−14%	30—44	−19%至+19%	−10%至−39%
2050	22	−40%	−55%	18—25	−32%至−51%	−49%至−63%

备注:由于目前排放是54GtCO_2e并在上升,要达到此排放水平需要大幅度减排。

资料来源:UNEP, *The Emissions Gap Report 2014–A UNEP Synthesis Report*, http://www.unep.org/publications/ebooks/emissionsgapreport2014。

可以肯定的是,2015年的国际气候变化谈判若能达成统一的协议,将对2030年的减排目标作出规定,并明确实施的措施及核查方式等,以督促各国兑现自身承诺。利马大会闭幕时,大会主席、秘鲁环境部长曼努埃尔·普尔加·比达尔说,各方代表离开利马时,已经看到了巴黎新协议的更清晰图景。《公约》秘书处执行秘书克里斯蒂娜·菲格雷斯说,各方带着一系列积极信号走向巴黎。

2015年2月12日,透露出来的巴黎新协议的草案案文提出,为避免

① 王克:《IPCC报告警示全球温升,中国峰值目标更加紧迫》,2014年5月15日,见http://www.chinadialogue.org.cn/authors/1698–Wang-Ke。

2℃温升的出现,全球减排的总体目标是,在 21 世纪中期进行深度减排,其中一个选项是 2020 年全球碳排放达峰,2050 年减排 50%(或者 40%—70%),2100 年接近二氧化碳零排放[①]。LIMIT 研究团队认为,首先需尽快采取行动,才有可能较好地达到 2℃控温目标,这将需要保证在 2020 年之前到达排放峰值,因为越往后想要达到 2℃控温目标越难,并且碳减排和经济的付出越大[②]。

欧盟委员会 2014 年 10 月 23 日通过决议,决定 2030 年比 1990 年温室气体减排 40%,届时可再生能源占比达到 27%,以实现 2050 年减排 80%—95% 的长期目标[③],与 2014 年 1 月出台的系列政策框架一起发挥作用,将使得欧洲经济和能源更具竞争力,安全且可持续。

可以肯定的是,未来谈判很可能对中国 2030 年碳排放峰值进一步施压,要求提前实行峰值,并公布峰值时的排放水平。这对我国政府和社会和企业各界都将是一个更大且严峻的挑战。

二、中国谈判压力剧增

中国碳排放总量大,增速快,人均排放日益增加。1965 年中国能源消耗只有 1.314 亿吨标油,占世界的 3.49%,美国的 10%,1995 年增加到 6.65 亿吨标油,占世界的 10.33%,2010 年到达 23.4 亿吨标油,占世界的比重也接近 20%,超过美国成为世界第一能源消耗大国,2013 年占世界比重达到 22.41%,年均增长率达到 6.5%,超过世界年均增长率 2.5%,更超过美国的 1.2% 的年增长水平(见图 2.4)。

在能源消费总量成为世界第一的同时,我国碳排放也成为世界第一,如图 2.5 所示。

---

① UNFCCC 网站: *Negotiating text - unfccc*, 2015 年 2 月 12 日,见 https://unfccc. int/files/.../negotiating_text_12022015@2200. pdf。

② FEEM 网站: *Policy Brief on policy analysis*, 2013 年 1 月,见 http://www. feem - project. net/limits/docs/limits_policy%20brief%20on%20policy%20analysis_en. pdf。

③ 欧盟网站: 2030 *climate & energy framework*, 2014 年 10 月 28 日,见 http://ec. europa. eu/clima/policies/strategies/2030/documentation_en. htm。

（百万吨 CO_2 ）

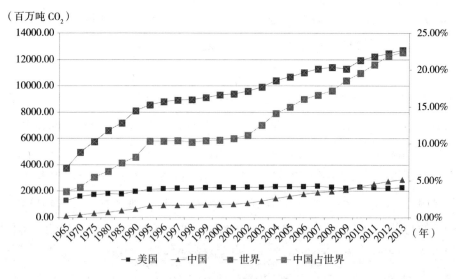

图 2.4：中国一次能源消费及占世界比重

资料来源:BP,2014 年。

（百万吨 CO_2 ）

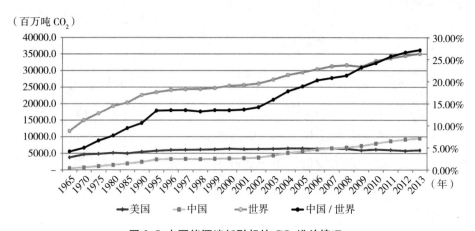

图 2.5：中国能源消耗引起的 CO_2 排放情况

资料来源:BP,2014 年。

排放总量大,增速快,使我国成为众矢之的,韬光养晦已不可能。由图 2.5 可知,我国 CO_2 排放总量由 1970 年的 7.5 亿吨、占世界的 5.0%,上升到 2013 年的 95 亿吨、占世界比重达到 27.14%,而美国却降为 16.9%。中国自 2008 年就超过美国成为世界第一排放大国,年均增速与能源相当。可怕的是,我国的增量对世界的贡献率太高,2013 年我国的碳排放增量占世界总增量57%,美国占24%。也就是说,中国占世界总增量接近60%。如果中国的碳排放不能达到峰值,世界碳排放不可能达到峰值,21世纪末限制温升2℃的目标不可能实现(这是其他国家攻击我国的理由之一)。

也难怪其他国家要求中国承担具有约束力的减排承诺,一些思想激烈的发展中国家欲将中国推出发展中国家阵营,推向发达国家,理由是中国排放总量太大,增速太快,而中国的外汇储备比其他国家的多年GDP的总和还要多。虽然中国人均碳排放水平还不高,贫困人口还有6千多万,还有20多万没用上电的农村居民。但是,这些数据与巨大的排放总量和增量相比,在国外人士看来显得有些微不足道,再加上国际气候谈判的每个国家不论大小,话语权都是一样的情况下,中国有被孤立的可能,参与国际谈判的我国代表团对此感受颇深。

张高丽副总理作为习总书记特使,于2014年9月23日参加了潘基文秘书长主持的全球气候峰会,会上说:"中国国家主席习近平指出,应对气候变化是中国可持续发展的内在要求,也是负责任大国应尽的国际义务,这不是别人要我们做,而是我们自己要做。"2015年6月30日,中国政府向联合国气候变化框架公约秘书处提交了应对气候变化国家自主贡献文件[①]。文件提出,中国2030年的行动目标是:二氧化碳排放2030年左右达到峰值并争取尽早达峰,单位国内生产总值二氧化碳排放比2005年下降60%—65%,非化石能源占一次能源消费比重达到20%左右,森林蓄积量比2005年增加45亿立方米左右。

中国将大力推进应对气候变化南南合作,从2015年开始在现有基础上把每年的资金支持翻一番,建立气候变化南南合作基金。还将提供600万美元资金,支持联合国秘书长推动应对气候变化南南合作[②]。

从我国政府2009年哥本哈根大会对外宣称不和欠发达国家兄弟争资

---

① 国家发改委网站:《我国提交应对气候变化国家自主贡献文件》,2015年7月1日,见http://qhs.ndrc.gov.cn/gzdt/201507/t20150701_710232.html。

② 中国新闻网:《张高丽出席气候峰会提三个"显著"展中国决心》,2014年9月24日,见ht-tp://www.chinanews.com/gn/2014/09-24/6622499.shtml。

金,到如今主动给贫困国家提供资金支持的转变。可以看出中国在对外谈判中的国际压力有多大。习近平担任总书记以来,先后对马尔代夫、斐济、密克罗尼西亚联邦、萨摩亚、巴布亚新几内亚、瓦努阿图、库克群岛、汤加、纽埃等太平洋岛国进行访问,其中重要议题是支持这些国家应对气候变化。因为这些小岛屿国家在气候变化谈判中声音最高,提出的观点最为激进,如1.5度温升目标等,有时会使我国谈判代表在谈判中处于被动、孤立的局面,不得不采取应急措施,如成立利益相近者集团等。为了长期的谈判和合作,更为了我国和平发展的大局,需要最高领导人出面安抚! 应对气候变化确实已经成为国际关系、国际安全的重要议题,关系到我国可持续发展的未来。

作为外汇储备较高、经济实力已经跃居世界第二的中国,在一些国家看来不作出实质性的承诺并承担一定的义务,是很难得到国际社会的认可的。再加上中国正在实施和平发展战略,树立负责任大国形象,得到国际社会的认可和提升国际话语权,只靠经济总量说话是行不通的,还要靠价值观的认可度与接收度。其中认可是第一步的,对于涉及全球生存问题的大事,正是表现大国责任意识的最好机会。既然不得不背负被动减排的压力,还不如先期行动,获取主动,并占得先手。所以,我国政府一方面在谈判桌上争取更多的权益和排放空间,但另一方面也作出各种负责任的姿态和行动,让国际社会相信我们,相信中国人民是一个对国际社会有益的、有贡献的民族,中国政府也是对全球负责任的政府。中国的发展对全球发展是有益的。所以,我国政府才对外宣布峰值目标年限,表明中国的减排努力和决心。

第二节　我国碳排放达峰的内在需求

美国伯克利国家实验室中国能源工作组组长 Lynn Price 谈到,我们将中国 2030 年的峰值目标与正在进行的一系列针对中国 2050 的能源与排放研究相比较可以看到,这个目标是相对激进的,并需要在基准情景下付出相当多的努力。另外,一个需要注意的问题是,排放峰值达到的同时,对应的排放水平并未纳入《中美气候变化联合声明》（以下简称《声明》）[①]。目前的研究显示，在基准情景下 2038—2040 年达到峰值，其时的碳排放总量约为 150 亿吨 CO_2；在目标情景下 2025—2030 年达到峰值时，碳排放总量为 100—110 亿吨 CO_2。可见，中国选择的是比较激进的目标，付出"艰苦卓绝"的努力也是国内外研究学者公知的。

清华大学何建坤教授提出，《声明》中提到 2030 年左右达到排放峰值的目标，这个目标是非常高的。我们的研究显示，要达到这个目标，届时需要达到几个前提条件。一是基本完成工业化、城市化（65% 以上）发展阶段，人口规模趋于稳定，人均 CO_2 排放峰值和总量峰值基本可同步实现；二是经济内涵提高，产业结构调整加速，能源消费弹性持续下降，单位 GDP 能耗仍保持年均 3% 左右的下降速度；三是非化石能源比重达约 20% 的基础上，仍以年均 6%—8% 速度增长，单位能耗的 CO_2 强度年下降率持续达 1.5%—2.0%；四是单位 GDP 的 CO_2 强度年下降率达 4.5% 左右，支撑 4%—5% 的 GDP 增速，届时能源消费弹性可降低至 0.3—0.4，非化石能源供应量增长可支持能源总需求 1.5%—2.0% 的增速，而化石能源供应不再增长，从而使 CO_2 排放达到峰值。需要注意的是，与发达国家相比，中国 CO_2 排放达峰值时 GDP 增速仍可维持在 4%—5% 的水平，将高于发达国家峰值时增速（不高于 3%），仍然具有较大发展空间。

但是，要实现这个目标，需要注意几个不确定性。GDP 增速的不确定性：未来 20 年，GDP 年均增速每高出 0.5 个百分点，在相同 GDP 的 CO_2 强度年下降率情况下，CO_2 排放总量到 2030 年将增加 10 亿吨以上，峰值时间将推后 10 年左右。GDP 能源强度年下降率的不确定性取决于经济结构调整力度，如今后每个五年计划期内 GDP 能源强度下降幅度比预期降低一个百分点，到 2030 年 CO_2 排放总量将增加 6 亿吨，CO_2 峰值也要推迟到 2035 年前后。能源结构调整的不确定性，如新能源和可再生能源（特别是核能）发展迟缓，单位能耗 CO_2 强度下降幅度降低，将不足以抵消新增能源的 CO_2

[①]　新华网站：《中美气候变化联合声明》2014 年 11 月 12 日，见 http://news.xinhuanet.com/world/2014-11/12/c_1113221744.html。

排放,峰值时间必将滞后。

那么,我们为什么在排放峰值存在巨大的不确定性,也就是风险的情况下,自己还要做? 下面进行分析。

一、转型需要提高能效

2014 年 5 月,美国白宫发布了《全面能源战略:通往经济可持续增长之路》,[①]其中特别提到美国能源独立性增强,增强了美国抵御国际能源价格波动的能力,其中增强独立性的方式是推动低碳能源的发展、减少石油净进口支出和降低对外依存度,美国经济应对国际供应震荡的灵活性增强。减少的国内需求、增加的国内石油产量以及更高效的汽车和增加使用生物燃料等因素降低了石油净进口量,使得美国经济受到石油价格突然上涨的冲击减小。

美国全面能源战略还将加强部署低碳技术,为清洁能源的未来奠定基础。美国自 2005 年以来的碳减排力度较大。奥巴马政府将天然气视为一种过渡性燃料,并采取相关措施来安全负责地开发国内天然气资源和减少上游甲烷排放,还通过投资研发与部署支持可再生能源、核能、能效以及其他零碳能源开发。美国的这些动作无疑给中国莫大的启示:作为资源丰裕度远超中国,能源对外依存度比中国要低的国家,依然将能源安全放在如此高的位置。中国作为优质能源对外依存度越来越高的国家,更应该重视能效和低碳能源等问题,更不用说又有气候变化问题的压力。

对比我国与世界的碳排放发现,我国碳排放总量占世界的比重较高,达到 27.14% 以上(BP 中心数据),但是从我国创造的国内生产总值看,中国只占到 8.74%,美国占世界总产值的 26%(世界银行数据[②])。显然,中国与西方发达国家相比,单位产值能耗较高(表 2.4)。

[①] 人民网网站:《美国推行全面能源战略见成效》,2014 年 6 月 24 日,见 http://scitech.people.com. cn/n/2014/0624/c1057-25192342.html。

[②] 世界银行网站:*GDP at market prices（constant 2005 US $ ）*,2015 年 12 月 20 日,见 http://data. worldbank.org/indicator/NY.GDP.MKTP.KD。

表 2.4：部分国家和地区单位 GDP 能耗（2013 年）

单位：tce/百万美元

国家	单位 GDP 能耗/tce/百万吨美元	与中国的比值/%
意大利	109.5	25
英国	112.7	25
德国	127.7	29
欧盟	137.8	31
法国	129.6	29
美国	192.7	43
中国	443.8	100
印度	454.4	102
日本	138.1	31

资料来源：王庆一：2014 能源数据，能源基金会。

　　从我国高能耗产品的国际对比来看，我国与国际先进水平的差距正在逐渐缩小，如表 2.5 所示。

表 2.5：中国高耗能产品能耗的国际比较

	2005	2010	2011	2012	2013	国际先进水平	
						2005	2013
火电供电煤耗/gce/kWh	370	333	329	325	321	288	275
钢可比能耗/kgce/t	732	681	675	674	662	610	610
电解铝交流电耗/kWh/t	14575	13979	13913	13844	13740	14100	12900
水泥综合能耗/kgce/t	149	134	129	127	125	127	118
乙烯综合能耗/kgce/t	1073	950	895	893	879	629	629
化纤电耗/kWh/t	1396	967	951	878	849	980	800

注：1.中外产品综合能耗中的电耗按发电煤耗折标准煤。
　　2.国际先进水平是世界领先国家的平均值。供电煤（热）耗为意大利，钢可比能耗、水泥综合能耗为日本，乙烯综合能耗为中东地区。
　　3.2010 年火电电源结构，中国煤、油、气占比为 94.30%、0.5% 和 2.3%，意大利为 17.5%、9.9% 和 70.9%。
　　4.中国钢可比能耗为大型企业，2013 年大中型企业产量占全国的 80.6%。
资料来源：王庆一：2014 能源数据，能源基金会。

　　由表 2.5 可见，我国在高耗能产品上与国际的差距不是很大，最多高出 40%，但有的产品与国际先进水平非常接近，如钢、水泥和化纤，高出 4%—

8%,但是单位产值能耗差距却非常之大,是日本、美国、意大利等国的 2—4 倍。这一方面说明我国能源结构还需进一步优化,能源利用效率还有提高的空间;另一方面也说明我国生产的产品附加值较低,处于产业链低端,"微笑曲线"底部,还需要逐渐提升产业结构和出口产品结构。此外,还说明我们在对外服务方面如金融、旅游、教育等高附加值的高端产业上,提升的空间较大。

为此,必须而且持续地进行产业和产品转型升级,再也不能依靠消耗能耗资源,生产高污染、低附加值的产品发展经济了。这也是许多专家学者力主借助应对气候变化,推动经济转型的原因。

二、环境问题日益突出

改革开放以来,我国虽然在经济上取得了一定的发展,但是也付出了沉重的环境资源代价。据美国国家航空航天局资料,在 2010 年我国部分地区已经笼罩在雾霾笼罩之下(如图 2.6 所示)。而此状态之后仍将日益加剧。2012 年冬,中国四分之一国土面积、约 6 亿人受雾霾影响;2013 年,中国平

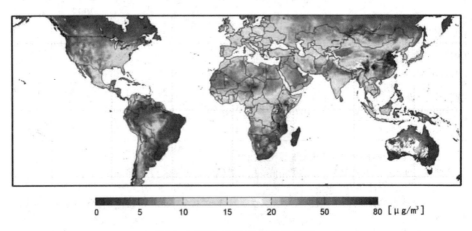

图 2.6:PM2.5 浓度全球分布图

Source:China-big-bang-measures-to-fight-air-pollution

NASA,New Map offers a Global view of Health-sapping air Pollution,Sep 22,2010。

说明:因可获得数据限制,数据年限:2001—2006 年。

均雾霾天数创 52 年之最;2014 年秋至 2015 年伊始,浓雾频频造访①。中国环境保护部 2015 年 2 月 2 日公布的 2014 年京津冀、长三角、珠三角 74 个城市空气质量状况显示,2014 年中国空气最差的十个城市:保定、邢台、石家庄、唐山、邯郸、衡水、济南、廊坊、郑州和天津,京津冀占八席。目前中国大气污染形势依然严峻,重污染天气频发势头未根本改善。

环保部计划 2015 年在全国 338 个地级以上城市,1436 个监测点位全面铺开 PM2.5 实时监测;2015 年年底所有省会城市完成 PM2.5 来源解析工作。由表 2.6 可以看出,对雾霾成因较为复杂,但是已经解析的北京和天津的资料显示,雾霾源于本地和外来输入,其中本地的能源活动占绝大部分,如表 2.6 所示。

表 2.6:北京、天津和石家庄雾霾成因

	本地					外部输入/%
	燃煤/%	工业生产/%	扬尘/%	机动车/%	其他/%	
北京	22.4	18.1	14.3	31.1	14.1	28—36
天津	27	17	30	20	6	22—34
石家庄	28.5	25.2	22.5	15.0	8.8	23—30

资料来源:根据各地公布资料整理。

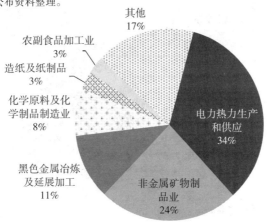

图 2.7:中国烟尘污染来源的产业分布

资料来源:第一次全国污染源普查公报。

---

①　中新网:《环保部公布 2014 年中国空气最差十城京津冀占八席》,2015 年 2 月 4 日,见 http://edu.sxgov.cn/content/2015-02/04/content_5528336.htm。

我国第一次全国污染源普查公报结果显示,烟尘排放量居前的行业是:电力热力的生产和供应业 314. 62 万吨、非金属矿物制品业 271. 68 万吨、黑色金属冶炼及压延加工业 97. 73 万吨、化学原料及化学制品制造业 78. 81万吨、造纸及纸制品业 29. 83 万吨、农副食品加工业 26. 29 万吨。上述 6 个行业烟尘排放量合计占工业源烟尘排放量的 83. 4%[①]。

表 2. 7:主要大气污染物排放情况

指标/年份	2013	2012	2011	2010	2009	2008	2007	2006	2005
二氧化硫排放量/百万吨	20. 44	21. 18	22. 18	21. 85	22. 14	23. 21	24. 68	25. 89	25. 49
氮氧化物排放量/百万吨	22. 27	23. 38	24. 04						
烟(粉)尘排放量/百万吨	12. 78	12. 36	12. 79						

资料来源:国家统计局网站:2015 年 3 月 10 日,见 http://data.stats.gov.cn/workspace/index? m=hgnd。

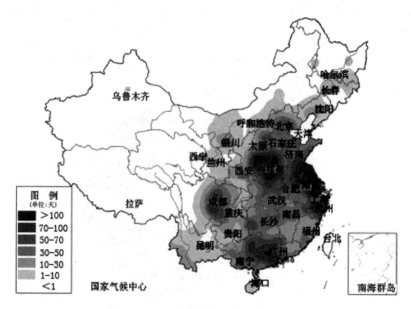

图 2. 8:2013 年中国霾日数分布示意图

资料来源:2013 中国环境状况公报。

① 中国政府网站:中华人民共和国环境保护部、国家统计局、农业部:《第一次全国污染源普查公报》,2010 年 2 月 6 日,见 http://www.gov.cn/jrzg/2010-02/10/content_1532174.htm。

从环保部公布的资料发现,近年大气污染物排放量没有太大改观。如粉尘排放量改用新方法测定后,排放量在 1278 万吨以上,治理难度非常之大。2014 年中国加强重点行业污染治理,全国累计淘汰黄标车及老旧车辆超过 700 万辆,淘汰燃煤小锅炉 5 万余台。中央财政下达专项资金 100 亿元人民币,支持重点区域 10 省区市大气污染防治。

表 2.8:中国能源、电力大气污染物排放系数(2012 年)

能源/kg/tce	
SO$_2$	
一次能源总消费量	5.85
化石能源消费量	6.45
NO$_x$	
一次能源总消费量	6.46
化石能源消费量	7.12
烟尘和工业粉尘	
一次能源总消费量	3.42
化石能源消费量	3.76
电力/g/kWh	
SO$_2$	
总发电量	1.79
火电	2.26
NO$_x$	
总发电量	1.92
火电	2.42
烟尘	
总发电量	0.31
火电	0.39
CO$_2$	
能源/tCO$_2$/tce	

续表

能源/kg/tce	
煤炭	2.71
石油	2.13
天然气	1.65
一次能源消费	2.30
化石能源	2.54
电力/gCO_2/kWh	
总发电量	556
火电	702

来源：国家统计局、环境保护部、国家发展改革委能源研究所、中国电力企业联合会、农业部；《第一次全国污染源普查公报》，2010年2月6日。
资料来源：王庆一：能源数据2014，能源基金会。

2013年，我国共关停小火电机组447万千瓦、淘汰炼铁618万吨、炼钢884万吨、电解铝27万吨、水泥（熟料及磨机）10578万吨、平板玻璃2800万重量箱，涉及企业1500多家。2014年上半年，全国新增火电脱硝机组1.2亿千瓦，脱硝装机容量累计达5.5亿千瓦，占火电总装机容量的62.5%；2830万千瓦现役火电机组脱硫设施实施增容改造；7500万千瓦火电机组拆除脱硫设施烟气旁路，无旁路运行脱硫机组累计达4.75亿千瓦；6950平方米钢铁烧结机新增烟气脱硫设施，已脱硫烧结机面积累计达9.4万平方米，占烧结机总面积69%；1亿吨水泥熟料产能新型干法生产线新建脱硝设施，脱硝水泥熟料产能累计达8.2亿吨，占全国新型干法总产能57%；淘汰黄标车和老旧机动车220多万辆，持续推进造纸、印染、电力、钢铁、水泥等落后产能淘汰工作。

2015年2月4日，国际环保组织绿色和平与北京大学公共卫生学院联合发布研究报告《危险的呼吸2：大气PM2.5对中国城市公众健康效应研究》。研究团队根据全国主要城市2013年每小时公开的PM2.5完整实测数据，评估出PM2.5长期暴露对公众健康所产生的影响发现，全国主要城市的平均超额死亡率为0.9‰，在2013年空气质量水平下，因PM2.5污染导致的死亡率超 100/10 万(1‰)的主要城市有 12 座,其中最严重的五座城市分别是石家庄、济南、长沙、成都、南京。

目前,社会各界对空气污染关注的焦点都在北京,但实际上,全国许多城市公众因为空气污染面临的健康威胁并不亚于北京。生活在中国南方的人们,如湖南省、四川省、江苏省等地区的市民也需要提高雾霾防护意识、关注呼吸安全。

雾霾引起的人体健康问题,更加加重了人民对环境治理的担心,以及发展质量问题的关注。从根本上解决这个问题,需要优化能源生产结构、提高能源利用水平,并转变能源消费结构、加大节约能源力度。

为了环境治理、身体健康和能源安全问题,中国政府在能源战略行动计划中明确提出:到 2020 年,一次能源消费总量控制在 48 亿吨标准煤左右,煤炭消费总量控制在 42 亿吨左右[①]。2013 年我国煤炭产量 36.8 亿吨,消费量 36.1 亿吨左右,煤炭产量增幅由前十年年均增加两亿多吨,降到 5000 万吨左右,煤炭消费增幅也由十年前年均增长 9% 左右,下降到 2.6% 左右。2014 年全年能源消费总量 42.6 亿吨标准煤,比 2013 年增长 2.2%。煤炭消费量下降 2.9%,原油消费量增长 5.9%,天然气消费量增长 8.6%,电力消费量增长 3.8%。煤炭消费量占能源消费总量的 66.0%,水电、风电、核电、天然气等清洁能源消费量占能源消费总量的 16.9%。原煤产量下降 2.5%,至 38.7 亿吨。天然气产量增长 7.7%,至 1301.6 亿立方米。核电发电量增长 18.8%,水电发电量增长 15.7%,火电发电量下降 0.3%。要彻底治理雾霾等大气污染问题,需将煤炭消费总量消减 50% 以上。雾霾的治理促使除尘、脱硝、脱硫等环保技术的开发和推广利用,如燃煤电厂的超低排放技术可以达到燃气机组的排放标准。可以预见,类似技术将有更大的发展。但是我们必须清醒地看到,这种治理模式带来对末端治理技术的依赖会逐渐更大,对我国的转型升级是不利的,也就是会带来高碳锁定。为此需要从根本上消除导致雾霾的根源,即发展低碳能源填补煤炭减少带来的能

---

① 中国政府网站:《国务院办公厅关于印发能源发展战略行动计划(2014—2020 年)的通知》,2014 年 11 月 19 日,见 http://www.gov.cn/zhengce/content/2014-11/19/content_9222.html。

源空缺。这也是后面有关绿色发展道路需要探讨的问题。

三、资源约束日益严重

中国能源资源从总储量到人均储量都低于世界平均水平,人均石油储量是世界平均的 1/5,天然气是 1/3,煤炭不足 1/3(数据来源:国家能源局),能源资源短缺以及因此而引发的能源安全将是长期制约中国经济社会发展的大问题。所以习近平总书记在 2014 年 6 月 13 日主持召开中央财经领导小组第六次会议,研究我国能源安全战略,提出必须从国家发展和安全的战略高度,审时度势,借势而为,找到顺应能源大势之道。为此,就推动能源生产和消费革命提出五点要求。

第一,推动能源消费革命,抑制不合理能源消费。坚决控制能源消费总量,有效落实节能优先方针,把节能贯穿于经济社会发展的全过程和各领域,坚定调整产业结构,高度重视城镇化节能,树立勤俭节约的消费观,加快形成能源节约型社会。

第二,推动能源供给革命,建立多元供应体系。立足国内多元供应保安全,大力推进煤炭清洁高效利用,着力发展非煤能源,形成煤、油、气、核、新能源、可再生能源多轮驱动的能源供应体系,同步加强能源输配网络和储备设施建设。

第三,推动能源技术革命,带动产业升级。立足我国国情,紧跟国际能源技术革命新趋势,以绿色低碳为方向,分类推动技术创新、产业创新、商业模式创新,并同其他领域高新技术紧密结合,把能源技术及其关联产业培育成带动我国产业升级的新增长点。

第四,推动能源体制革命,打通能源发展快车道。坚定不移推进改革,还原能源商品属性,构建有效竞争的市场结构和市场体系,形成主要由市场决定能源价格的机制,转变政府对能源的监管方式,建立健全能源法治体系。

第五,全方位加强国际合作,实现开放条件下的能源安全。在主要立足国内的前提条件下,在能源生产和消费革命所涉及的各个方面加强国际合作,有效利用国际资源①。

　　这四个"革命"中,能源生产和消费革命是核心。生产革命要求必须转变生产方式,改变以煤为主的传统能源格局,转向多元化供给模式。另外,必须在消费上有重大变化,要将"节能优先"作为中国长期战略。

表 2.9:我国主要能源储量变化情况

项目\年	2013	2012	2011	2010	2009	2008	2007	2006	2005	2004
石油储量(万吨)	336732.8	333258.3	323967.9	317435.3	294919.8	289043.0	283253.8	275856.8	248972.1	249097.9
天然气储量(亿立方米)	46428.8	43789.9	40206.4	37793.2	37074.2	34049.6	32123.6	30009.2	28185.4	25292.6
煤炭储量(亿吨)	2362.9	2298.9	2157.9	2793.9	3189.6	3261.4	3261.3	3334.8	3326.4	3373.4

* 需要说明的是上面的储量为技术可开采储量。
资料来源:国家能源局:数据手册2014。

　　由表 2.9 可见,中国能源资源储量在降低。而随着能源资源消耗量的增加,我国石油、天然气和煤炭的进口量不断增加。我国原油对外依存度从 2000 年的 26.4%,增加到 2013 年的 56.5%,2020 年可能超过 70%。天然气的对外依存度也由 2000 年的进口依存度 8.6%增加到 2013 年的 29.3%,随着消除雾霾工作的深入,其消耗量和进口依存度会大大提升。

　　2014 年 5 月 21 日,在俄罗斯总统普京离开上海返回莫斯科前的最后一刻,中俄签署了一份为期 30 年、总价高达 4000 亿美元的天然气合作协议。协议商定,从 2018 年起,俄罗斯开始通过中俄天然气管道东线向中国供气,输气量逐年增长,最终达到每年 380 亿立方米,累计 30 年,总价为 4000 亿美元,这还是以目前较低的价格估算,若未来天然气价格攀升,付出的将不止这些,而且这里还存在不可预知的政治风险。能源安全始终是国家领导人最为关注的问题。

---

　　① 新华网:《习近平:积极推动中国能源生产和消费革命》,2014 年 6 月 13 日,见 http://finance.ifeng.com/a/20140613/12539215_0.shtml。

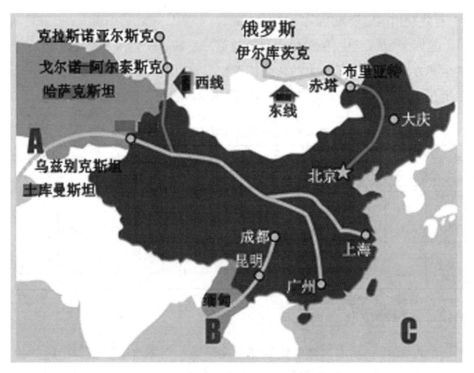

图 2.9：中国进口天然气四大通道①

目前，中国天然气进口的四个通道基本完成：西北方向，有来自哈萨克斯坦、土库曼斯坦等中亚国家的天然气，最南可供应广西，最北可供应北京，并辐射中间省份；西南方向，来自缅甸的天然气管道直通中国，中国周边的国家都可以通过这条管道向中国输出资源；华东和华南主要依靠海上液化天然气运输，海上通道则负责输送来自卡塔尔、澳大利亚、加拿大等国进口海上液化天然气 LNG；东北地区，中俄东线供气协议（由图 2.9 可见）。其中各条管道的建设和运行都存在着政治、经济、文化、环境、技术，尤其是定价机制等多方面的不确定性，尤其是政治上的不确定性，难以在较长时间内掌控（俄罗斯天然气管道协议期限是 30 年），给能源安全增加了极大的变数。所以能源结构转变，尤其是将以煤为主转变为以天然气为主，最终以非化石

---

① 王笑西：《中俄天然气协议谁是真正的赢家？》，2014 年 05 月 29 日，见 http://news.sina.com.cn/newobserv/zetrqxysszzyj。

能源为主的能源结构,受资源可获得性约束会更强,持续时间也会更长。

我国号称煤炭资源最丰富,但是储量只占到世界的 12.8%,储采比只有 31 年,而世界平均是 113 年,也就说,31 年之后,我国无煤可用,而其他国家还有近 82 年的煤炭可以利用,而如美国、俄罗斯等国,其储采比分别是 266 年和 452 年[①],当我们引以为傲的资源丰富到可以用于制油的煤炭资源,30 年后将枯竭,而其他这些大国却多到几百年用不完。未来靠什么支撑我们与这些大牌经济强国竞争? 能源是一个国家的血脉! 我们不能失血过多,而在不远的将来贫血!

2009 年前,我国煤炭出口量大于进口量,但是自 2009 年我国进口 1.3 亿吨,出口 2240 万吨后成为纯进口国,2013 年净进口量高达 3.2 亿吨,对外依存度达 8.7%。

随着能源资源对外依存度的提高,能源安全尤其是来源安全和运输通道的安全,成为我国政府关注力度较大的问题。如修建中缅油气管道、原油储备库系统等。2015 年 2 月 10 日,习近平总书记主持召开的中央财经领导小组第九次会议又特别强调:保障能源安全,要明确责任、狠抓落实、抓出成效,密切跟踪当前国际能源市场出现的新情况和新变化,趋利避害,加快完善石油战略储备制度,推进能源价格、石油天然气体制等改革,大力发展非常规能源[②]。

四、绿色低碳转型发展大势所趋

我国政府通过峰值目标的提出,有利于借助外部力量,促进我国寻求符合我国国情的、促进经济走绿色低碳的发展道路:一是低碳化新型城镇发展道路,二是调整工业结构,朝着绿色低碳循环型的高附加值产业发展,三是调整能源结构,朝着增加新能源比重,降低能源碳排放系数的方向发展。总

---

① BP 公司网站:*BP Statistical Review of World Energy* 2015,2015 年 11 月 2 日,见 http://www.bp.com/en/global/corporate/energy-economics/statistical-review-of-world-energy.html。

② 华西都市报:《习近平:疏解北京非首都功能推进京津冀协同发展》,2012 年 2 月 11 日,见 http://huaxi.media.baidu.com/article/1293872205268197104。

之,峰值目标的提出,对我国经济社会发展的影响深远而深刻,越早安排,越能选择成本有效的方式,否则,越推迟采取措施,成本会越高,可选择的方式也就会越少。

(一)峰值目标关系着城镇化路径

通过分析世界上其他国家的城镇化历史发现:一般地,在城镇化率达到20%—30%水平时发展迅速,当越过50%后增速开始放缓。城镇化趋于平稳和终结时点可参考的是,一类是移民国家,一般到80%—90%,比如美国、澳大利亚、加拿大;另一类是原住民国家,一般到65%—70%,比如日本、欧盟部分国家。中国2014年的城镇化水平约为54.77%,根据世界银行、OECD以及国内研究机构预测,2030年总体可达68%—72%的水平,也就是说我国城镇化水平还有一定的发展空间。但是这种城镇化存在着某种隐患。目前,中国富裕地区的消费水平以及能源利用情况,已经接近甚至超过了发达国家城市居民的水平,见表2.10。可以说,若以这种方式发展,中国城市能源消耗要远远超过西方发达国家城市的水平。

表2.10:中国最富裕城市居民生活水平的国际比较(2011年)

	北京	上海	深圳	东莞	日本东京
常住人口/万	2019	2347	1047	822	1301
人均收入/美元	5670	6190	6245	6760	29850
人均住房建筑面积/m²	35.0	33.4	41.0	58.4	37.0
耐用消费品拥有量					
私人汽车/辆/百户	60.0	18.2	39.1	80.0	48.1
房间空调器/台/百户	171	206	167	272	260
彩色电视机/台/百户	138	190	128	187	240
计算机/台/百户	104	138	119	123	123

注:1.深圳2012年末在册人口达1612万,其中户籍人口290万,流动人口1322万。
　　2.深圳房间空调器和彩色电视机拥有量为2007年数据。
　　3.东京人口为2010年数据,人均收入为估计,人均住房面积为新建住房,空调器、彩色电视机、计算机百户拥有量为日本2010年平均值。
来源:王庆一:2014能源数据,能源基金会。

未来,一旦我国城镇化过程中建筑模式、交通模式以及文化模式等形成并固化成习惯,根据消费刚性原则,能耗和排放处于上升或保持高位运行,很难再降低下来。目前,中国城市住宅和交通所引起的人均生活能源消费量约相当于美国 20 世纪 50 年代中期,日本 20 世纪 60 年代后期的水平。如果中国沿着发达国家的城市消费轨迹发展,其未来的能源消费将会巨幅增长。城市化率每提高一个百分比,就意味着有 1367 万左右的人口从农村涌向城市,同时将伴随着城市住房、道路、管网和卫生设施等城市基础设施的大规模建设和钢铁、水泥的大量消耗。研究表明,中国约有 84% 的商业能源消费发生在城市。城市人均每天的生活能源消费量以每年 7.4% 的速率增长,而且其在中国总能源消费中占据的份额将在未来几十年内进一步加大[1]。

我国已经关注到城镇化对中国能源和碳排放峰值影响的重要性,后面章节将从不同的角度进行论述。

(二)峰值问题关系着工业结构调整

工业部门对中国实现低碳发展意义重大,它的发展很大程度上依赖于能源的密集使用和温室气体的大量排放。未来中国需要在满足出口和国内消费需求的前提下,致力于经济结构调整。内需驱动的增长被认为是中国未来经济的重要支柱和重要的经济增长推动力。因为随着劳动力成本的迅速上升,中国传统制造业的竞争优势将被削弱。因此,在产业结构调整规划中,中国有必要采取有效措施,提高产业竞争力,进一步推动高新技术产业和服务业的发展。

由表 2.11 可知,我国主要耗能产品的产量名列世界前列,而其中的光伏电池依然处于两头在外的情形,高耗能环节在国内,这种"脏了我一个,幸福全世界"的产品,依然是我们出口的强项。若这种出口结构不调整的话,我国工业化水平越高,碳排放量就会越大。

---

① 联合国开发计划署:《中国人类发展报告 2009/10:迈向低碳经济和社会的可持续未来》,中国对外翻译出版公司 2010 年版。

表 2.11：中国耗能产品和设备产量占全球比重（2013 年）

产品	产量	占全球比重%
粗钢	779.0Mt	48.5
电解铝	22.06Mt	65
水泥	2416Mt	60
平板玻璃	7.79 亿重量箱	60
建筑陶瓷	97 亿 m²	60
纱	32.0 Mt	40
化纤	41.22Mt	70
汽车	2211.7 万辆	25
房间空调器	13057 万台	80
电冰箱	9261 万台	54
彩色电视机	1277.6 万台	54
洗衣机	7202 万台	52
微波炉	7085 万台	75
手机	14.56 亿部	70.6
太阳能热水器	6600 万 m²	60
光伏电池	27.4GW	63.7
节能灯	44.53 亿只	80

资料来源：王庆一：2014 能源数据，能源基金会。

根据国家统计局工业化水平综合指数和社科院《中国工业化进程报告》，2010 年中国的工业化水平分别已经达到 60% 或 66%（不同指标），中国整体已经步入工业化后期。一般认为，基本完成工业化的水平大约在80% 以上。工业化水平超过 80% 以后，如果考虑到产业结构调整，增长主要在新兴和服务产业方面。

据预测，合成氨峰值约在 2015 年，水泥峰值大概在 2017 年（约 26 亿吨），粗钢峰值可能要到 2020 年（约 8.5 亿吨），平板玻璃和电解铝峰值估计在 2025 年，都比原先预判的要延后。主要高耗能产品排放在 2025 年前达到峰值虽然是可以争取的，但从预测的峰值水平来看，要高于之前估计的数值约 20%—30%。而高耗能产品产量趋稳后，工业部门排放仍将缓慢上升5年至10年的时间,因此2025年前工业部门总体达到峰值有难度[①]。

(三)峰值关系能源结构转型及应对措施

能源结构调整将对峰值目标的实现起到决定性作用,但是难度较大。从1988年到2013年,我国能源结构调整幅度非常有限,非化石能源比重仅上升5.78个百分点,煤炭比重下降9.7个百分点,石油比重上升0.9个百分点,天然气比重上升3.1个百分点(如图2.10)。即使自2005年加强政策力度以来,非化石能源比重上升的速率快了一倍,每年也仅略高于0.3个百分点。

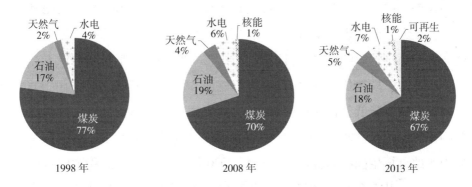

图2.10:中国能源消费结构(1988—2013年)

资料来源:中国能源统计年鉴。

如果按照目前中国工业化和城镇化的模式发展下去,中国能源消费总量还要有较大幅度的增加,非化石能源和天然气即使加速发展也并不能改变目前煤炭消费比重高的局面。即使到2030年煤炭在一次能源中占比下降至45%以下,即今后每年下降1.2个百分点以上,煤炭消费总量预期仍会大大突破40亿吨,增长至45亿—50亿吨,并将长期处于该高位平台区间。

我国的煤炭资源储量相对于其他资源较为丰富,但是必须注意到,其储

---

① 柴麒敏:《中国2030年碳排放峰值意味着什么》,2014年11月19日,见 http://opinion.caixin.com/2014-11-19/100752759_all.html#page2。

采比也不大,若维持 45 亿吨的煤炭产量,我国的环境将忍受不可承受之重。能源转型是必由之路,从满足消费到约束消费,进行供应侧管理,降低总消费量的同时,增加其他可再生、新能源的比重,如核能等。正如厦门大学林伯强教授所说的那样:2030 年左右达到碳排放峰值目标,应该有信心完成,前提是在此之前煤炭总量达到峰值。与之对应的可能有两种情景:一种是 2023 年煤炭总量达到峰值(约 45 亿吨),此后由于煤炭的减少和天然气等低碳能源的增加,到 2028 年左右达到碳排放峰值;另一种情景更激进一些,煤炭在 2020 年达到总量峰值(约 42 亿吨),碳排放峰值在 2024 年达到。无论哪种情景,都需要在控制煤炭总量上下足功夫,尤其是控制煤制油和煤制气的发展规模尤为重要。相对而言,非化石能源占比(20%)目标实施难度可能会更大。要实现这个目标,有两个前提必不可少。一是要有足够的替代能源来满足发展的需要。目前来看,比较现实的选择是短期内以天然气等低碳能源予以替代,中长期以可再生能源等清洁或零碳能源替代。另一个前提则是要降低替代能源的成本,达到规模商业化运行的程度。从能源结构来看,目前我国水电接近饱和,未来需要重点发展以风力、太阳能、生物质为主的可再生能源和核电。预计到 2030 年,为达成目标,我国的水电占比会小幅上升至 8.5%(2013 年占比 7.6%),以风力、太阳能、生物质为主的可再生能源占比大幅增长至 5.5%(2013 年占比 1.3%),核电占比也需要大幅增长至 6%(2013 年占比 0.9%)。

(四)峰值关系着各种减排措施实施效果

中国政府节能减排上各种措施齐头并进:调整产业结构、节能与提高能效、优化能源结构、控制非能源活动温室气体排放、增加碳汇等。2013 年共关停小火电机组 447 万千瓦,淘汰炼铁 618 万吨、炼钢 884 万吨、电解铝 27 万吨、水泥(熟料及磨机)10578 万吨、平板玻璃 2800 万重量箱,涉及企业 1500 多家。

为了探讨市场化手段的减排措施,中国政府从 2012 年开始进行碳交易的试点工作。2013 年开始,七个碳交易试点省市陆续上线交易,目前已经完成第一个履约期,第二个履约期将陆续开始。截至 2014 年 12 月 31 日,国内碳交易二级市场配额累计成交 1466 万吨,成交总额为 5.3 亿元人民币,全国累计日均成交量为 6.7 万吨,使得中国成为世界上第二大碳交易市场。2017 年后若建立全国统一的碳市场,很可能成为世界第一大碳交易市场(如图 2.11—图 2.13)。

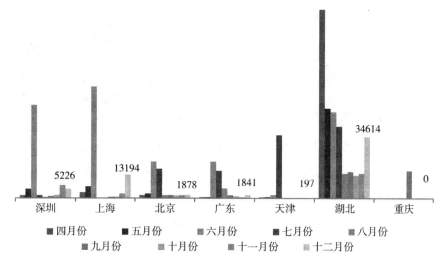

图 2.11:各试点月度日均成交量(吨)

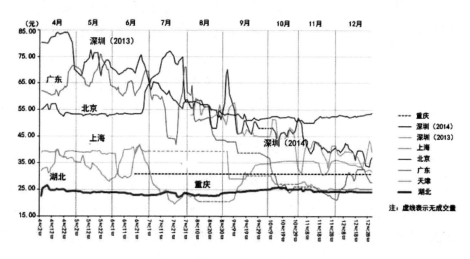

图 2.12:各试点地区成交均价(2014 年)

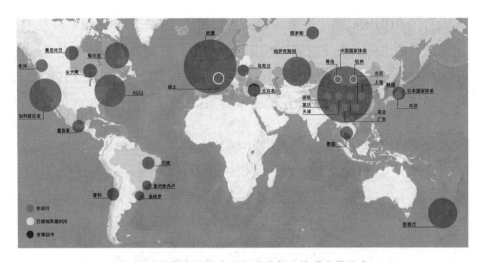

图 2.13：世界主要国家进行或准备实施碳交易国家

资料来源：改编自各国资料和 ICAP（国际碳行动伙伴组织）（2014）资料，*ETS Map*，https://icapcarbonac-
tion.com/ets-map。

备注：每一个圆圈的大小与所涵盖的温室气体排放呈近似正比关系。RGGI 是指"区域温室气体减排
行动"。

市场手段能否真正推动减排，我们可以参考美国的二氧化硫市场，因为它在目前是比较成功的。欧洲碳市场在经过了激烈的价格波动后，目前的价格还不太理想，不能真正反映减排成本。而对于中国的市场，人们也有较多的期待。国家正在组织专家对碳市场的运行效果进行评估，以决定下一步措施的落脚点。需要肯定是，市场化道路会一直走下去，并且会更加规范和有序。

国家财政部也已经部署了碳税政策的研究工作，将在适当的时候推出碳税，当然这也是一种政策性的利用价格杠杆推动减排的又一种手段。

（五）峰值目标关系着中国区域发展的协调力度

污染和碳排放治理涉及区域和不同收入人群间的公平问题，在全球气候变化谈判大会上，目前形成不同利益集团为各自的基本生存权、发展权而激烈冲突的局面。这一幕在不远的将来很可能在中国上演。中国大城市周围形成了非常明显的富人污染向贫困人口转移、权势人群向弱势人群转嫁的局面。由图 2.14 可见，北京的垃圾都运往五环之外填埋，而且远离富人及高档住宅小区。那些离垃圾较近的收入较低者,不得不忍受垃圾带来的负外部性。

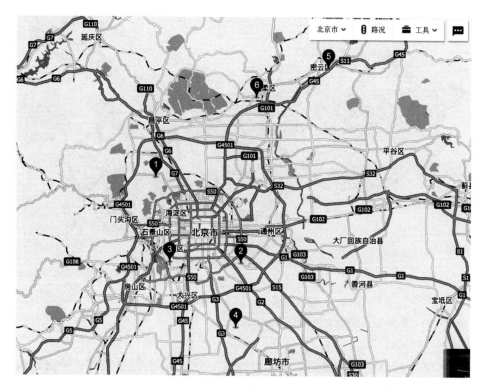

图 2.14：北京市垃圾处理和转运站分布

资料来源：百度地图,2015 年 3 月。

同样,人们感受较弱的碳排放也有此趋势。深入剖析碳排放的内部驱动因素,其与各地的产业结构、发展阶段等有较大关系。以人均煤炭资源为例,那些产煤大省如内蒙古、宁夏、山西等地,其人均碳排放均较高(见图2.15),但是它们的碳排放大部分是为发达地区做出的,包括坑口电站所发电力输送到东部地区。排放留在本地,而增加值送给了东部发达地区。能源消费的不平衡,导致区域间人均排放差异巨大。

区域发展差异性将对峰值目标的实现产生不可忽视的影响。中国区域在发展水平、功能和结构上非常不平衡,后发展地区喊出了"同步小康"的口号,事实上从多类研究指标标定的发展阶段看,中国区域间发展梯度可能

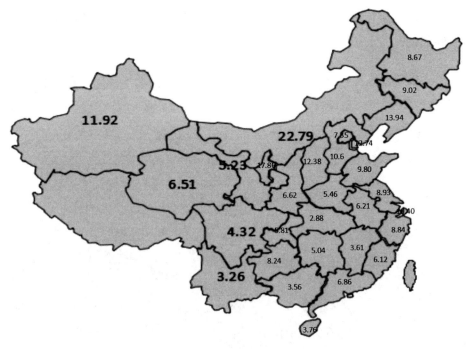

图 2.15：中国各省（市）的人均碳排放（2012 年）

资料来源：根据 2012 年中国统计年鉴和中国能源统计年鉴计算所得。

长达 20 年甚至更久。目前东部已经进入工业化后期，其中东部 3 个直辖市
已跨入后工业化阶段，中部和西部则总体上处于工业化中期，其中西部 5 个
省仍处于工业化中期的前半阶段、2 个自治区仍处于工业化初期阶段，对发
展阶段不可逾越的规律认识，促使我们更为理性地思考全国"同步低碳"是
否可行。虽然东、中、西部 2012 年的人均 GDP（2005 年不变价）还存在较大
差距，分别约为 5.19 万元、2.54 万元和 2.31 万元，但人均能源消费量分别
已达到约 3.93 吨标煤、2.87 吨标煤和 4.05 吨（西藏除外）标煤，人均能源
活动二氧化碳排放量估算也已达到约 9.11 吨、6.88 吨和 8.49 吨（西藏除
外），之间差距已不是很大，随着东部产业和能源结构调整碳排放下降，有
人均碳排放趋同的趋势。

　　按照历史和规划数据预测，东、中、西部城镇化率基本达到约 70% 水平
的时间分别在 2024 年、2034 年和 2036 年左右，东、中、西部城镇化过程排放

到达峰值前的增量保守预计约为 9 亿吨、16 亿吨和 15 亿吨 CO_2[①]。

应该说,中国区域的梯度特性既为中国长期发展创造了波浪式的后劲和潜力,同时也延长了增长的过程,意味着全国的碳排放峰值总量和到来时间将取决于区域间发展的叠加效应,峰值前后的平台期预计将持续相当长的时间,甚至出现大幅波动。这当中,东部确实应率先控制排放并提前达峰,但如果中西部达不到峰值,全国排放峰值也将很难实现,即使短暂实现,还可能出现反复。因此,国内各区域的减排政策应在公平和差异化的基础上协调推进,根据各自基础条件,采取灵活的措施,走出不同的道路。

目前,碳排放强度目标已经纳入各地的政绩考核,未来需要将碳排放总量控制指标也纳入其中,对各地的政策创新和改革试验等也进行有效评价,鼓励西部省市政府开阔思路,"截弯取直",不走高排放老路,而是直接走低碳发展的新路,这对我国的峰值目标的实现将是极大的促进。

---

① 柴麒敏:《中国 2030 年碳排放峰值意味着什么》,2014 年 11 月 19 日,见 http://opinion.caixin. com/2014-11-19/100752759_all.html#page2。

第三章　影响碳排放因素及天津特征

若以产业结构变化作为工业化阶段的划分标准,2014 年天津市第二产业产值占比高出第三产业占比 0.1 个百分点,那么可以肯定,2015 年天津进入后工业化阶段,与北京、上海处于同一工业化阶段。最主要特征是人均 GDP 超过 10 万元,工业占国民生产总值的比重下降到 50% 以下,达到 49.4%,第三产业上升到 49.3% 与第二产业持平,类似于 1970 年的德国,第二产业占比由 48% 开始迅速下降,第三产业占比逐渐上升。可以说,天津正在进入产业转型的快车道。所以此时探讨天津实现峰值的可能性、可能的时间以及需要采取的措施,使得天津市在保证未来经济发展影响最小,转型成本最低,借此若能压力变动力,不仅使得高碳产业平稳转型,而且能够迈向绿色低碳循环发展的道路,恰逢其时。这也是天津市政府及其他面临峰值压力下各省、市政府最为关注的问题。同时,天津的环境污染促使政府和社会各界对节能减排的关注力度加大①。

京津冀成为大气污染重灾区,为此天津市也和其他省市一样要求提出控制煤炭消耗的目标。环境保护部、国家发展改革委等有关部门联合印发《京津冀及周边地区落实大气污染防治行动计划实施细则》,明确提出到 2017 年底,北京市、天津市、河北省和山东省压减煤炭消费总量 8300 万吨,其中,北京市净削减原煤 1300 万吨,天津市净削减 1000 万吨,河北省净削减 4000 万吨,山东省净削减 2000 万吨(如图 3.1 所示)。2014 年 7 月,国家

---

① 备注:2015 年 2 月 2 日,环境保护部发布 2014 年重点区域和 74 个城市空气质量状况,天津为污染最严重的、空气质量相对较差的前 10 位城市的最后一名。2015 年 2 月 2 日,见 http://www.mep. gov.cn/gkml/hbb/qt/201502/t20150202_295333.html。

发展改革委、国家能源局印发《京津冀地区散煤清洁化治理工作方案》,通过散煤减量替代与清洁化替代并举等措施,力争到 2017 年年底解决京津冀地区民用散煤清洁化利用的问题。广东、江西、重庆提出到 2017 年煤炭占比分别下降到 36%、65% 及 60% 以下。2014 年 3 月,环境保护部发布《关于落实大气污染防治行动计划严格环境影响评价准入的通知》,从环评受理和审批的角度,提出实行煤炭总量控制地区的燃煤项目必须有明确的煤炭减量替代方案。2014 年 3 月,国家发展改革委、能源局及环境保护部联合印发《能源行业加强大气污染防治工作方案》,从能源行业发展的角度提出要加强能源消费总量控制、逐步降低煤炭消费比重、制定国家煤炭消费总量中长期控制目标。

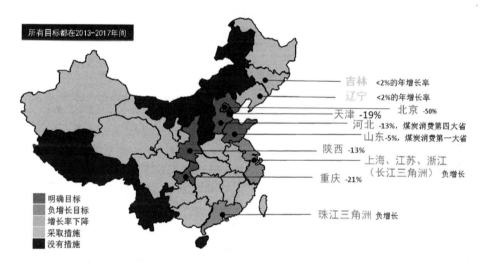

图 3.1:中国承诺进行煤炭控制的省市

资料来源:世界和平组织,The-End-of-China's-Coal-Boom-Briefing。

　　由上可见,天津峰值目标的实现不是做不做的问题,而是如何做,即通过怎样的实现路径,才能对天津经济社会发展影响最小、收益最大,长期和短期都提供正能量的问题。为此,我们要首先了解天津能源和碳排放情况以及驱动因素。

第一节　天津经济发展及能源、碳排放现状

最近几年,天津市经济发展处于全国的前列,1995 年至 2012 年的 GDP 年均增速达到 15.71%,2012 年 GDP 总量达到 1.29 万亿元,人均 GDP 超过 9 万元,是 1995 年的 9 倍多。三产的比重不断优化,由 2007 年的 2.1∶ 42.8∶55.1 变为 2012 年的 1.3∶47.0∶51.7,工业产值所占比重明显下降,三产比重明显提高。能源消耗年均增速才 6.51%,能源弹性系数只有 0.41,万元 GDP 能耗为 0.73tce(2005 年不变价)。2012 年,天津市常住人口达到 1413 万(2014 年达到 1530 万),人均碳排放也达到超历史的最大量 12.63tCO₂,值得庆幸的是万元产值碳排放不断降低(见图 3.2),达到 1.63tCO₂,比 1995 年降低 68%。这些说明天津在节能减排上下了较大的功夫。

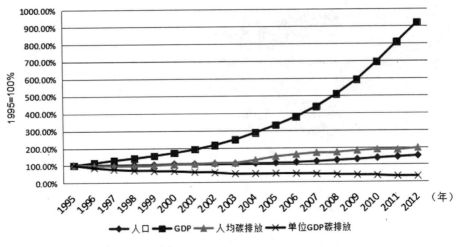

图 3.2∶天津市 1995—2012 年人口和 GDP 及碳排放情况

2012 年能源消耗总量比 1995 年增长了 2.1 倍,人均生活用电增加了 2.4 倍,但是天津市人均年生活用能不到 0.616tce,用电 532kWh,不足全市人均用电量的 10%。天津市人均用电量虽然高过全国平均水平,但与西方

发达国家的人均电力 1000—7000kWh 以上的水平还有较大差距,远低于美国的人均生活用电占人均用电 34% 的水平。说明天津市生产用电占电力总消费的绝大部分。

天津市一次能源消费结构中,煤炭比重从 1995 年的约 73% 下降到 2012 年的 59%,天然气比重由 1995 年的 2.2% 上升到 2012 年的 5.78%,能源结构有一定的优化。但是,依然有较大的改善空间,以进一步降低碳和污染物的排放。

能源消耗引起的人均碳排放量远高于全国平均水平,并且高出世界主要发达国家的城市如东京(4.9tCO$_2$/人)、纽约(10.5 tCO$_2$/人)、伦敦(9.6 tCO$_2$/人)和新加坡(7.9 tCO$_2$/人),可见天津的碳排放对中国的碳排放量的增量和增速均起着推动作用。其原因主要归结为能源结构偏煤炭和产业结构偏向重工业等因素。

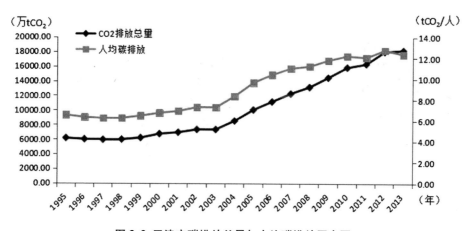

图 3.3:天津市碳排放总量与人均碳排放历史图

虽然天津 CO$_2$ 排放总量由 1995 年的 0.62 亿吨增长到 2012 年的 1.74 亿吨,增长了 1.8 倍,但是,除第二产业增长较快外,第一产业排放量趋于平稳,第三产业和生活消费排放有所增加。而从排放结构看第二产业变化不大,第一和第三产业分别下降了两个百分点,生活消费排放增加了两个百分点。这说明,工业排放是推动全市碳排放增长的最主要因素,同时也说明,随着人口数量的增加,生活能源消费呈现增长的趋势,也是我们必须考虑和关注的问题。

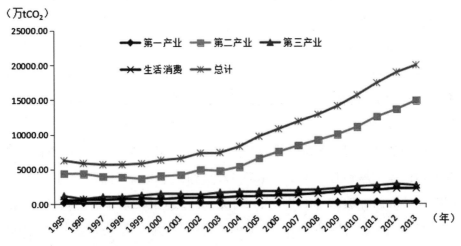

图 3.4:1995—2013 年天津市分部门碳排放图

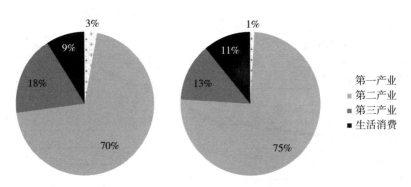

图 3.5:天津市 1995 和 2013 年碳排放结构对比图

按照能源品种划分碳排放份额(如图 3.6)可见,最近几年虽然增加了可再生能源供应,但是煤炭排放还是占有较大比重,保持在 70% 以上,石油保持在 20% 左右,天然气占比低于 4%。未来调整能源结构尤其是降低一次能源中煤炭的比例,将是天津减排的不二选择。

天津经济增速名列全国各省市之首。但是天津的增长能否在未来持续下去? 在治理雾霾和实现峰值目标以及建设生态文明的大环境下,天津人均能源消耗和碳排放名列全国前列,给天津的转型、低碳和绿色发展形成巨

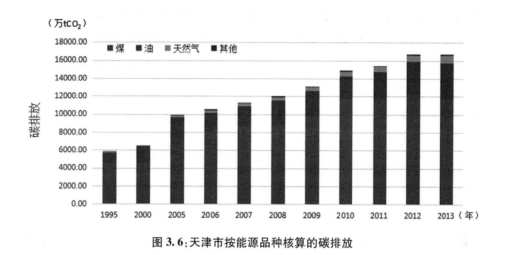

图3.6：天津市按能源品种核算的碳排放

大的压力，若转型路径正确、方法得当，就可以变压力为动力，为天津经济社会的永续发展产生巨大的推动力。

第二节　天津碳排放驱动因素分析

为了探究驱动碳排放的因素，我们采用较为成熟的因素分解法。因素分解法是把一个目标变量的变化分解成若干个影响因素变化的组合，从而可以辨别各个因素影响程度的大小，即贡献率，从而客观确定出贡献较大的因素的方法。在数据可获取的情况下，把此分解方法逐层进行下去，最终就可以把各种影响因素对目标变量的贡献区分开。目前常用的方法有对数平均 Divisia 指数法（Logarithmic Mean Divisia Index，LMDI）和算术平均 Divisia 指数分解法（Arithmetic Mean Divisia Index，AMDI）。

一、因素分解方法

碳排放总量受到经济发展，能源结构、能源强度、人口等因素的影响，通过 Kaya 公式进行分析能够很好地引入这四个变量。经济发展水平或者说人均收入的变化可以归结为人均 GDP 的变化，而能源 CO_2 排放系数与能源结构息息相关,降低单位能源的碳排放是实现碳减排的重要方面。同时,作为本文的出发点和落脚点,能源强度是一个国家和地区技术水平和产业结构优劣的最好印证。因此本文选取 Kaya 恒等式作为基础模型进行分解。Kaya 公式由日本教授 Yoichi Kaya 于 1999 年提出。它建立起了人类活动产生的二氧化碳与人口、经济和政策等因素之间的联系,关系式为:

$$CE_2 = \frac{CE_2}{PE} \times \frac{PE}{GDP} \times \frac{GDP}{POP} \times POP = CI \times EI \times PGDP \times POP \quad （式 3.1）$$

式 3.1 中,CE_2、POP、GDP 和 PE 分别表示:CO_2 排放量、国内人口总量、GDP、以及一次能源消费总量。

等式右边:CI 为 CO_2 排放量除以 PE 的值,表示所消耗单位能源的含碳率,与低碳能源比例有关,是能源结构优化程度的指标。

EI 是 PE 除以 GDP 的结果,即能源强度,受到产业结构和技术进步水平的影响。PGDP 为人均 GDP。

$$\Delta CO_2 = \Delta CI + \Delta EI + \Delta INC + \Delta POP \quad （式 3.2）$$

$$\Delta CI = L(CE_0, CE_t) \times Ln \frac{CI_t}{CI_0} \quad （式 3.3）$$

$$\Delta EI = L(CE_0, CE_t) \times Ln \frac{EI_t}{EI_0} \quad （式 3.4）$$

$$\Delta PGDP = L(CE_0, CE_t) \times Ln \frac{PGDP_t}{PGDP_0} \quad （式 3.5）$$

$$\Delta POP = L(CE_0, CE_t) \times Ln \frac{POP_t}{POP_0} \quad （式 3.6）$$

其中 $L(CE_0, CE_t)$ 为权重,通过使用微分中值定理计算而得(Sato),即:

$$L(CE_0, CE_t) = \frac{CE_t - CE_0}{Ln(\frac{CE_t}{CE_0})} \quad （式 3.7）$$

如今,Kaya 公式在碳排放研究领域被广泛应用。根据 Kaya 公式建立起的关系,学者们已经得到一个共识——一个国家和地区的碳排放量和其经济发展、能源消费高度相关。

二、能源强度的拉氏因素分解

能源强度受到产业结构和部门强度两方面的影响。在能源经济分析中,为了找出能源强度变化的原因和能源消费,可以运用因素分解法完成这些工作。文中采用拉氏方法进行分解。

$$\Delta Z_X = (X_t - X_o)\, Y_o, \Delta Z_y = X_o(Y_t - Y_o)\,,\text{而},\Delta Z = \Delta Z_X + \Delta Z_y + r$$

(式 3.8)

其中 r 指的是"剩余",其实 $r = (X_t - X_o)\,(Y_t - Y_o)$,即 X 和 Y 的交叉影响。根据拉式分解的思想,能源强度可以写成如下表达式

$$e = \frac{E}{G} = \frac{\sum G_i \times p_i \times e_i}{G} = \sum p_i \times e_i$$

(式 3.9)

其中,下标 o 和 t 分别表示 o 年度和 t 年度,下标 i 表示行业。G 表示行业部门的总的产值,G_i 表示第 i 行业总的产值。E 代表能源消费总量,e 表示能源强度,e_i 表示行业 i 的能源强度。能源强度的变化量可以表示为:

$$\Delta e = e_t - e_0 = \sum_i P_{i\,t} \times e_{i\,t} - \sum_i P_{i\,0} \times e_{i\,0}$$

(式 3.10)

所以能源强度的变化可以分解为产业结构的变化和部门能源强度(技术进步)的变化两部分。

即:

$$\Delta e = \left[\sum_i P_{i\,t} \times e_{i\,t} - \sum_i P_{i\,0} \times e_{i\,0}\right] + \left[\sum_i P_{i\,0} \times e_{i\,t} - \sum_i P_{i\,0} \times e_{i\,0}\right] + r$$

(式 3.11)

其中第一项是产业结构变化可以解释的能源强度变化,第二项是部门能源强度(技术进步因素)可以解释的能源强度变化。根据《天津统计年鉴2014》中的数据可以分别核算出产业结构和各产业内部的能源强度,结果见表3.1。

表 3.1：天津市能源强度因素分解结果

时段	按因素分解					按部门分解		
	能源强度变化	部门强度因素	产业结构因素	分解余值	第一产业	第二产业	第三产业
1996—1997	100%	95%	8%	−3%	11%	111%	−22%
1997—1998	100%	69%	32%	−1%	3%	86%	11%
1998—1999	100%	99%	1%	0%	−2%	127%	−24%
1999—2000	100%	113%	−13%	0%	8%	182%	−90%
2000—2001	100%	91%	8%	1%	−2%	42%	60%
2001—2002	100%	88%	11%	1%	1%	−50%	149%
2002—2003	100%	112%	−16%	4%	8%	82%	10%
2003—2004	100%	140%	−45%	5%	6%	61%	33%
2004—2005	100%	102%	−2%	0%	1%	54%	46%
2005—2006	100%	105%	−11%	6%	8%	35%	57%
2006—2007	100%	99%	1%	0%	4%	63%	33%
2007—2008	100%	100%	0%	0%	3%	80%	17%
2008—2009	100%	26%	71%	3%	3%	83%	14%
2009—2010	100%	81%	20%	−1%	4%	42%	54%
2010—2011	100%	98%	1%	1%	2%	68%	30%
2011—2012	100%	110%	−11%	1%	2%	86%	12%

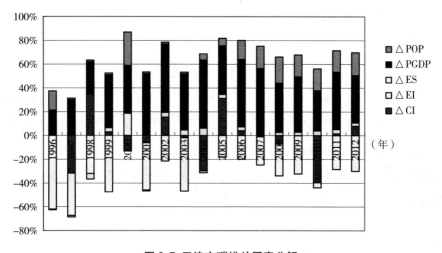

图 3.7：天津市碳排放因素分解

分解结果中,正值表示该影响因素的贡献值与总的能源强度变化方向相同,即同为增加或减少,负值相反。由表 3.1 和图 3.7 可见,天津市能源强度下降的主导因素为部门强度因素,也就是第一、二、三产业的部门能源强度。但是,由于三大产业还能继续细分为几十个子行业,所以此时的部门强度还不能笼统的认为是技术进步因素,还要继续细分。另外,根据部门分解的结果可以看出,总能源强度的下降主要得益于第二产业的能源强度的下降。由于第二产业对能源强度的下降具有决定性影响,接下来我们对第二产业内部子行业进行细分,找出第二产业的能源强度下降究竟是子行业结构的因素还是技术进步的因素起主导作用。根据历年天津统计年鉴,以 2005 年为基年,到 2012 年的 28 个部门的能源强度累计变化进行分析。我们以 2005 年和 2010 年的部门占比变化情况(图 3.8)进行分析。

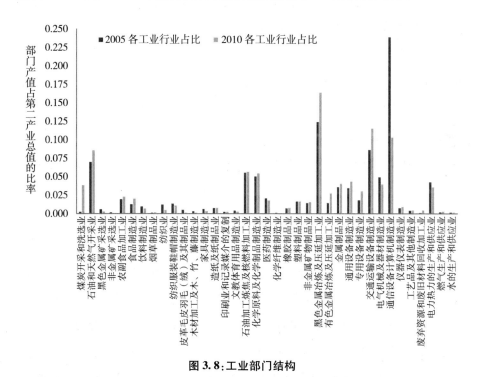

图 3.8:工业部门结构

由图 3.8 工业子行业能源强度可见,2005—2010 年间,产业结构变化对能源强度的贡献值是 0.0317,为正值,也就是说天津市产业结构向高能耗方向变化,对天津市第二产业的能源强度起到了提高的作用。而部门强度(技术因素)对能源强度的变化为 -0.1257,也就是说技术因素对部门强度下降的贡献最大。从图3.7可见,从2005年到2010年,天津市的工业结构实际上是偏重型化发展。高耗能行业包括煤炭开采和洗选业、黑色金属冶炼及压延加工业、石油和天然气开采业、金属制品、有色金属冶炼及压延加工业占工业部门产值的比重都增长了。1999年开始,随着我国新的改革潜力的释放,全国市场环境大大改善,经济进入快速上升通道,天津经济增长也明显加快。天津新一轮经济增长是以第二产业迅速发展为基础,其中重工业是主要推动力,能耗和碳排放增长在情理之中。经过"嫁改调"等一系列政策,2003年,天津市工业步入了快速发展的轨道,工业产值总量和增加值都实现了历史性突破,实行新的"嫁改调"之后,尤其是"十五"时期,天津市工业确立了电子信息、汽车、冶金、石油化工、生物技术与现代医药、新能源及环保等六大优势产业,支撑了工业的快速发展,导致2003年之后碳排放速度明显加快。天津市工业重化趋势明显,高耗能行业扩张迅速,包括化工、电力、冶金、建材和石油等主要高能耗高排放行业需求旺盛,工业能源消耗量逐年增加,2003年至2012年,工业碳排放量由4754.56万吨CO_2增加到1.361万吨CO_2。天津市第九次党代会(2007年)确立了坚定实施优势产业支撑战略以来,八大优势支柱产业产值占规模以上工业比重由75%提高到90.5%,对全市工业经济增长的贡献率由80%提高到90.1%,其中,高耗能行业的产值仍居高位。"十一五"期间,石油和天然气开采、石油加工、黑色金属冶炼及延压、交通运输设备制造等行业的产值比重有较大幅度增长,尤其是交通运输设备制造业,已发展成为天津市支柱产业。纺织服装鞋帽制造、纺织业、食品饮料制造、造纸及纸制品、橡胶制品、化学原料及化学品制造等行业的产值比重则持续降低,而电子信息行业成为天津市的支柱产业。工业的高耗能行业近年来主要集中在黑色金属冶炼压延及加工、化学原料及化学制品制造业、石油加工炼焦及核燃料加工业、电力热力生产和供应业及非金属矿物制品业等6大行业。

第三节　天津和北京能源强度对比分析

从对天津市的分析来看,产业结构调整似乎对能源强度的下降起着次要作用,有的时间段甚至产业结构调整提高了能源强度。造成这种结果的主要原因就是天津市的产业结构在 1995—2012 年间变化不大,第二产业一直占产业结构的主导地位。通过与北京及其他国家碳排放分解结果的对比可见,天津在产业结构调整上存在巨大的减排空间。为了找出天津市产业结构调整可能的减排潜力,我们选取北京市和天津市进行对比,以期发现其中的端倪。

一、北京市碳排放和能源消费演进路径

北京市能源供应主要依靠外调,本地一次能源主要有少量的煤炭、水力发电以及地热,其中煤炭主要为无烟煤,但因为稳定性差、灰分高等原因主要用于加工民用型煤,只有少量用于工业生产,炼焦、发电用煤大多为外地供应。能源消费的刚性增长导致北京市能源自给率近年来呈现逐年下降的趋势。1995—2012 年能源生产总量由 2911.5 万吨标煤增加到 3769.0 万吨标煤,而同期能源消费总量则由 3518 万吨标煤增加到 7177.7 万吨标煤,能源自给率由 82.76% 降低到 52.51%,能源的外部供给量持续增加,资源约束日益突出。

从 1995 年到 2012 年间,北京市能源消费增长迅速,能源消费总量年均增长率 4.39%。碳排放总量由 1995 年的 7608.02 万吨 CO_2 增加到 15200.15 万吨 CO_2,年均增长率 3.99%,而同期 GDP 的增长率为 11.42%,以相对较低的能源消费增长支撑了经济的高速发展。第二产业是北京市能源消费和碳排放的大头,但其中工业的能源消费量占总能源消费量的比重总体上呈现不断下降的趋势,由 1995 年的 64.88% 下降到 2012 年的 31.71%,碳排放量也呈现相同的变动趋势。建筑业的碳排放比重虽然不到 3%,但是其 18 年的年均排放量增长率达到了 7.49%。在各终端消费部门

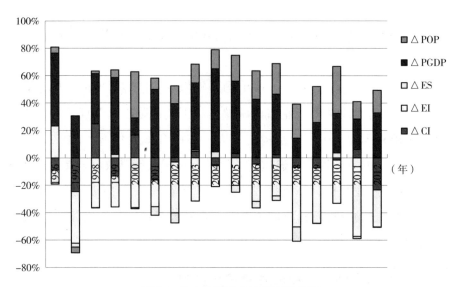

图 3.9：北京市碳排放影响因素分解

中，排放增速最快的是第三产业，尤其是批发、零售和住宿餐饮业，1995 年至 2012 年年均增长率达到了 15.79%，这与北京市日益完善的基础设施建设和日益增加的人口需求及服务业的发展完善有很大的关系。

表 3.2：北京市能源与排放情况

年份	能源消费总量（万吨标煤）	碳排放总量（万吨 CO_2）	GDP 总量（亿元）	能源强度（tce/万元）	碳强度（tCO_2/万元）
1995	3518.00	7608.02	2416.95	1.46	3.15
1996	3663.00	8212.94	2634.47	1.39	3.12
1997	3833.00	8043.46	2900.55	1.32	2.77
1998	3913.00	8318.77	3176.11	1.23	2.62
1999	3986.00	8200.74	3522.30	1.13	2.33
2000	4144.00	8511.16	3937.93	1.05	2.16
2005	5521.94	11679.50	6969.50	0.79	1.68
2006	5904.11	12369.04	7875.54	0.75	1.57
2007	6285.04	13348.14	9017.49	0.70	1.48
2008	6327.13	12893.46	9838.08	0.64	1.31
2009	6570.34	13094.20	10841.56	0.61	1.21

年份	能源消费总量 （万吨标煤）	碳排放总量 （万吨 CO_2）	GDP 总量 （亿元）	能源强度 （tce/万元）	碳强度 （tCO_2/万元）
2010	6954.05	14048.36	11958.24	0.58	1.17
2011	6995.40	14086.47	12926.86	0.54	1.09
2012	7177.70	15229.77	13922.23	0.52	1.09

二、北京市和天津市的对比分析

以上对天津的分解都是以时间序列进行的,下面将北京和天津的分解情况进行对比分析。

$$\Delta e = e_t - e_0 = \sum_i P_{it} \times e_{it} - \sum_i P_{i0} \times e_{i0} \qquad （式 3.12）$$

$$\Delta e = \left[\sum_i P_{i2} \times e_{i2} - \sum_i P_{i2} \times e_{i1} \right] + \left[\sum_i P_{i2} \times e_{i2} - \sum_i P_{i1} \times e_{i2} \right] + r$$

$$（式 3.13）$$

公式中,第一项代表的是部门能源强度的差异对两地区能源强度差异的贡献值,第二项代表产业结构差异的贡献值。首先按第一、二、三产业进行分解,分解结果如下（正值为同向变动,负值为反向变动）。

表 3.3:天津与北京之间碳排放因素分解结果

年度	能源强度差异	部门强度因素	产业结构因素	分解余值
1997	100%	−486%	373%	213%
1998	100%	−282%	248%	134%
1999	100%	−413%	267%	246%
2000	100%	−83%	95%	88%
2001	100%	−30%	85%	45%
2002	100%	−4%	84%	20%
2003	100%	−18%	82%	36%
2004	100%	5%	70%	25%
2005	100%	−28%	108%	21%
2006	100%	−13%	101%	12%

年度	能源强度差异	部门强度因素	产业结构因素	分解余值
2007	100%	8%	92%	0%
2008	100%	−3%	104%	−1%
2009	100%	16%	98%	−14%
2010	100%	32%	91%	−23%
2011	100%	47%	88%	−35%
2012	100%	30%	81%	−11%

由表 3.3 的分解结果可见,造成北京市能源强度远远低于天津市的主要原因是北京市的产业结构更偏轻,第三产业产值占比为 76.46%,达到甚至超过部分发达国家水平,而天津第三产业所占比重仅为 46.16%。而部门强度因素仅仅起到负作用,在有些年份,天津市的部门强度甚至低于北京市的部门强度,如 1997—2003 年之间。

通过对第二产业进行因素分解发现:产业结构因素为 −0.0557,部门强度因素为 0.0114。部门强度因素为负值,说明从整体情况看,天津工业部门能源效率略高于北京。而产业结构因素为负值,说明北京市的产业结构更加合理,这给北京带来了巨大的能源强度下降量。两个地区工业子门类占比存在差异。在石油和天然气开采业、农副食品加工业、食品制造业、纺织服装鞋帽制造业、造纸及纸制品业、化学原料及化学制品制造业、黑色金属冶炼及压延加工业、有色金属冶炼及压延加工业、金属制品、通用设备制造业这十个工业门类里,天津市的比例高于北京市。而这十个行业大多都是高能耗、低附加值的行业。比如黑色金属冶炼及压延加工业,天津约为北京市的 3 倍。从水泥、粗钢高耗能的工业产品来看,北京都已经进入下行通道,而天津还在增长。前面对发达国家峰值特征的分析中发现,高耗能行业的产量达到峰值要先于碳排放的峰值,所以北京市已经部分具备了碳排放达峰条件。

第四节 天津碳排放特征总结

通过对比分析发现,能源强度是碳排放的主要影响因素,而部门强度下降(技术因素)是使能源强度下降的主要推动力。但是,在同北京的对比分析中发现,北京的产业结构优于天津,致使其能源结构优于天津,北京的单位能源碳排放系数要低于天津,也使得两地能源强度存在一定差异。所以,天津市的碳排放可以归结为技术因素和结构因素两方面的影响。事实上,一个国家和地区产业结构的变化率或者调整速度非常缓慢,用短期时间序列数据对能源强度进行分解,很难发现产业结构的变化起到决定作用。所以产业结构调整对能源强度下降的作用应该是一个长期的过程,短期内希望通过产业结构的调整来降低能源强度难度较大。产业结构调整应该作为一项长期的政策目标。因此天津市的减碳或碳排放达峰问题,可以归结成如下几个问题:一是人口数量增长问题。发达国家的经验证明,人口增速较高的情况下,很难实现能源消耗的达峰,只有人口增速引起的能耗增长量低于能源结构调整或者技术进步带来的能源节约量时,峰值才可能出现。二是第二产业结构优化升级问题。产业结构升级是一个长期的问题,必须有新产业的进入和旧产业的替代。天津正面临京津冀协同发展的有利时机,可以借此推动发展新型产业和接纳北京的产业转移。产业只有低碳化,产业结构的调整才有意义。这里必须要考虑中国是大国,产业链必须完整的特点。需要充分合理确定结构,不是第三产业占比越高越好,更不能全国各省市一样。三是能效提高问题。提高能源效率是减少碳排放的关键,更是持续推动碳减排的重要措施。而能效提高需要系统工作,不仅要提高管理水平,也要提高相关环节和设备的技术水平,加强各个工业部门能源管理和技术研发,不断提高能源效率。四是加强区域合作。在技术引进和创新合作上发挥优势,助力天津的发展。

总之,影响天津碳排放的因素较多,必须稳扎稳打,不能试图一蹴而就,拔苗助长,更不能弄虚作假,玩数字游戏,应该真正依靠政府和市场两只手的共同力量,充分发挥市场的主导作用,助力天津的绿色低碳循环发展。尽早应对实现峰值目标的不利影响,接力转型发展的契机,创造新的经济增长点。在完成减排目标的同时,抓住和创造机遇,寻求最佳路径,以最有效的方式提升天津低碳竞争力。后面的章节,进行更加详细的定量和定性分析,试图从不同的角度,为天津的峰值目标和减排目标的实现提供支持。

第四章 天津碳排放峰值目标实现路径

天津经济发展处于工业化后期阶段要晚于上海、北京等一线城市几年到十几年,城市发展还有一定空间。面临能源、资源、环境矛盾日益突出的问题,再加上京津冀联动治理环境问题日趋紧迫,已经由单纯的环境问题上升到政治和伦理问题。峰值目标的实现既是挑战又是机遇,取决于政府和企业对环境问题认识上的转变速度,转变的越迟、越慢,付出的代价将越高。正如黄有光教授所说的那样,害怕中国人堕入汽车泛滥的发展误区。如果现在不能未雨绸缪,将来就会骑虎难下[①]。正如图 4.1 所示,图中向左的鱼代表绿色低碳产业,向右的鱼代表高碳的传统产业,当社会给予高排放产业较大的约束和压力,绿色低碳产业就会得到较好的发展环境,随着时间的推移,绿色低碳产业将击败高碳产业。否则结果就会相反。可见,打造一个适宜的环境,对未来低碳转型至关重要。

天津必须考虑如何应对峰值的到来,提前部署应对峰值影响之策,尽早采取倒逼机制,促进经济转型发展,实现绿色发展,避免因形成碳锁定付出沉重代价。所谓"碳锁定"也称为"碳锁定效应",即高碳技术、基础设施体系、经济结构和社会结构之间存在的相互联系、相辅相成的关系。碳锁定效应由三个层面的因素构成——实体系统、规章制度、企业利益[②]。

正如国家发改委解振华副主任所说的那样,峰值目标不是单纯的气候目标,从国家的层面,目标还有倒逼改革的深意。中国的发展模式还是粗放

---

① 黄有光:《从诺奖得主到凡夫俗子的经济学谬误》,复旦大学出版社 2011 年版。

② 琳达韦斯曼:《中国能够摆脱"碳锁定"效应》,2013 年 11 月 28 日,见 http://www.chinadialogue. org.cn/article/show/single/ch/6546-Can-China-break-its-carbon-lock-ins-。

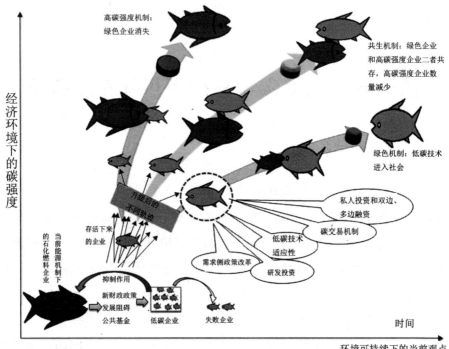

图 4.1:不同发展思路下低碳产业发展效果

资料来源:Joyashree Roy, Duke Ghosh, etc., *Fiscal instruments:crucial role in financing low carbon transition in energy systems.Current Opinion in Environmental Sustainability*, vol. 5, No. 2(2013), pp. 261-269.

的,资源和环境的约束这么大,问题这么多,我们自己必须制定一个有雄心、有力度的目标,并通过这个目标促进国家可持续发展。否则的话,雾霾这么严重,还要继续粗放发展,全社会都不会满意。要激发目标的倒逼作用,必须要有配套的创新制度、创新政策和改革措施。一是节能提高能效,工业、建筑、交通领域和人们的生活方式方面,都需要国家出台相应的政策,特别是经济政策要相互配套,发挥市场配置资源的决定作用。二是非化石能源的比重要提高,国家对发展可再生能源必须要有相应的政策来鼓励、支持。鼓励就要有政策,限制要有措施①。

---

① 胡舒立等:《解振华:让气候目标倒逼改革》,2014 年 12 月 10 日,见 http://www.chinadialogue. org.cn/article/show/single/ch/7585-Climate-targets-will-drive-sustainable-development-says-China-s-chief-climate-negotiator。

同时,天津作为污染较为严重的直辖市,更需要在实现减排目标上积极作为,不能拖国家的后腿。天津承诺 2017 年煤炭消费量比 2012 年减少1000 万吨,2012 年天津消费煤炭 5298 万吨,2017 年将降到 4298 万吨。这一数量相当于回到 2009 年的水平,那时天津钢产量刚刚超过 2000 万吨,发电量超过 400 亿 kWh。而这一数字 2014 年已经变为 2287.13 万吨和624.66 亿 kWh。在具体操作层面上,压哪些产业? 如何压? 压多少? 是否压得过多影响市民的生活质量,这直接关系到天津的产业布局和未来发展,是个大问题。对此,本书试图做出探索性研究。

第一节　天津经济社会发展历史

天津目前的重化工业占比较大,这与其历史发展阶段及天津市的经济发展战略定位关系密切。二十世纪二三十年代就诞生了一批近代工业企业,成为中国工业的摇篮。第一次世界大战期间,天津就发展为华北纺织中心、化工基地和机械制造基地。抗日战争前,天津已经成为我国的第二大工业城市。天津也是北方经济中心,20 世纪 30 年代,天津口岸进出口贸易占全国的四分之一。新中国成立后,天津市依然以自己的工业化特色发展。改革开放后,天津在经历了一段较慢的增长阶段后,1992 年开始以高于全国平均速度发展。2010 年后,以全国最高的 GDP 增速持续发展,之后的增速也名列全国前茅。目前天津成为全国人均 GDP 最高的省市之一。这样高的速度来自于国家和地方对基础设施、大型工业项目的投资拉动。可以说,没有大项目引进和石化、冶金、化工、汽车等产业的发展,天津就不会有如此快速的转型,也不会在负担重、起步晚的背景下迅速发展起来。如图 4.3 所示,工业对 GDP 的贡献率一度达到 66.6%,2014 年天津三大产业比重为 1.3∶49.4∶49.3,工业增加值比重首次降到 50% 以下,与第三产业平分秋色。

1990 年以来,工业结构重型化趋势明显,体现为发电、水泥、粗钢等工业产品产量的迅速增加,重工业占工业总产值的比重处于 80% 左右,2011

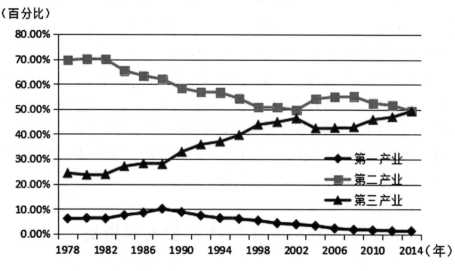

图 4.2：天津三大产业比重变化情况

资料来源：天津市统计局，各年度《天津统计年鉴》。

年以后有所下降，但依然较高（见图 4.3 和表 4.1）。

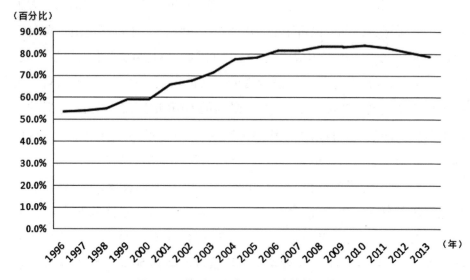

图 4.3：天津重工业占工业总产值的比重

资料来源：天津市统计局，根据各年度《天津统计年鉴》。

表 4.1:天津主要工业行业产值及其占工业总产值比重

序号	项目	2013 年产值/亿元	占工业总产值比重/%
1	黑色金属冶炼和压延加工业	4085.76	14.98
2	计算机、通信和其他电子设备制造业	3040.47	11.14
3	汽车制造业	1843.15	6.76
4	煤炭开采和洗选业	1488.16	5.45
5	石油加工、炼焦及核燃料加工业	1378.92	5.05
6	石油和天然气开采业	1299.08	4.76
7	化学原料及化学制品制造业	1293.48	4.74
8	专用设备制造业	1181.77	4.33
9	金属制品业	1156.41	4.24
10	食品制造业	1128.39	4.14
11	电气机械和器材制造业	997.75	3.66
12	通用设备制造业	969.71	3.55
13	有色金属冶炼和压延加工业	862.83	3.16
14	农副食品加工业	827.64	3.03
15	铁路、船舶、航空航天和其他运输设备制造业	781.13	2.86
16	电力、热力生产和供应业	758.60	2.78
17	医药制造业	475.80	1.74
18	橡胶和塑料制品业	459.83	1.69
19	文教、工美、体育和娱乐用品制造业	349.35	1.28
20	非金属矿物制品业	320.44	1.17

资料来源:天津市统计局,《天津统计年鉴 2014》。

根据最新数据表明,天津 2014 年全市生产总值 15722 亿元,按可比价格计算,比上年增长 10.0%。人均产值超过 10 万元,万元生产总值能耗 2014 年比 2013 年下降了 6.04%,万元工业增加值能耗下降 10.90%(地区生产总值和工业增加值按照 2010 年价格计算),均超过全国的平均水平[1]。2014 年航空航天、石油化工、装备制造、电子信息、生物医药、新能源新材

① 国家统计局网站:《2014 年分省(区、市)万元地区生产总值能耗降低率等指标公报》,2015 年 8 月 13 日,见 http://www.stats.gov.cn/tjsj/zxfb/201508/t20150813_1230040.html。

料、国防科技和轻工纺织等八大优势产业产值合计 24998.04 亿元,占规模以上工业的 89.0%。其中,航空航天、生物医药等新兴产业分别比 2013 年增长 38.1% 和 17.0%。装备制造业贡献突出,产值合计 9873.94 亿元,增长 9.0%,占规模以上工业的 35.2%,拉动全市工业增长 3.1 个百分点,贡献率达到 43.0%。高新技术产业工业总产值 8503.36 亿元,占规模以上工业的 30.3%。说明天津经济增长质量有新的提高,在关键时期又迈出了关键的一大步。

第二节　天津市能源及碳排放状况

2000—2012 年,天津能源消费总量从 2793.7 万吨标煤增加到 8208.0 万吨标煤,年均增长 9.4%。2012 年煤炭占 63.1%,石油占 31.1%,天然气占 5.8%,大多数能源消费是由工业的巨大扩张(特别是 2000 年以来重工业的快速增长)所驱动的。随着能源消费量的持续增加,天津市能源活动所产生的二氧化碳排放量逐年升高。2012 年达到 1.8 亿吨 CO_2,比 2000 年的 6389 万吨增加 1.82 倍,年均增长 9.0%。按 2005 年不变价计算,2012 年单位 GDP 化石燃料燃烧的二氧化碳排放为 1.65 吨/万元,比 2000 年的 3.33 吨/万元降低 50.5%,年均降低 5.7%。人均二氧化碳排放 2012 年为 12.74 吨,比 2000 年的 6.38 吨增加 99.7%,年均增加 5.9%。2012 年的碳排放中第一、二、三产业占比分别为 1.36%、72.0% 和 15.1%,居民生活消费排放占 11.6%(见表 4.2 和表 4.3)。

表 4.2:天津市二氧化碳排放现状

	1990	2000	2005	2008	2012
GDP(亿元,2005 年不变价)	646	1921	3698	5682	10920.76
人口(万人)	884	1001	1043	1176	1413.15
人均 GDP(万元/人,2005 年不变价)	0.73	1.92	3.55	4.83	7.73
能源消费总量(万 tce)	2038	2794	4115	5364	8208

续表

	1990	2000	2005	2008	2012
化石燃料燃烧的二氧化碳排放(万 t)	4708	6389	9866	11966	18008
排放系数(t/tce)	2.31	2.29	2.40	2.23	2.20
单位 GDP 能耗(tce/万元,2005 年不变价)	3.16	1.45	1.11	0.94	0.75
人均能源消费(tce/人)	2.31	2.79	3.95	4.56	5.81
单位 GDP 化石燃料燃烧的二氧化碳排放强度(t/万元,2005 年不变价)	7.29	3.33	2.67	2.11	1.65
人均化石燃料燃烧二氧化碳排放(t/人)	5.33	6.38	9.46	10.18	12.74

表 4.3:天津市分部门二氧化碳排放现状(万吨 CO_2)

部门	1995		2000		2005		2010		2012	
第一产业	174.53	2.79%	142.12	2.26%	175.53	1.81%	216.92	1.39%	257.94	1.36%
第二产业	4388.36	70.07%	4007.85	63.62%	6560.99	67.65%	11037.19	70.55%	13609.48	72.00%
第三产业	1161.96	18.55%	1448.99	23.00%	1798.14	18.54%	2487.88	15.90%	2844.73	15.05%
生活	538.36	8.60%	700.94	11.13%	1163.42	12.00%	1901.97	12.16%	2190.12	11.59%
总计	6263.21	100.00%	6299.91	100.00%	9698.08	100.00%	15643.97	100.00%	18902.27	100.00%

资料来源:根据天津市各年统计年鉴数据计算所得。

天津市 2013—2014 年的最新数据显示,天津能源消耗已经进入下降阶段。所以我们判断,未来天津能源与碳排放进入低碳情景。但是这种发展将不会是一帆风顺和自然而然的情况,而要在保持低碳发展的道路上,做出持续的努力才行。

第三节 天津市 CO_2 排放趋势

本书采用情景分析法对天津市未来能源发展和 CO_2 排放状况进行研究。主要根据能源消费约束、能源结构约束和人口约束等设置了四种情景:基准情景、政策情景、低碳情景、宽松情景。需要说明的是,由于我们重点关注新形势下,新的减排政策与原有减排政策的对比,因此,我们将 2010 年前原有发展路径设为基准情景,将 2010 年后天津设定的减排目标和路径设为政策情景。对比政策情景,我们将需要确保较高经济发展速度的情景设为宽松情景,需要确保提前实现 2030 年达峰的情景设为低碳情景。

一、情景假设

情景假设主要包括对人口增长、经济增速和能源结构的假设。人口增长参考上海、北京、深圳等后工业化城市发展规律外生设定:滨海新区成为国家级开发区后人口快速增长,保持 12% 以上的增速;在滨海新区的带动下,2013 年年末,天津市常住人口达 1472.21 万人,近 10 年年均增长 4.4%,高于北京、上海和深圳。

政策情景下,能源消费增速主要考虑天津现有的能源控制目标,如根据《天津市 2012—2020 年大气污染治理措施的通知》,低碳情景下,天津将进一步加强能耗控制,从而降低能源消费。

根据历史数据和对国家经济增长趋势的预测,对基准情景设定了天津市区域 GDP 增长指标,用以参数校验。4 种情景基本设置主要设置如下表所示。

表 4.4:四种情景参数设定

情景类型	基准情景	政策情景	宽松情景	低碳情景
情景说明	BAU 情景,无政策干预,参数和指标符合历史趋势	天津市根据国家整体减排部署完成既定减排目标。	为保证较高经济增长率,实行相对宽松的减排策略	实行更严格的减排措施
人口增长	2015—2020 年人口增长率为 4.3%;2021—2025 年人口增长率 2.5%;2026—2030 年人口增长率为 1.3%;2030 年天津总人口 2867 万	2015—2020 年人口增长率为 3.5%—4%;2021—2025 年人口增长率为 2%;2026—2030 年人口增长率为 1%;2030 年天津市总人口为 2472 万	2015—2020 年人口增长率为 4%;2021—2025 年人口增长率为 2.2%;2026—2030 年人口增长率为 1.2%;2030 年天津总人口为 2654 万	2015—2020 年人口增长率为 3.3%;2021—2025 年人口增长率为 1.85%;2026—2030 年为 0.9%;2030 年天津总人口为 2197 万

续表

情景类型	基准情景	政策情景	宽松情景	低碳情景
经济指标	2015—2020 年 GDP 年增长率为 10%—12%；2021—2025 年增长率 8%—9%，2026—2030 年增长率为 5%—7%	—	—	—
能源结构	煤炭被清洁能源替代速度很慢，2015—2020 年煤炭消费年均下降 0.7%；2021—2025 年均下降 0.3%；2026—2030 年均下降 0.1%	煤炭被清洁能源替代速度较快，2015—2020 年煤炭消费年均下降 3%—4%；2021—2025 年均下降 2%；2026—2030 年均下降 1%	煤炭被清洁能源替代速度较慢，2015—2020 年煤炭消费年均下降 1.5%—2%；2021—2025 年均下降 1%；2026—2030 年均下降 0.5%	煤炭被清洁能源替代速度很快，2015—2020 年煤炭消费年均下降 4%；2021—2025 年均下降 3%；2026—2030 年均下降 2%

通过 CGE 模拟，天津市减排政策对区域经济和减排效果的整体影响总结如下。具体影响将在第五章进行详细阐述。

二、宏观经济影响

在宏观经济指标中，基准情景下的 GDP 增长率被预先设定，校准相关数后，模拟其余情景下的经济增长率。如图 4.4 所示。

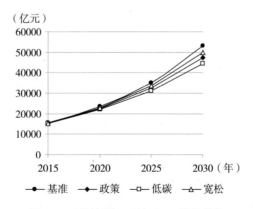

图 4.4：四种情景下天津 GDP 增长趋势

模拟结果显示,低碳约束将对天津区域经济产生显著影响。基准情景下 GDP 增长率为外生设置,如上表所示,2030 年天津区域 GDP 将比 2014 年增长 2.5 倍,超过 5 万亿元(2010 年基准价格,后同)。较之基准情景,政策情景将使天津市区域 GDP 年均增速下降 0.72 个百分点,2030 年 GDP 约为 4 万 7 千亿元;宽松情景的经济冲击相对较小,使得经济增速比基准情景下降 0.42 个百分点,而低碳情景的经济冲击较大,经济增速比基准情景慢 1.1 个百分点,需要付出较高经济代价,2030 年天津区域 GDP 约为 4 万 4 千亿元。

三、天津市二氧化碳排放量

从图 4.5 显示的天津市二氧化碳排放量变化趋势可见,如果不进行政策干预,天津在 2030 年之前很难达到二氧化碳排放峰值。但是,2030 年后二氧化碳排放的增速趋缓将接近于平稳增长,这也说明碳排放将在 2030 年后较快达到峰值,但这并不符合中央政府和国际社会的期望。

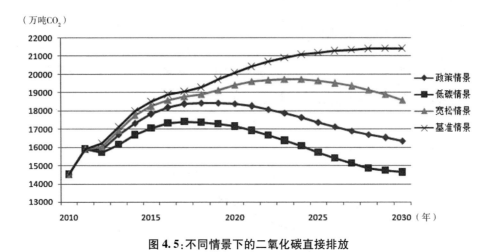

图 4.5:不同情景下的二氧化碳直接排放

资料来源:课题组模型计算。

在政策情景下,天津的二氧化碳排放在 2019 年达到峰值,峰值的二氧化碳排放量为 1.84 亿吨左右。在低碳情景下,天津在 2017 年达到二氧化碳排放峰值,峰值的二氧化碳排放量为 1.74 亿吨左右。在宽松情景下,天津 2024 年达到二氧化碳排放峰值,峰值的二氧化碳排放量为 1.97 亿吨左右。

图 4.6 显示了天津市的二氧化碳排放总量(直接排放和间接排放之和)。从图中可以看出,天津二氧化碳总排放的发展趋势与直接排放的发展趋势基本接近。

在基准情景下,天津在 2030 年之前无法达到二氧化碳排放峰值,2030 年的碳排放将达 3.24 亿吨。

在政策情景下,天津的二氧化碳排放在 2022 年达到峰值,峰值的二氧化碳排放量为 2.65 亿吨左右。在低碳情景下,天津在 2020 年达到二氧化碳排放峰值,峰值的二氧化碳排放量为 2.47 亿吨左右。在宽松情景下,天津 2027 年达到二氧化碳排放峰值,峰值的二氧化碳排放量为 2.91 亿吨左右。

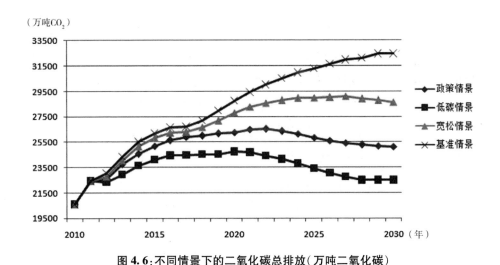

图 4.6:不同情景下的二氧化碳总排放(万吨二氧化碳)

资料来源:课题组模型计算。

第四节 天津市低碳转型发展方式选择及效果

我国目前还没有承担绝对量的减排目标,但是 2020 年的相对目标和 2030 年前实现峰值目标,已经不允许天津按照基准情景发展下去了,作为东部发达城市的天津可以借助低碳转型绿色发展的契机,调整能源、产业结构,使产业竞争力进一步得到提升,同时对外树立良好的城市形象。另外,也可以在政策、技术和人才储备等方面做好准备,为国家应对气候变化提供良好的经验和实践基础。为此天津市应该采取如下措施。

一、优化产业布局

2015 年 2 月,天津市政府正式印发《天津国家自主创新示范区"一区二十一园"规划方案》①。"一区"即天津国家自主创新示范区,"二十一园"即在各区县、滨海新区有关功能区分别规划建设 21 个分园。天津市将统一产业布局、统一管理创新,鼓励和促进各分园科技资源开放共享,要素合理流动,产业发展优势互补,大力建设"一线、两带、一城"的产业聚集区。到 2020 年,"一区二十一园"将成为富有创新发展活力的创新型园区。

根据规划方案,"一区二十一园"用地总面积 244.67 平方公里。核心区(包括华苑科技园、北辰科技园、南开科技园、武清科技园和塘沽海洋科技园)用地面积 55.24 平方公里,未来科技城为核心区的拓展区。21 个分园(共 31 个片区)用地面积 189.43 平方公里,其中,市内六区各分园用地面积 9.15 平方公里,滨海新区(包括开发区、空港经济区、东疆保税港区、中新天津生态城、中心商务区、临港经济区)各分园用地面积 46.03 平方公里,其他区县各分园用地面积 134.25 平方公里。依据天津市市级高新技术产业开发区认定管理办法,31 个片区认定为市级高新区。

"一线"即京津科技新干线,从北京中关村到天津滨海新区,借重首都

---

① 新华网:《天津国家自主创新示范区"一区二十一园"规划方案出台》,2015 年 2 月 15 日,见 http://www.tj.xinhuanet.com/tt/2015-02/15/c_1114374157.html。

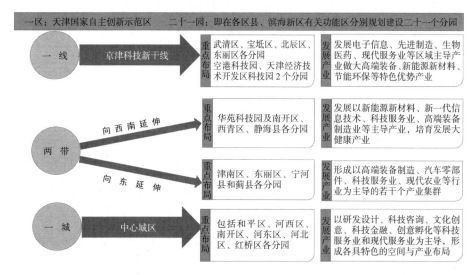

图 4.7：天津未来发展规划

创新资源,构建本市高新技术产业发展中轴线。沿线重点布局武清区、宝坻区、北辰区、东丽区各分园及空港科技园、天津经济技术开发区科技园 2 个分园,重点建设京津协同创新载体,承接首都科技成果和资源溢出。依托特色园区、大院大所和龙头企业,发展电子信息、先进制造、生物医药、现代服务业等区域主导产业,做大高端装备、新能源新材料、节能环保等特色优势产业。

"两带"即围绕京津科技新干线主轴延伸形成的两条高新技术产业研发转化带。向西南延伸,重点布局华苑科技园及南开区、西青区、静海县各分园,发展以新能源新材料、新一代信息技术、科技服务业、高端装备制造等主导产业,培育发展大健康产业;向东延伸,重点布局津南区、东丽区、宁河县和蓟县各分园,形成以高端装备制造、汽车零部件、科技服务业、现代农业等行业为主导的若干个产业集群,促进周边高校及科研院所科技成果转化与资源开放共享。

"一城"指中心城区,包括和平区、河西区、南开区、河东区、河北区、红桥区各分园,依托中心城区高端工业布局及都市工业园区、科教资源聚集区等空间载体,以研发设计、科技咨询、文化创意、科技金融、创业孵化等科技服务业和现代服务业为主导,形成各具特色的空间与产业布局。

天津2014年实施了新一轮科技小巨人发展计划,新增科技型中小企业1.5万家、小巨人企业600家,培育出一批领军企业和"杀手锏"产品。全年新增科技型中小企业1.4万家,累计达到6万家,新增小巨人企业630家,累计达到3000家,全社会研发经费支出占生产总值的比重提高到3%。

金融、物流、科技服务、文化创意等服务产业不断壮大,总部经济、楼宇经济、电子商务、服务外包等快速发展,恒隆广场、民园广场等一批商贸旅游设施投入使用,亿元楼宇达到150座,服务业占全市经济的比重提高到49.3%;先进制造业重大项目建设加快推进,超大型航天器、大众汽车变速器等项目建成投产,工业总产值达到3万亿元;中心城区服务功能得到提升,高端服务业和都市型工业加快发展。

可见,天津经济的发展已经转到创新驱动方向上来了,正如黄兴国市长在政府工作报告中所说的,"用心把握天津经济发展的阶段性特征,向改革开放要活力,向科技创新要动力,向结构调整要助力,向民生改善要潜力,努力实现有质量、有效益、可持续发展"。但是,光有思路还不行,需要将这些思路和想法落实到战略规划和实际操作当中。这个规划应该包括对未来天津碳排放预算的考虑,也就是将未来的碳排放、能源消耗考虑在内,哪些行业或产业发展的空间有多大,而高排放产业的发展路径以及出路如何。也就是不能只照顾增量上的变革和新兴产业的发展方面,也要考虑到存量产业的发展空间以及发展路径等。

二、提高能源利用效率

2015年天津市的减排目标是能源强度下降3.5%,按照此目标,天津市在2020年能够完成能源强度下降45%的目标。但是,依然需要考虑实现减排目标并不足以应对实现峰值目标带来的压力,最终需要在能源效率的提升上下功夫,更需要在管理上做文章。京津冀协同发展已经成为重大国家战略,天津市可以在交通、环保、产业发展等方面形成一体化布局,构建无缝对接的交通网络和一体化的产业链、供应链,消除人为设置的能源网络联通障碍,促进产业绿色低碳循环发展,提高能源利用效率。

另外,需要以创新驱动能源效率的提高,包括建筑、工业和交通部门的政策措施以实现提高能源效率的目标。应该进一步加强能源管理,提高管理人员的素质;建立能源消耗大户引入能源管理师制度,深化能源审计;加强产品耗能以及建筑能效的监管,提升产品能效标准;采取财政和金融激励政策,降低低碳产品和服务的税负;促进发电技术的发展,如超临界火电技术、沼气发电、垃圾发电、太阳热发电等。这些技术可以采取市场拉动的方法推广和应用。

2013年10月,天津绿色供应链中心成立,以引导产品链的上下游企业不仅在经济,还要在环境方面进行合作,既产生经济效益,又产生环境效益,并在绿色标准服务、绿色认证核证、绿色低碳培训、绿色金融服务、绿色采购等方面进行探索和尝试。通过建立在绿色低碳标准上的产品和服务的绿色采购,能够积极引导企业对低耗能、低排放高能效产品的研发和应用,对推动全产业链的能效提高意义重大。

三、优化能源结构

调整能源结构能够降低排放因子,加大可再生能源的比重,不仅可以替代高碳的化石燃料,还有助于提高能源利用效率和消除其他污染物,从而大大降低温室气体排放。比如英国2012年平均数据显示,英国煤电每度电排放$915gCO_2$,而天然气发电每度电排放$549gCO_2$,天然气联合循环发电每度排放$436gCO_2$,差距非常明显。

能源结构的优化必须基于坚实可靠的资源来源和技术保证保障基础之上,否则一旦出现资源来源波动,如来源地政局动荡、运输通道受阻或者技术性故障等问题,结构优化的进程将被打破。如日本福岛核事故,造成其能源结构发生巨大逆转,2010年化石能源发电占比一度降到66.26%,核电占到电力结构中的25.3%,但是,核事故之后化石能源发电反弹到2013年的90.3%和2014年的91.05%。虽然可再生能源的发展也很快,但是难以弥补核电缺失产生的空白。

通过对欧盟碳排放历史的研究发现,欧盟 2010—2014 年电力部门碳排放下降 7%,但是在下降背后还有一段隐藏的秘密:由于 2008 年欧债危机,经济下滑,资本追逐利润的本性显现出来,煤炭价格低于天然气,部分电厂改气为煤。使得燃气少发电 2500 亿 kWh,煤电增加 500 亿 kWh,使得 2010—2013 年间煤电增加 6% 的排放,欧盟碳排放总量少减排 11%,而不是现在的减排 7%[①]。另外,一些即将关闭的电厂最后一搏,提高发电量,也是造成电厂排放增加的原因。除此之外,由于燃气价格上升使得一些家庭,尤其是边境县区的家庭以煤炭替代燃气,也造成煤炭排放增加。这种现象在德国、英国和波兰等国家均有出现。

天津市政府在能源结构调整上的思路已经发生了转变。一方面利用本地资源优化与调整能源结构,增加天然气、新能源及可再生能源比重;另一方面积极寻找市外合作伙伴,开发其他可再生能源等清洁能源丰富地区的资源,通过输电或其他方式替代煤炭。天津已经规划到 2017 年,外购电比例达到 1/3。但是,对市内化石能源利用效率的提高依然要加大监管力度,避免反弹和回头,为碳排放反弹和反复做好准备。

2013 年以来,天津电力简化办理程序,提高服务效率,全市各区县 23 个营业厅均设"分布式电源并网业务受理专席",为分布式电源项目业主配置专职客户经理,提供相关政策、技术咨询服务,及时跟踪项目进展情况,加快配套电网建设,确保了配套电网与分布式电源项目同步建成、同步投运。天津电力为天津首批居民分布式发电项目进行电费结算,同时支付了国家拨付的可再生能源补助资金,妥善解决了居民自发电"卖电"的票据问题,确保居民项目上网电量电费及时、足额支付。天津 23 个电力营业厅均设分布式电源业务专席,截至 2014 年 6 月 5 日,在天津已有 45 户客户提出并网申请,其中 9 户正式并网发电,发电容量 4664 千瓦,发电量 84 万千瓦时。每度电国家补贴 0.359 元,每度电按脱硫电价 0.34 元结算,一般 8 年就可以收回全部投资。另外,由于采用阶梯电价,用电大户通过安装太阳能发电

---

① Sandbag:*Europe's failure to tackle coal Risks for the EU low-carbon transition*,2014 年 7 月 1 日,见 https://sandbag.org.uk/site_media/pdfs/reports/Europes_failure_to_tackle_coal.pdf.

设施可以降低用电阶梯,节约的电费要高于补贴电价,所以收益会更大。若节电量能够引入碳市场,其收益率会更高。

天津 2015 年建成大神堂风电场完善工程、大港沙井子三期风电工程、北大港风电一期工程,全市风电装机规模超过 400 兆瓦。建成信义玻璃(天津)有限公司光伏发电项目、鸿富锦精密电子(天津)有限公司光伏发电项目、天津南玻工程玻璃有限公司光伏发电示范项目、中新生态城中央大道用户侧光伏发电项目、天津英利 4 兆瓦光伏屋顶发电等项目,全市光伏发电装机规模达到 90 兆瓦。

计划到 2017 年,全市地热年开采总量控制在 5000 万立方米,地热和浅层地热能供暖(制冷)面积为 4050 万平方米。到 2017 年,城市太阳能生活热水利用达到 1600 万平方米。

增加天然气利用比例。巩固和稳定现有天然气供应,积极开拓新气源,完善天然气门站、管线、储气设施等配套工程,继续拓展天然气在居民燃气、汽车、电厂、供热等领域的应用,稳步增加天然气供应量和使用量。到 2015 年,天然气在一次能源结构中的比例达到 8% 以上。

热电联产机组的建设正有序推进。北疆电厂二期、南疆热电厂、北郊热电厂、北塘热电厂等热电联产项目正在加快建设,到 2015 年新增热电联产电力机组 800 至 1000 万千瓦,集中供热系统中热电联产比重达到 40% 以上。依托北疆电厂、临港经济区和南港工业区绿色煤电项目,超超临界、整体煤气化燃气—蒸汽联合循环(IGCC)等先进燃煤发电技术将得到大力发展。

为了鼓励发电企业的燃料结构优化,2015 年 4 月,天津市发改委调整了燃气和超低标准排放的燃煤发电企业的上网电价:天津市燃煤发电上网电价平均每千瓦时降低 2.34 分,降为每千瓦时 0.3815 元。燃气发电上网电价每千瓦时调整为 0.73 元。对超低排放达标并经环保部门验收合格的燃煤发电机组,自验收合格之日起,上网电价每千瓦时加价 1 分钱。这一措施的实施,再加上提高了排污收费标准 8—12 倍,尤其是烟尘的收费标准后,提高了发电、供热企业改造燃煤锅炉、改气的积极性。陈塘热电、天津华电福源热电、华能临港(天津)燃气热电、华电北辰风电园分布式能源站、天津滨海电力等改为燃气发电,极大地提高了天津低碳能源的比重。

未来应该深入研究和采取行动,如何利用碳价格调整机制,使得煤改气趋势向更有利于减少碳排放的方向发展,这也是碳价格定价时要考虑的因素。加强电力体制改革,将是推动能源结构调整的重要支撑,希望电力改革的步伐加快,电价的传导机制发挥更大作用,使碳定价能够引导下游终端用户的用电方式和路径的选择,形成良好的社会氛围,调动社会力量,推动能源结构的优化、升级。

四、重点行业节能

(一)重点耗能行业

重点耗能行业的能源消耗占整个工业总能耗的大部分甚至绝大部分,对这些企业重点管理,减排目标的实现就相对容易些。针对重点企业节能工作的具体行动可以采取:制定政策鼓励企业进行技术改造和设备更新,淘汰落后工艺和技术;制定并颁布新的用能设备标准,促使企业更新高能耗高污染高排放的老旧设备。政府在促进节能领域的引导和促进作用最为关键,需要用好多年来的激励政策,如节能补贴、重大节能技改项目的贴息、环保设施的国家补贴等,从而对促进企业淘汰落后产能起到积极作用。

天津市将钢铁、化工、石化、电力和石油开采等年能耗1万吨标准煤的114家企业纳入到碳交易试点中,对这些企业的减排起到了极大的推动作用,其中对这些行业每年规定一定的行业减排系数,从95%—99%,无形中,企业面临节能、减碳和减少污染物排放的三重压力。企业不惜投入上亿元资金进行节能减排设备改造和工序调整,以完成规定的节能、减碳目标。2014年,天津万元工业增加值能耗下降率在31个省市自治区中居第五位,年下降10.19%。这说明在多种措施的共同作用下,天津重点行业的节能效果较为显著。

（二）交通部门

交通部门降低排放采取的行动包括：加强运输通道的规划，构筑先进、高效、快捷、环保、排放低的交通运输网路。在这方面，天津已经做了不小的努力：地铁1、2、3号线已经建成运营，正在建设5、6号线，地铁4、7、10号线及Z1、Z2、Z4、B2等线路的建设即将启动。良好的自行车、步行空间环境正在积极营造，"自行车/步行＋公交/地铁"的绿色出行模式正在成为市民的首选。

2014年7月8日，天津市人民政府办公厅颁布了《关于实施八大工程提升运营服务能力打造现代化公交体系的意见》，提出到2016年，天津市中心城区道路公交线网覆盖率由目前的88.1%提高到100%，实现中心城区公交全覆盖，中心城区运营车辆达到12000部；全市运营车辆增加到16000部，公交年客运量由13.65亿人次增加到23亿人次；全面实现国家"公交都市"创建目标，形成便捷、高效、绿色、安全的现代化公交体系，争做国内城市公交发展的排头兵。

2013年天津宣布实施小客车总量调控政策以来，市政府立即出台了《关于发展公共交通优化出行环境的措施》（7项措施）、《2014年提升公交运行能力的实施意见》（5条意见）。限购不是目的，仅仅是交通治理的配套措施，因此这套组合拳也可以称为"双限·一优先"。2014年6月市政府决定，实施公交发展"八大工程"，提升公交运营服务能力，打造现代化公交体系，公交"八大工程"包括：

填补空白工程。为实现全市中心城区796个社区全覆盖，天津市2014年新开通48条公交线路，2015年新开通24条公交线路，2016年计划共新开线路72条，重点覆盖中心城区支路和次干道，实现城区有条件道路覆盖率100%、站点500米覆盖率100%、社区覆盖率100%。

提升运能工程。至2016年，新开加密公交线路58条，新开普线47条，优化、延伸线路86条；加大车辆更新力度，中心城区提高车质水平，淘汰老旧车型，全市公交运营车辆达到16000部，中心城区公交车辆总数达到

12000 部,新增更新公交车 5607 部;公交线网密度由目前的 2.28 公里/平方公里增加到 3 公里/平方公里;骨干线路高峰时段发车间隔由目前 10 分钟缩短至 5 分钟,常规线路发车间隔由 12 分钟缩短到 10 分钟。

功能优化工程。包括发展定制公交、支线公交。至 2016 年开通定制公交线路 64 条,强化通勤功能;开通支线 83 条,并采用灵活的小型城市公交车运营,增强公交的通达性,至 2016 年小型公交车达到 500 部。

提高运速工程。包括公交专用车道建设和裁弯取直减少绕行。至 2016 年,建成全市"2 环、24 干道、18 条放射线"共计 194 公里的专用车道网络,运营时速由目前的 10 公里提高到 15 公里。调整 45 条过长过绕线路,乘客在途时间减少 15%。天津市还将继续加快公交专用车道建设,至 2016 年全市规划建成"2 环、24 干道、18 条放射线"共 194 公里公交专用车道网络,加强公交专用车道管理,设置固定式、车载式电子警察,使公交运营速度由目前的 10 公里/小时提高到 15 公里/小时。

配套工程。新建公交首末站 37 处,使全市公交首末站达到 164 处;加大新能源和清洁能源车辆使用率,2016 年占比超过 50%。为此,建设天然气加气站 8 座,根据新能源公交车数量及需求配建公交充、换电站。为此,将在重点区域建成 66 个充、换电站,在全市建成约 6700 个充电桩或充电接口,并利用已有充换电设施,基本实现城区便利化、网络化。重点为在公交、邮政快递、出租、环卫、区域运营、政府机关、企业、私人等 8 个领域推广应用新能源汽车服务。

天津道路运输行业 2013 年推广清洁能源货运车辆 1505 辆、清洁能源客运车辆 401 辆。预计到 2016 年,道路货物运输领域将推广 7000 辆清洁能源汽车,道路旅客运输领域将推广 2000 辆清洁能源汽车。自 2014 年 1 月 1 日起,在天津客运领域中,凡包车客运新增车辆,须全部为清洁能源车辆;凡包车客运更新车辆,清洁能源车辆须占要更新车辆的 60%;凡天津市际班线更新车辆的须全部为清洁能源车辆。争取在 2015 年年底,建成运营加气站 105 座,日加气能力达到 11000 部车,积极支持在公交场站、客运站、班车站、天津港、天津机场和各经济功能区、物流园区等发展 LNG 汽车和货车。

在货运领域中,新增和更新的轻型厢式和封闭式货车要求全部为清洁能源汽车、各类载货汽车和牵引车要优先选用清洁能源汽车。对不能选用清洁能源汽车的企业必须提供情况说明,并形成书面材料,上报运管部门审核批复。全力确保到2016年,本市道路货物运输领域推广7000部清洁能源汽车、道路旅客运输领域推广2000部清洁能源汽车。

智能化工程,将建设公交运营智能调度平台、出行信息服务平台、运营监控平台、行业数据资源中心"三大平台、一个中心"。2014年车辆GPS终端安装率达100%,智能报站率100%,并建设电子站牌示范线;2015年基本实现公交出行信息手机终端实时查询,100条骨干线路电子站牌全覆盖;2016年全面推广,使公交智能化达到全国一流水平。2015年,基本实现公交出行信息在互联网、手机及智能终端的实时查询,100条骨干线路电子站牌全覆盖,确保2016年,公交智能化达到全国一流水平。

公交服务均等化工程。全力推进滨海新区和"两区三县"公交服务均等化,以村村通公交为目标,大力发展农村公交化出行服务。至2016年,滨海新区和"两区三县"公交运营车辆达到4000部,实现村村通公交、公交全覆盖,为农村群众提供城市化公交服务。

提升服务品质工程。从2014年下半年起,实施两小时内公交之间及公交与轨道交通换乘票价优惠,如目前乘坐支线公交、公交车以及轨道交通都是各自统一票价,正在可以考虑在一个时间段内,支线公交、公交、地铁之间连续换乘几次,将在票价上给予优惠,以全面提升服务水平。

2014年天津公交客运量达到15.1亿人次,较2013年增长10.6%,公共交通出行条件显著提升。天津公交成为路上最为快捷的交通方式,将低碳交通落实到实处。

京津冀协同发展,交通将更低碳。2015年7月16日发布的《京津冀发展报告(2015)》提出,京津冀区域协同发展交通先行,要构建"一小时"交通圈、半小时通勤圈,实现区域公交一卡通、客运服务一票式、货运服务一单制。未来京津冀应重点形成京、津、石之间以及相邻的城市之间"一小时交通圈"、主要城市与周边的卫星城市之间"半小时通勤圈",提升区域整体交通承载能力。到 2017 年,京津冀区域的客运专线要覆盖所有地级以上城市,实现构建京津保地区 1 小时交通圈。力争到 2020 年京津冀交通体系建设实现公路网络一体化、交通运输枢纽一体化、交通运输管理一体化、交通运输服务一体化、物流发展一体化等"五个一体化"。这样交通体系将大大方便京津冀地区的人才、物资、资金、信息、技术等资源在经济圈内的频繁流动,使资源配置更合理,从而促进区域的共同繁荣。天津的低碳城市建设将融入京津冀协同的低碳发展的大潮之中,天津将作为引领者和实践者。

五、深入研究碳捕获利用与埋存

碳捕获和埋存技术对于天津市乃至中国十分有利,不仅能够减少电厂的 CO_2 排放量,还可能找到彻底解决 CO_2 问题的渠道,是实现绝对减排的一种重要的技术手段。如果能够掌握 CCS 技术,那么在未来减排成为硬约束条件时,可以在继续使用化石燃料、发展经济的前提下,大幅度削减二氧化碳排放量。天津华能电厂就是国家发改委确定的 CCS 示范工程项目。2014 年 7 月,中美清洁能源联合研究中心对于华能集团控股的天津绿色煤电公司工厂附近部署二氧化碳驱采水技术进行了可行性研究,研究结果毫无保留地认可这一技术。绿色煤电公司采用的是旨在促进碳捕捉的整体煤气化联合循环(IGCC)技术。公司目前每年向饮料生产商出售 10 万吨二氧化碳,并准备将二氧化碳的捕捉量提高到每年 100 万到 200 万吨之间。中美研究团队的任务是:快速评估二氧化碳能否被安全地储存在天津周边由大量地质错层封闭形成的盐水层中[①]。未来可以预期,CCUS 即二氧化碳捕集使用与埋存技术在天津将有更广阔的利用空间。

有学者研究认为,未来中国长期减排目标的实现,尤其是两度目标紧约束下,中国依然会保持相对较高的煤炭消耗量。因此,中国 2020 年后承担减排责任,实现峰值目标,必须对此采取有针对性的措施。因此,天津市应

---

① 福布斯中文网:《碳捕捉封存或解决中国缺水难题》,2014 年 11 月 29 日,见 http://tech.163.com/14/1129/11/AC7FE3R100094O5H.html。

当利用油气田资源的优势,开展碳捕获、埋存与利用技术的相关研究,探讨 CCUS 技术在天津的进一步实施,为未来 CO_2 的捕获和埋存提供必要的技术储备。

六、保护生态增加碳汇

减少碳排放的另外一种方式就是增加碳吸收汇,也就是大力加强植树造林,一方面可以增加城市的林木覆盖率,另一方面可以提高碳汇吸收,中和人类活动增加的温室气体排放。这也是降低碳排放强度的一种有效方式。

2012 年,天津市有林地面积 2403.91 平方公里,林木覆盖率 22%,2015 年达到 23%以上,由 2015 至 2017 年,全市新增林地 120 万亩,达到 25%以上,每年将至少增加碳汇 2480 万吨。

2014 年,天津市发布了《天津市生态用地保护红线划定方案》,严格规定了生态用地保护范围,对天津市未来生态保护将起到积极的推动作用。天津市划定的湿地红线面积为 633 平方公里,若能保持,每年新增碳吸收汇 51 万多吨[①],到 2017 年,全市湿地公园总数将达到 4 个,总面积达 185 平方公里,每年新增碳吸收汇 15 万吨。

天津湿地生态系统是一个在人为活动和自然环境因子影响下处于逐渐退化过程中的自然生态系统。如今,湿地面积保有量正不断减少,生态功能也不断退化,这个生态系统的变化暗示了人为活动范围扩大与自然环境的负增长关系,也暗示了天津湿地保护与恢复的重要性。天津湿地除了需要保障其具有基本的湿地生态系统服务功能、保障水安全之外,更需要保障最重要的生态安全,以加强生物栖息地的重点保护,有保障地提供候鸟等珍贵水禽的生境栖息地,提高天津湿地的生物物种的多样性。

天津的生态保护,一方面要从政府规制上下功夫,加大决策执行以及相

---

① 按照每平方公里湿地碳汇为 810tCO_2 核算(数据来源:王巍巍、周广宇:《基于碳汇能力的天津南北湿地组团用地规划》,《城市时代,协同规划——2013 中国城市规划年会论文集》,山东青岛,2013 年)。

关责任人的全程监督,做到终身负责。这样使得利益相关方不仅看重数量上的增加,更注重质量的提高和发展的可持续性,避免重"种"、轻"管",重"规划"轻"落实"现象的发生,并且在观赏、生态、环保以及增加碳汇等方面得到较好的平衡。另一方面,适度引入市场机制,开发碳汇林、生态湿地保护等碳汇项目和生态补偿机制,使得保护森林、湿地等有利可图,逐渐形成促进保护生态环境纳入良性循环轨道。

第五节　结论及建议

未来,天津的区域优势依然存在,国家的优惠政策会继续倾斜,必须抓住。借助"互联网+"和"中国制造 2025"的驱动优势,通过"一路一带"建设,发挥天津港口以及产业基础优势,推动企业向产业高端和现代服务业转型;大力发展服务业,形成"三二一"的后工业化的产业结构。发挥天津的区位优势,利用绿色化、低碳化的转型发展的机会,占据供应链优势地位,引领"冷经济[①]"的发展。

宁波最近提出了 2018 年实现全市碳排放达到峰值的目标,并将其作为约束性目标,建设碳减排市场化机制,构建市场化绿色金融扶持机制等。宁波市政府提出,用好低碳发展基金等市场化手段,激发企业参与碳减排的积极性和主动性。围绕产业低碳化、新能源发展、综合能效提升、低碳"互联网+"、电力需求侧管理等重点领域,推进实施 PPP 项目,以市场化方式培育一批低碳产业基地和总部企业,拓展一批新的市场空间和经济增长点。宁波市政府提出,结合"十三五"规划编制,加强与市级有关部门沟通对接,做好低碳发展总体规划修改完善,进一步明确峰值总量、实现时间和实施路径,并尽快以市政府名义发布实施[②]。这些值得天津借鉴和学习。

---

① 冷经济:Cold Economy 是英国最新提出的概念,该说法认为,由于社会发展对制冷需求增大,其电力消耗如今达到了总量的 14%,若充分整合和利用制冷技术和管理方式能够大大降低制冷成本好温室气体排放。

② 宁波市发改委:《宁波紧扣峰值目标部署"十三五"绿色低碳发展》,2015 年 8 月 6 日,见 ht-tp://www.nbditan.cn/cat/cat341/con_341_42324.html。

第一，规划先行。低碳发展是一个全行业、全过程、全员参与的事情。必须从规划开始，明确方向、定位和原则，一旦明确就不动摇地执行下去，并协调调动各方资源，采用多方面措施，以成本最小化方式实现既定目标。

第二，厘清思路。低碳发展并不意味着生活水平的下降、幸福指数的降低，而是使我们在享受舒适生活的同时，对环境更绿色、对气候更低碳，对资源更循环，过着对环境更友好、对社会更有益、对经济更持续的生活。要做到这一点，需要我们认真思考，如何避免这些不利因素产生，使我们的幸福指数下降。

第三，职能协调。走低碳发展的道路必须与节能减排结合起来，打造一种长效机制。天津市要在科学发展观的引领下，探索建立节约能源、保护环境和气候的政府引导、市场主体、公众参与的长效机制，从政府、企业和社会三个层面推动低碳转型。

政府要加强管理，建立和完善管理机制，坚持依法管理与政策激励相结合，重点做好规划指导、法规标准的完善、激励政策的制定，并严格执法监督。

第四，企业主导。企业必须发挥低碳发展的主体地位，进行低碳发展的各项行动，如提高能源资源利用效率、开发低碳产品、提高低碳服务、采取清洁生产、加强节能减排管理、遵守法律法规等。

第五，全社会参与。社会层面上，要加大宣传力度，增强全民节约意识，普及节约资源等相关的法律法规、方针政策、标准规范，改变高消费、奢侈型的消费习惯，在全市形成好的节约资源反对铺张浪费的风尚。将节能减排、促进低碳发展成为全市人民的自觉行动。将低碳政府、低碳企业和低碳城市打造成天津市的城市名片。

所有这些努力，将为天津的转型发展提供强有力的支撑，希望这些能够持续健康、发挥其作用。

第五章 区域 CGE 模型及天津应用

我们采用可计算一般均衡（Computable General Equilibrium, CGE）模型——SICGE-TJ（Tianjin Computable General Equilibrium Developed by State Information Center）模型对减排政策的经济环境影响进行模拟和评估。该模型基于澳大利亚的 Monash 模型，使用 Gempack 软件包求解。

第一节　模型简介

可计算一般均衡模型自 20 世纪 70 年代以来逐渐发展完善，成为越来越重要的应用经济学分支之一，同时也已经成为世界各国政府广泛采用的最主要的政策分析工具之一。我国近年来也开展了大量的 CGE 模型开发与应用研究，并取得显著成果。

CGE 模型最主要的成功之一在于它把所研究经济整体的各个组成部分建立起数量联系，使得我们能够考察来自经济某一部分的冲击对其他部分的影响。随着 CGE 模型的不断开发完善，除了能够用于完全竞争市场环境，也能够在非完全竞争市场环境下开展政策分析。

SICGE-TJ 模型是国家信息中心与天津科技大学合作研制的多区域动态可计算一般均衡模型，源于国家信息中心 SICGE 模型，同时又充分体现天津经济的特点，例如，刻画了天津与我国其他地区贸易往来机制及国际贸易机制，建立了能源产品之间的替代机制，建立了居民消费中电力消费与电器消费的耦合机制等，这使得 SICGE-TJ 模型能够较好地反映天津实际的经济运行情况。

SICGE-TJ 模型继承并发展了澳大利亚 Monash 模型的特点,主要体现在两个方面:

第一,模型规模较大、注重细节。

SICGE-TJ 模型以政策研究为主要目的,因此需要做到尽量贴近现实经济。为此,SICGE-TJ 模型在多个方面进行细化。目前,SICGE-TJ 模型包含 42 个产业部门、3 种投入要素(劳动力、资本、土地)、7 个经济主体(生产、投资、家庭、政府、外省市、国外、库存)和 3 种投入品来源(本区域生产、外省市调入和进口)。为了准确刻画商品流通环节,模型考察了 10 类流通投入(Margin),分别为:铁路、公路、水运、空运、管道运输、其他交通运输、仓存、批发、零售和保险。这些设置综合起来,使得 SICGE-TJ 模型的规模较大。不过也正是这些细节设置,使 SICGE-TJ 模型能够尽量细致入微地刻画经济现实,同时较为准确地测算政策的影响。

第二,充分刻画经济运行机制的特点。

SICGE-TJ 模型包含丰富的生产技术进步参数、消费偏好参数以及描述市场扭曲的偏移参数。在描述生产技术进步和消费偏好改变上,能够多角度地捕捉各个层次上的变化。例如对于节能技术进步,模型既有参数描述因为产业升级实现的整体节能,也有参数描述因为技术替代产生的能源结构调整。此外,模型还可对中国经济存在的市场扭曲进行描述,例如当前存在的成品油价格管制、电价管制等行为。参数值的标定过程都可以通过独有的"历史模拟"完成,并引入 2008—2011 年的历史数据进行标定和校准。

第二节　模块说明

SICGE-TJ 模型核心模块主要包括产品生产及分配、居民消费、资本形成、出口及公共需求、价格形成、供需平衡以及动态化机制等。对于产品生产、消费、资本形成等主要经济活动,以最优化原则为基础构建行为方程,并满足理性经济人假设。例如生产过程中给定产品成本最小化、投资过程成本最小化、消费者效用最大化等。

主要模块分别简要说明如下：

一、生产模块

生产模块采用了多层 CES 嵌套组合(图 5-1)。

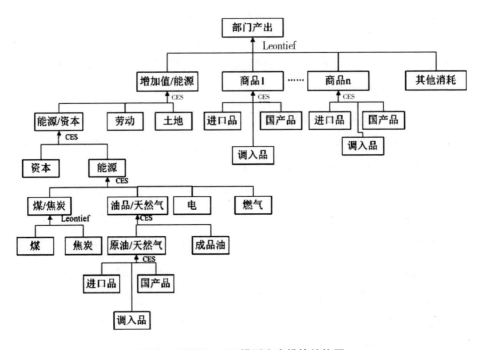

图 5.1:SICGE—TJ 模型生产模块结构图

生产模块的投入部分分为六级嵌套。在最上层,总产出由各种非能源中间投入与能源/初始要素复合投入决定,采用 Leontief 生产函数。在第二层,能源/初始要素复合投入由为能源/资本复合投入、劳动力和土地,三项采用 CES 函数组合而成。在第三层,能源/资本复合投入由综合能源投入与资本投入组合而成。在第四层,综合能源投入由煤炭/焦炭综合投入、原油/天然气和成品油综合投入、电力和燃气采取 CES 函数组合而成。第五层是煤炭与焦炭的合成,采用 Leontief 函数,原油与成品油的合成,采取 CES 函数。第六层是各种投入品中进口部分和国产部分的 CES 复合。生产中各种要素间可替代的程度取决于它们的替代弹性和在基年生产过程中的份额。

这里煤炭和焦炭的投入采用 Leontief 函数,这是因为煤炭和焦炭的用途相差较大,焦炭在生产中主要用作催化剂,而煤炭则主要用作燃料,所以二者的替代性较小。原油、成品油投入采用了 CES 函数,这是由于原油、成品油的主要用途都是燃料,替代性较强。

二、消费模块

模型考虑的两类居民消费为城镇居民消费和农村居民消费。采用线性支出系统(LES)。根据线性支出系统的数学特性,在预算总约束下,当一种居民消费品需求增加,其他消费品会相应减少。减少的幅度根据边际预算份额和相对价格决定。但是,现实中,居民电力需求的变化往往和购买的电器数量是正相关的,即电力消费和电器消费具有耦合关系,当电器数量增加时,电力需求会随之增加,而服装、餐饮、交通运输、服务业等方面的需求则会因为预算总额一定而受到负面影响。为实现该功能,我们进行了特殊设计,如下图所示。假设一个虚拟的电力服务需求,该需求与其他居民消费需求满足一般的线性支出系统的函数关系,而电力服务需求则由电器消费与电力需求共同组成,满足列昂惕夫函数方程关系。本研究中所包括的电器,具体有:家用视听设备、通信设备、电子计算机、家用电力器具、办公设备、仪器仪表。

居民消费结构如图 5.2 所示。

在 SICGE-TJ 模型中,假设公共需求总量与不变价的居民消费总量呈现同比例变化。

资本形成方面无特殊设置。

三、跨界需求

SICGE-TJ 模型采用的是小国假设。目前国际上大部分 CGE 模型中,对出口需求的设置完全根据小国假设完成。即假设本国的出口品在国际市场上是国际价格的接受者,据此把出口需求理解为在已知国际市场价格和

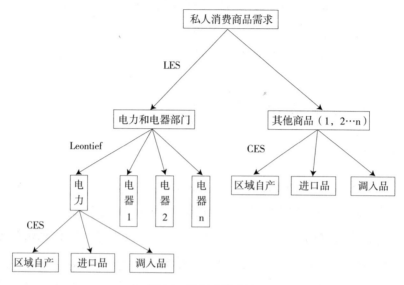

图 5.2：模型消费结构

国内市场价格下,本国的生产者如何在国际国内两个市场进行产品分配以实现利润最大化。这种设置简化了国际贸易市场变化对本国经济的影响路径。稍有变化的是,SICGE-TJ 模型设定了国际市场对我国出口品需求曲线的水平移动的偏移变量。该偏移变量外生处理,主要模拟国际市场对我国出口商品需求偏好变化带来的影响。

在 SICGE-TJ 中,既考虑了来自天津本地的产品出口,也考虑了来自中国其他省市经由天津出关的出口产品。对于经由天津出关的产品,其价格和销售量都不是本文关心的,因此模型将其外生处理。

与出口类似,SICGE-TJ 中考虑了天津向我国其他省市调出调入产品的情况。

四、价格模块

SICGE-TJ 模型中,根据零超额利润假设,国产品的生产者价格主要来自于要素投入和中间投入的成本以及生产税。进口品在国内市场上的生产者价格,等于进口品以外币表示的到岸价格乘以汇率后,再加上进口关税;

从其他省市调入产品的生产者价格不需要考虑汇率和进口关税。

产品在国内的购买者价格等于生产者价格加上流通费用和广义的商品税(例如进项增值税、消费税等)。

出口品的离岸价格在国内被视作是购买者价格,包含了产品出厂价格、流通费用和部分税收(例如没有完全退税的部分),但是出口品的最终购买者价格是在国际市场上,它与离岸价格之间还包括汇率、国际运费、保险以及各种贸易壁垒形成的其他价格因素。其他价格因素在方程中以虚拟税率乘子表示。

SICGE-TJ 模型中考虑了商品从生产者流通到各种使用者(中间投入、最终需求)所需要的各种流通服务加价,包括交通运输、批发零售和保险费用等,这些服务会随着商品流的变化而成比例变化。

五、平衡模块

平衡模块包括各种商品与要素的供需平衡关系,国际收支平衡关系,政府收支平衡等各种平衡关系。

商品供需平衡关系主要指区域自产商品的供应等于所有需求之和;在 SICGE-TJ 模型基准情景设置过程中,每年的劳动力供应总量是外生给定的,但在政策模拟过程中内生,以测算政策冲击对就业的总影响;各行业的资本存量加总得到资本存量总量,可用来衡量政策冲击的长期影响。

SICGE-TJ 模型包括的若干平衡关系中还包括反映资本账户往来的收支平衡关系。这包括区外(国际及国内其他地区)在天津的资产和负债的年复一年的累积方程,以及相关的收入和支出方程。以经常账户赤字带来的负债为例,年末的区外净负债(外币核算国际、本币核算区外)等于年初值加上这一年的经常账户赤字。

公共部门赤字等于政府消费支出减去税收收入加上净转移支付。

六、动态机制模块

在 SICGE-TJ 模型中,动态机制有两层含义。

一层含义是常规的递归动态机制,主要指资本积累和外债积累,与其他模型动态机制类似;

另一层含义是政策冲击影响的黏性变化过程。例如,模型假设投资量取决于投资者的期望回报率,而期望回报率是动态的,即投资者对下一期的预期回报率决定于当期实际回报率。另外,还设置了就业和工资的黏性调整机制来模拟政策冲击的短期和长期的差异,政策情景可能短期对就业产生较大冲击,但工资水平随之改变后,就业水平将逐渐向基准情景回归。在动态机制中,还包含描述技术进步和消费偏好改变的方程,例如对食品、耐用品和服务等产品组的偏好,对进口品和国产品的选择偏好,固定资本与劳动力投入的选择偏好,等等,用以模拟产业结构随经济发展而出现的变化。

七、其他方程

SICGE-TJ 模型中存在大量的宏观经济变量的定义方程,消费者价格指数(CPI)是国产品价格向量和进口品价格向量的函数;实际工资率是名义工资率与 CPI 之比;GDP 采用支出法核算,包括了居民消费、政府消费、固定资本形成、净出口和净调入。

模型还包含历史模拟方程。利用天津的相关经济统计资料,可以得到大量已观测到的经济数据,如产出、投入、价格、消费量等。把历史年份中的这些数据加入 SICGE-TJ 模型中,有利于我们校准模型中的各种参数系数,从而使得对未来的分析和预测更加准确和可信。为了能够把这些数据纳入进来,SICGE-TJ 模型设置了相应的方程,例如,我们将得到的居民消费分类统计数据,通过历史模拟得到消费偏好的外生变量。

第三节 数据处理

在数据处理上进行的主要处理包括:

(1)能源使用量的修正。由于投入产出表中各部门的能源消耗量包括了大量的中间转换量,而非最终使用量,如炼焦、石油加工、油气开采部门等等,不能直接使用其计算排放。因此,我们依靠能源平衡表对投入产出表进行了修正。投入产出表能源部门与能源平衡表的能源类别对应关系如表 5.1 所示。

表 5.1:投入产出与能源平衡表的部门对应

投入产出表	能源平衡表
煤炭开采和洗选业	原煤、洗精煤、其他洗煤、型煤
燃气生产和供应业	焦炉煤气、其他煤气、液化石油气、炼厂干气
石油加工、炼焦及核燃料加工	焦炭、汽油、煤油、柴油、燃料油、其他石油制品、其他焦化产品
石油和天然气开采业	原油、天然气

(2)与近年经济、产业与能源数据的匹配。国家投入产出表一般 5 年一编制。2012 年的中国投入产出表最近刚发布,但模型数据更新的工作量大,近期同类研究通常仍延续使用 2007 年投入产出表。CGE 模拟的是特定经济结构下的政策影响,国家与地区的经济结构是相对稳定的,数据滞后一般不对模拟精度产生重大影响,但仍需用最近的经济数据和产业数据对参数进行校验。我们使用的投入产出表也是中国 2007 年 42 部门投入产出表,天津市 2007 年 42 部门投入产出表,但使用了 2008—2014 年中国统计年鉴和天津市统计年鉴对参数进行了校验,使得一些重要参数与近年实际情况相符,包括劳动投入、资本积累、三产结构、产业内部结构、能源结构,等等。这种做法比较好的反映了国家和地区的近期经济走向。

(3)IO 表中能源中间投入的处理。我们计算的排放为直接的生产过程排放,不是终端能源使用的排放。所做的主要处理包括:第一,一次能源生产部门对本部门中间投入数量大,但产生 CO_2 排放很少,在此忽略不计;第二,石油、天然气开采业对石油加工业的中间投入、天然气开采业对燃气生产和供应业的中间投入、石油加工炼焦业对燃气生产和供应业的中间投入过程中能源产品的损耗较小,也忽略该过程产生的 CO_2 排放;第三,考虑煤炭在制焦炭过程中会产生 CO_2 排放。采用能源平衡表计算得出各省煤制焦炭的投入产出率,根据该比例扣除煤炭开采业对石油加工炼焦业的部分中间投入,计算剩余部分产生的 CO_2 排放。

第四节 模型计算结果

一、产业与行业发展

我们以行业和产业的增加值来考察行业和产业规模。我们将产业分为第一产业(农业)、第二产业(工业)、第三产业(服务业)。我们的数据基础是 2007 年中国与天津市 42 部门投入产出表,唯一调整之处是将"金属矿采选业"和"非金属矿及其他矿采选业"进行了合并。各部门及其对应的产业如表 5.2 所示。

表 5.2:产业与行业对应表

产业分类	行业
农业	农林牧渔业
工业	煤炭开采和洗选业,油气开采,金属矿、非金属矿及其他矿采选业,食品制造及烟草加工业,纺织业,纺织服装鞋帽皮革羽绒及其制品业,木材加工及家具制造业,造纸印刷及文教体育用品制造业,石化,化工,非金属矿物制品业,钢铁,金属制品业,通用专用设备制造业,交通运输设备制造业,电气机械及器材制造业,通信设备、计算机及其他电子设备制造业,仪器仪表及文化办公用机械制造业,工艺品及其他制造业,废品废料,电力热力,燃气生产和供应业,水的生产和供应业
服务业	建筑业,交通运输及仓储业,邮政业,信息传输、计算机服务和软件业,批发零售业,住宿和餐饮业,金融业,房地产业,租赁和商务服务业,研究与试验发展业,综合技术服务业,水利、环境和公共设施管理业,居民服务和其他服务业,教育,卫生、社会保障和社会福利业,文化、体育和娱乐业,公共管理和社会组织

(一)产业增加值变化情况

我们比较了 4 种情景下 3 个产业(农业、工业、服务业)的规模变化和发展趋势。

从图 5.3 可以看到,无论哪种情景,天津市未来产业结构都将发生如下变化:农业基本稳定,在天津市所占比重很小;工业总规模持续上升,但增长速度不会保持过去 10 年的快速增长;服务业增长较快,成为未来天津市的支柱。到 2030 年,天津市服务业增加值占天津市 GDP 比重将由现在的不足 50% 增至 2030 年占比 75% 以上。

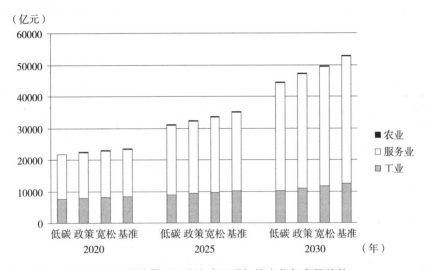

（亿元）

图 5.3:四种情景下天津市产业增加值变化与发展趋势

4 种情景下,服务业占 GDP 比重有所不同。在基准情景下,服务业在 2030 年占 GDP 比重约为 75.99%;在政策情景下,服务业占 GDP 比重为 76.16%,而在宽松和低碳情景下,服务业所占 GDP 比重分别为 76.10% 和 76.51%。

模拟结果表明,虽然天津市的减排政策有助于产业结构的调整,但对产业结构的影响并不大,并且随着减排政策的严厉,排放较低的服务业同样也受到抑制,这是因为,服务业的规模与其他产业的规模以及居民可支配收入相关,当其他产业规模降低,居民可支配收入降低时,服务业必将受到影响。因此,天津市要大力发展服务业,并不能只依靠单纯的减排政策,仍需要其他政策加以配合。

（二）行业影响对比

在行业的影响对比中，我们关注了低碳情景、宽松情景与政策情景的对比，以揭示如果天津市现有减排政策发生变化时，各行业部门的影响。对比结果如表5.3所示。我们发现，天津市受到严格减排政策影响较大的行业包括建筑业、房地产业、通用专用设备制造业、电气机械及器材制造业、交通运输设备制造业、食品制造及烟草加工业、仪器仪表及文化办公用机械制造业、工艺品及其他制造业、造纸印刷及文教体育用品制造业、水的生产和供应业、燃气生产和供应业、木材加工及家具制造业、纺织业等，低碳情景下，这些产业2030年的产业增加值比基准情景均下降了6%以上，部分产业增加值下降幅度接近或超过10%。其中，建筑业、房地产业、通用专用设备制造业、电气机械及器材制造业、食品制造及烟草加工业均为天津市排名前10位的重要产业。

在重要行业中，受影响较小的包括批发零售业、交通运输及仓储业、金融业、教育业、油气开采业、信息传输、计算机服务和软件业、通信设备、计算机及其他电子设备制造业。较之政策情景，2030年产业增加值的降幅均在3%左右。

表5.3：不同情景下行业增加值的变动比率

单位：%

	低碳情景			宽松情景		
	2020	2025	2030	2020	2025	2030
农林牧渔业	−0.42	−0.68	−0.92	0.63	1.03	1.40
煤炭开采和洗选业	−0.67	−1.17	−1.53	0.54	0.99	1.34
油气开采	−1.37	−1.39	−0.75	1.18	1.21	0.64
金属矿、非金属矿及其他矿采选业	−0.58	−0.39	−0.58	0.58	0.58	0.39
食品制造及烟草加工业	−5.19	−7.45	−9.41	4.64	6.81	8.79
纺织业	−3.35	−4.78	−6.09	2.94	4.26	5.52
纺织服装鞋帽皮革羽绒及其制品业	−2.92	−4.38	−5.56	2.58	3.90	5.01

续表

	低碳情景			宽松情景		
	2020	2025	2030	2020	2025	2030
木材加工及家具制造业	−3.24	−4.93	−6.29	2.87	4.38	5.68
造纸印刷及文教体育用品制造业	−3.66	−5.24	−6.63	3.23	4.70	6.03
石化	−1.53	−1.89	−1.86	1.33	1.64	1.62
化工	−2.38	−3.63	−4.79	2.08	3.21	4.28
非金属矿物制品业	−0.71	−0.72	−0.71	0.60	0.64	0.60
钢铁	−0.26	−0.28	−0.31	0.23	0.25	0.27
金属制品业	−0.65	−0.68	−0.65	0.57	0.59	0.57
通用专用设备制造业	−3.52	−5.37	−7.09	3.10	4.83	6.48
交通运输设备制造业	−2.47	−4.53	−6.31	2.16	4.04	5.73
电气机械及器材制造业	−4.44	−6.86	−8.79	3.95	6.24	8.17
通信设备、计算机及其他电子设备制造业	−0.99	−2.08	−3.42	0.86	1.81	3.02
仪器仪表及文化办公用机械制造业	−5.30	−7.40	−8.94	4.73	6.77	8.30
工艺品及其他制造业	−5.67	−8.32	−10.51	5.08	7.68	9.92
废品废料	−2.68	−3.37	−3.69	2.35	2.97	3.26
电力热力	−1.04	−0.88	−0.54	0.90	0.75	0.46
燃气生产和供应业	−6.17	−8.95	−11.18	5.51	8.32	10.60
水的生产和供应业	−3.73	−5.47	−6.82	3.28	4.87	6.22
建筑业	−5.34	−7.69	−9.62	4.78	7.05	9.00
交通运输及仓储业	−1.76	−2.58	−3.39	1.49	2.20	2.91
邮政业	−1.20	−1.49	−1.92	1.03	1.30	1.59
信息传输、计算机服务和软件业	−2.17	−3.11	−3.89	1.84	2.66	3.35
批发零售业	−1.30	−2.01	−2.77	1.09	1.71	2.36
住宿和餐饮业	−1.88	−2.71	−3.54	1.59	2.31	3.04
金融业	−1.59	−2.44	−3.40	1.35	2.07	2.92
房地产业	−3.72	−6.01	−7.83	3.19	5.27	6.99
租赁和商务服务业	−2.07	−2.93	−3.80	1.76	2.50	3.27
研究与试验发展业	−1.22	−1.55	−2.03	1.02	1.30	1.72
综合技术服务业	−1.57	−2.45	−3.38	1.33	2.09	2.90
水利、环境和公共设施管理业	−1.57	−2.30	−2.88	1.32	1.95	2.46

续表

	低碳情景			宽松情景		
	2020	2025	2030	2020	2025	2030
居民服务和其他服务业	-1.22	-2.03	-3.13	1.02	1.72	2.68
教育	-2.00	-2.94	-3.90	1.69	2.51	3.37
卫生、社会保障和社会福利业	-1.04	-1.64	-2.31	0.88	1.38	1.96
文化、体育和娱乐业	-2.19	-3.35	-4.56	1.86	2.88	3.96
公共管理和社会组织	-1.62	-2.51	-3.50	1.36	2.13	3.01

数据来源:SICGE-TJ 模型。

值得关注的是,减排重点行业,例如天津市 5 大重点控排行业,在严格的减排政策作用下,增加值受到的影响并不大,主要原因在于,这 5 大行业均属于基础工业,需求价格弹性较低,因此,需求下降较少。另外,由于这些行业大量用清洁能源替代煤炭,投入资金较大,客观上也需要更多的资本回报,因此,用增加值来衡量产业规模时,其受到的负面影响相对较小。

尽管如此,严厉的减排政策仍使得重点控排行业的规模得到控制。5 大重点控排行业中,除化工行业的规模在 2030 年仍未达到顶峰外,其他行业的发展规模均在 2030 年前迎来拐点。钢铁行业、电力热力将在 2020 年前后达到产业顶峰,而石化、油气开采将在 2025 年前后达到产业发展的顶峰。并且,减排政策越严厉,5 大产业下降的幅度越大,达到峰值的时间越早。5 大重点行业的增长值的变动趋势如表 5.4 所示。

表 5.4:五大重点行业增加值变动趋势单位:百万元(2000 年不变价)

行业	情景	2015	2020	2025	2030
油气开采	基准	123463	137391	137963	124416
	宽松	122714	135788	136323	123627
	政策	121967	134200	134699	122840
	低碳	121098	132366	132824	121922

续表

行业	情景	2015	2020	2025	2030
石化	基准	16937	19899	21103	21015
	宽松	16858	19639	20762	20680
	政策	16780	19382	20427	20350
	低碳	16689	19085	20041	19971
化工	基准	63210	80568	99201	120713
	宽松	62715	78929	96126	115770
	政策	62222	77318	93138	111018
	低碳	61649	75474	89760	105705
钢铁	基准	78512	78520	75419	71642
	宽松	78336	78344	75413	71835
	政策	78160	78167	75407	72028
	低碳	77956	77962	75399	72253
电力热力	基准	30517	32543	31680	30003
	宽松	30348	32254	31443	29866
	政策	30180	31966	31208	29729
	低碳	29984	31633	30934	29569

数据来源：SICGE-TJ 模型。

二、行业碳排放

分行业排放与行业增加值的走势基本一致。我们同样关注的政策情景与宽松情景、低碳情景的比较。低碳情景在政策情景的基础上工业尤其是高耗能工业排放继续下降，宽松情景则在政策情景的基础上工业排放有所提高。

（一）政策情景下的行业碳排放

政策情景下，从直接排放来看，天津分行业的二氧化碳排放的变化趋势

143

主要分为三类。

第一类为 2020 年前或 2020 年左右排放达峰的行业,主要包括五大重点耗能行业中的油气开采、钢铁、电力热力,这三个产业是天津市减排的"重头"。另外,还包括农林牧渔、煤炭开采、通信设备、计算机及其他电子设备制造业、仪器仪表及文化办公用机械制造业、水的生产和供应业、水的生产和供应业,这些产业在天津市因为发展已经达到较高水平,或者因为环境资源条件限制,比较难以保持较高增长率。

第二类为 2020—2030 年之间排放达峰的行业,主要包括石化、燃气生产与供应业。其中,石化行业属于五大重点耗能行业之一。

第三类为 2030 年排放没有达到峰值的行业,主要包括化工、食品加工业、大部分制造业及所有的服务业。其中,化工业是 5 大高能耗行业中唯一无法在 2030 年前达峰的产业。其余的行业,尤其是服务业,是天津市未来经济增长的主要动力,而且排放量也较小,排放不会在 2030 年前达峰。因为人口增长和经济水平提升,家庭的直接排放在 2030 年前也无法达峰。

表 5.5：政策情景下的分行业二氧化碳直接排放

单位:万吨 CO_2

		2010	2015	2020	2025	2030
五大重点行业直接排放	油气开采	649.9	727.9	799.2	741.5	589.3
	石化	835.0	855.0	982.3	1033.1	983.1
	化工	569.9	635.8	792.8	953.8	1133.6
	钢铁	3370.1	4218.3	3944.9	3425.2	2943.5
	电力热力	5116.3	6484.3	6577.5	5650.7	4730.6
其他行业直接排放	农林牧渔业	210.7	225.5	182.8	160.3	157.7
	煤炭开采和洗选业	28.4	29.6	24.9	20.1	17.1
	金属矿、非金属矿及其他矿采选业	19.8	28.7	31.5	31.8	34.0
	食品制造及烟草加工业	56.2	78.8	95.5	108.4	124.4
	纺织业	20.0	24.5	26.1	29.1	34.8

续表

		2010	**2015**	**2020**	**2025**	**2030**
其他行业直接排放	纺织服装鞋帽皮革羽绒及其制品业	11.1	14.4	15.7	16.9	18.8
	木材加工及家具制造业	8.2	12.5	15.0	16.1	18.1
	造纸印刷及文教体育用品制造业	23.1	28.5	30.0	32.2	36.7
	非金属矿物制品业	185.4	287.0	349.7	382.6	441.4
	金属制品业	45.2	56.7	59.1	60.3	65.7
	通用专用设备制造业	47.1	63.3	72.9	77.5	85.3
	交通运输设备制造业	30.7	36.1	35.7	36.6	39.8
	电气机械及器材制造业	13.5	16.4	17.2	18.0	19.8
	通信设备、计算机及其他电子设备制造业	48.3	56.3	53.5	51.7	53.4
	仪器仪表及文化办公用机械制造业	2.4	2.8	2.7	2.6	2.7
	工艺品及其他制造业	7.2	10.5	11.7	12.0	12.9
	废品废料	3.2	3.9	4.5	5.6	7.5
	燃气生产和供应业	0.2	0.3	0.3	0.3	0.3
	水的生产和供应业	14.4	20.1	20.2	18.1	17.8
	建筑业	332.2	427.8	483.0	511.3	575.1
	交通运输及仓储业	822.0	991.7	992.9	933.0	898.2
	邮政业	5.7	7.8	7.8	7.7	8.0
	信息传输、计算机服务和软件业	0.5	0.7	0.8	1.0	1.3
	批发零售业	91.8	104.3	117.5	134.1	158.4
	住宿和餐饮业	212.3	297.4	371.0	431.0	494.6
	金融业	32.0	55.2	69.5	81.5	94.1
	房地产业	3.1	5.2	8.1	12.7	19.8
	租赁和商务服务业	136.2	224.6	274.3	302.6	338.5
	研究与试验发展业	1.1	1.6	1.8	1.9	2.0
	综合技术服务业	39.5	50.2	54.4	57.8	62.8
	水利、环境和公共设施管理业	8.0	11.1	12.7	14.0	15.6

续表

		2010	2015	2020	2025	2030
其他行业直接排放	居民服务和其他服务业	11.0	16.9	21.7	25.3	29.0
	教育	7.0	9.7	10.2	10.8	11.8
	卫生、社会保障和社会福利业	10.5	15.0	15.8	16.0	16.6
	文化、体育和娱乐业	6.9	9.9	10.9	11.4	12.3
	公共管理和社会组织	17.8	26.7	35.2	46.3	60.5
家庭部门直接排放		1449.3	1643.0	1762.9	1881.8	1980.8
合计		14503.4	17816.0	18396.1	17364.7	16347.7

数据来源:SICGE-TJ 模型。

总排放(直接排放和间接排放之和)的变化趋势与直接排放的变化趋势基本一致,区别是分行业总排放峰值到来会晚些,同时行业内会采用电力替代其他能源,从而使得间接排放比重增加。

分行业的排放量如表 5.6 所示。

表 5.6:政策情景下的分行业二氧化碳总排放

单位:万吨 CO_2

		2010	2015	2020	2025	2030
五大重点行业总排放	油气开采	943.0	1070.6	1175.5	1108.0	880.7
	石化	1065.3	579.9	666.2	711.9	677.5
	化工	1002.5	1469.9	1832.9	2240.2	2662.5
	钢铁	4615.1	5206.9	4869.5	4295.6	3691.5
	电力热力	5141.3	6507.9	6601.5	5762.0	4823.8
其他行业直接总排放	农林牧渔业	322.1	304.9	244.7	214.8	206.3
	煤炭开采和洗选业	235.7	258.7	215.7	174.3	145.2
	金属矿、非金属矿及其他矿采选业	33.7	45.6	49.6	50.3	52.4
	食品制造及烟草加工业	130.5	173.7	208.4	236.9	265.5

续表

		2010	2015	2020	2025	2030
其他行业直接总排放	纺织业	74.4	85.8	90.5	101.2	117.9
	纺织服装鞋帽皮革羽绒及其制品业	33.4	40.5	43.7	47.2	51.3
	木材加工及家具制造业	28.4	40.5	47.9	51.6	56.5
	造纸印刷及文教体育用品制造业	74.1	85.7	89.3	95.7	106.5
	非金属矿物制品业	267.2	392.0	472.9	517.9	583.3
	金属制品业	130.3	152.3	157.1	160.6	170.8
	通用专用设备制造业	146.2	185.7	211.5	225.1	241.9
	交通运输设备制造业	139.9	155.3	152.2	156.0	165.5
	电气机械及器材制造业	84.2	96.8	100.1	105.1	113.0
	通信设备、计算机及其他电子设备制造业	228.4	251.1	236.1	228.8	230.5
	仪器仪表及文化办公用机械制造业	19.8	22.3	21.3	20.5	20.5
	工艺品及其他制造业	14.6	20.0	21.9	22.6	23.7
	废品废料	12.8	14.6	17.0	21.2	27.5
	燃气生产和供应业	6.7	8.7	9.4	9.4	9.5
	水的生产和供应业	33.0	39.8	39.5	35.5	34.1
	建筑业	727.8	1022.4	1142.8	1211.2	1330.0
	交通运输及仓储业	1557.6	2045.8	2027.9	1907.8	1792.9
	邮政业	12.4	16.3	16.2	16.0	16.1
	信息传输、计算机服务和软件业	27.6	33.5	39.6	49.1	60.4
	批发零售业	270.3	337.7	376.5	430.3	496.1
	住宿和餐饮业	435.4	716.5	885.1	1029.4	1153.3
	金融业	61.6	101.8	127.0	149.1	168.0
	房地产业	45.7	73.1	114.2	178.8	271.1
	租赁和商务服务业	186.9	292.6	353.9	390.9	426.8
	研究与试验发展业	6.6	9.0	10.1	10.6	10.9
	综合技术服务业	68.5	82.5	88.5	94.2	99.9

续表

		2010	2015	2020	2025	2030
其他行业直接总排放	水利、环境和公共设施管理业	25.2	33.1	37.3	41.1	44.9
	居民服务和其他服务业	84.8	127.6	162.5	189.8	211.9
	教育	82.1	104.6	109.1	115.5	123.3
	卫生、社会保障和社会福利业	50.2	65.3	68.0	69.1	69.7
	文化、体育和娱乐业	50.9	67.1	72.8	76.4	80.1
	公共管理和社会组织	49.7	66.0	86.3	113.5	144.9
家庭部门总排放		2056.0	2793.1	2967.2	3170.9	3258.3
合计		20581.8	25197.1	26259.2	25835.7	25116.5

数据来源：SICGE-TJ 模型。

（二）不同情景下分行业碳排放对比

由表 5.5—表 5.6 可见，5 大高耗能行业是产业部门的排放主力，另外，这 5 大行业的企业规模大，比较易于统一部署减排工作，因此，我们重点关注不同情景下 5 大行业的排放变动趋势。

以总排放为考察对象，5 大重点行业在不同情景下的排放趋势分别如图 5.4 至图 5.8 所示。

在政策情景和低碳情景下，天津市电力热力行业的达峰年为 2017 年左右，峰值排放量接近 7000 万吨，宽松情景下的达峰年为 2020 年左右，峰值排放量接近 8000 万吨，而在基准情景下，峰值推迟至 2024 年左右，峰值排放量约为 8300 万吨。

在政策情景和低碳情景下，天津市钢铁行业的达峰年在 2015 年左右，峰值排放量约 5000 万吨，宽松情景和基准情景下的达峰年推迟至 2021 年左右，峰值排放量分别接近 6000 万吨和 7000 万吨。

化工行业在 2030 年前无法达峰。行业排放量由 2013 年的 1283 万吨，在不同情景下分别涨至 2260—2830 万吨。

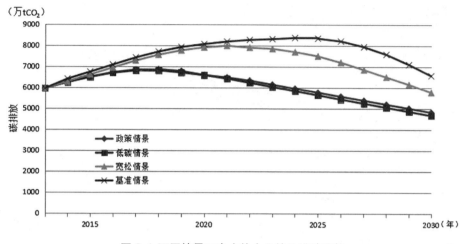

图 5.4:不同情景下电力热力业的总排放趋势

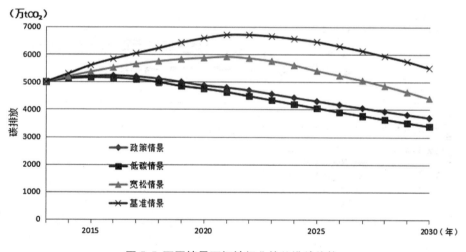

图 5.5:不同情景下钢铁行业的总排放趋势

在政策情景下,天津市石化行业的达峰年约为 2025 年左右,峰值排放量接近 700 万吨,而低碳情景将达峰年提前至 2022 年,并且削峰约 80 万吨。宽松情景和基准情景下的达峰年为 2027 年左右,峰值排放量超过 700 万吨 CO_2。

在政策情景和低碳情景下,天津市油气开采行业的达峰年约为 2020 年左右,峰值排放量分别约为 1200 万吨和 1130 万吨,宽松情景和基准情景下的达峰年为 2025 年左右,峰值排放量超过 1400 万吨 CO_2。

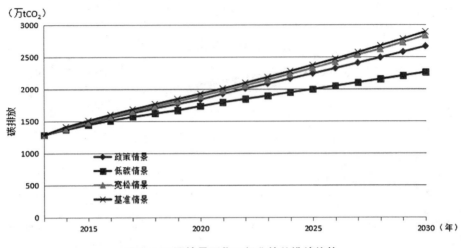

图 5.6：不同情景下化工行业的总排放趋势

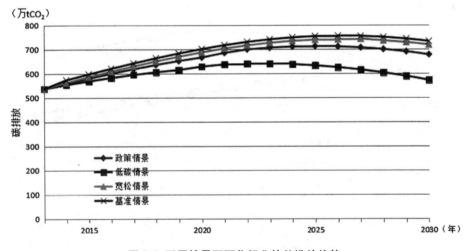

图 5.7：不同情景下石化行业的总排放趋势

三、区域排放

天津市区域排放趋势如图 5.9、图 5.10 所示。结果表明,如果没有任何政策干预,基准情景下,天津在 2030 年之前难以达峰,届时,天津市直接排放和总排放将达到 2.1 亿吨和 3.2 亿吨。但我国近来的气候政策有效的降低了区域排放,在政策情景下,天津区域排放将在 2020 年左右达到峰值,峰值二氧化碳直接排放和总排放量分别为 1.84 亿吨和 2.65 亿吨。低碳情

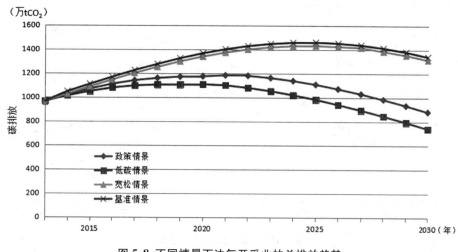

图 5.8：不同情景下油气开采业的总排放趋势

景下,天津在 2017 年达到排放峰值,峰值的直接排放与总排放量分别为
1.74 亿吨和 2.47 亿吨。在宽松情景下,天津则在 2025 年达到排放峰值,直
接排放与总排放量分别为 1.97 亿吨和 2.91 亿吨。

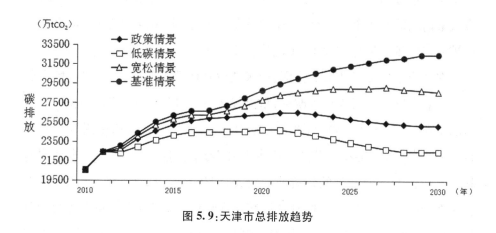

图 5.9：天津市总排放趋势

第五节　结　论

研究表明,政策情景下,天津会在 2020 年左右达到区域排放峰值,届

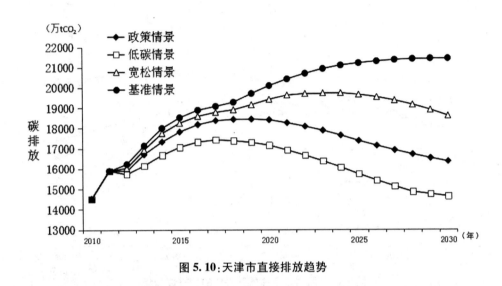

图 5.10：天津市直接排放趋势

时,直接排放和总排放量分别为 1.84 亿吨和 2.65 亿吨。如果需要保持较高经济增速,在气候政策上采用比较宽松的态度,则区域经济增速将比政策情景高 0.3 个百分点,但碳排放达峰时间将推迟到 2025 年,届时,直接排放与总排放量分别为 1.97 亿吨和 2.91 亿吨。而低碳情景下,区域经济增速将政策情景低 0.4 个百分点,但排放峰值将提前到 2017 年左右,峰值的直接排放与总排放量分别为 1.74 亿吨和 2.47 亿吨。

在产业结构和行业影响方面,如果缺少其他政策的配合,天津区域产业结构不会因减排而发生重大改变,重点控排行业规模也不会明显缩减,但下游的工业部门受到的影响则更大。原因在于,严格的减排措施提升了基础行业的产品价格,推动下游产业成本上升,需求弹性系数较高、成本受原材料影响较大的产业受到的政策冲击较大,如建筑业、房地产业、通用专用设备制造业、电气机械及器材制造业、交通运输设备制造业、食品制造及烟草加工业、仪器仪表及文化办公用机械制造业、工艺品及其他制造业、造纸印刷及文教体育用品制造业、木材加工及家具制造业、纺织业等。因此,如果需求结构不发生改变,单纯的减排政策并不会根本改变产业结构和工业格局。但严格的减排政策将缩短这些行业二氧化碳排放的达峰时期,降低其排放峰值。

综上所述,按照目前减排政策,天津将可以实现 2030 年前达峰的目标,并且可以实现提前达峰,但是,要以低碳发展为契机,实现天津市产业升级,还需要其他的配套政策。

需要说明的是,这四种排放路径,均是在一定的假设背景下实现的。也就是说,天津能够在 2017、2020 及 2022 年实现峰值目标,是在部分产业尤其是重工业实现峰值的前提下才能达到。

第六章　峰值目标下天津市工业部门终端能耗与碳排放

　　上一章分析了各部门未来的排放总体情况,包括直接排放和总排放。直接排放、总排放对应各部门的一次能耗量、总能耗量,从不同视角考察了温室气体来源。在计算过程中,一次能耗和直接排放忽视了各部门所消耗的二次能源,而总排放则存在重复计算。终端能耗和终端能源碳排放则比较好地反映出能源消费、温室气体排放的驱动因素。

　　根据 OECD/IEA 定义,终端能源消费是终端用能设备入口得到的能源。终端能源消费量等于能源消费量减去能源加工、转化和储运这三个中间环节的损失和能源工业所用能源后的能源量。中间环节损失包括:选煤和型煤加工损失,炼油损失,油气田损失,发电、电厂供热、炼焦、制气损失,输电损失,煤炭储运损失,油气运输损失等。根据各类能源的终端消费量以及对应的排放系数,可以计算各部门的终端排放。

　　长期以来,天津一直以我国北方制造业中心、轻工业基地著称,造纸、纺织等行业发展迅速,在天津经济结构中占比一直较高,而重工业相对滞后。20 世纪 90 年代,随着我国改革开放进程的深入,经济发展走上快车道,国民生产总值连续保持了两位数速度增长。天津作为四大直辖市之一,随着全国经济的火热发展,开始了以重工业为重心的工业化进程,尤其是进入21 世纪以来,随着滨海新区开发进程的加深,城市基础设施建设、房地产开发等均达到高潮,进一步刺激了高耗能、高污染、高排放的钢铁、化工、石化、水泥等行业的飞速发展,天津的能耗及碳排放水平不断攀升,成为能耗及排放水平较高的地区之一。这种高耗能、高排放的行业布局,将成为未来掣肘天津发展的不利因素。

第一节　天津市工业部门终端能源消费情况

工业一直是天津市能耗最高的部门。表 6.1 显示,1999—2013 年工业终端能耗增长了 430%,由 1400 万吨标煤猛增至 6000 万吨标煤的水平,同期能耗比重由 55% 提升到了 69%,表明工业消耗能源占比仍在持续增加。

表 6.1:1999—2012 年天津市工业及全市能源消费

年份	1999	2000	2005	2010	2011	2012	2013
工业终端能源消费量/万吨标煤	1407.80	1536.83	2512.38	4519.17	5165.90	5535.65	6059.63
全市能源消费量/万吨标煤	2553.07	2793.71	4115.19	6818.08	7598.45	8208.01	8823.15
工业终端占全市总量占/%	55.14	55.01	61.05	66.28	67.99	67.44	68.68
工业增加值/亿元(2005 年不变价)	798.75	896.19	1957.95	4585.31	5470.27	6334.6	7139.1
全市 GDP/亿元(2005 年不变价)	1828.27	2025.72	3905.64	8244.37	9596.45	10920.8	12285
单位工业增加值能源强度/吨标煤/万元	3.20	3.12	2.10	1.49	1.39	1.30	1.24
单位 GDP 能耗/吨标煤/万元	1.396	1.379	1.054	0.827	0.792	0.752	0.718

数据来源:历年天津市统计年鉴。

一、工业一次能源终端消费量

工业消耗的一次能源主要包括煤炭、石油和天然气三种。其中煤炭占比最高。

煤炭。由于全市煤炭消费大多用于发电、供热和炼焦,用于终端消费的比例较小。1995—2012 年天津市工业煤炭终端消费量维持在 800—1000 万吨,相比全市煤炭消费量的大幅度增加,被直接用于终端消费的煤炭消费量呈缓慢增加趋势,而其比重则呈逐年下降趋势,由 34.63% 下降到 18.31%。据天津能源平衡表数据显示,2012 年全市煤炭消费量为 5298.12 万吨,其中 76.84% 用于火力发电、供热及炼焦,只有约 22.8% 被用作终端消费。在终端消费环节,工业占 80.30%。

表 6.2:天津市工业终端煤炭消费量

年份	1995	2000	2005	2006	2007	2008	2009	2010	2011	2012
工业终端消费煤炭量/万吨	840.7	801.4	841.2	824.1	860.4	843.3	839.6	883.7	939.6	970.1
全市终端消费煤炭量/万吨	1350.5	1119.0	1070.1	1041.2	1084.8	1047.0	1054.4	1124.7	1172.0	1208.1
占比/%	62.3	71.6	78.6	79.2	79.3	80.5	79.6	78.6	80.2	80.3
全市煤炭消费总量/万吨	2428.1	2472.7	3801.5	3809.3	3926.7	3972.8	4119.7	4806.8	5261.5	5298.1
占比/%	34.6	32.4	22.1	21.6	21.9	21./2	20.4	18.4	17.9	18.3

数据来源:历年中国能源统计年鉴。

煤炭消费中,原煤占到 90% 以上,其他主要为洗精煤和型煤。由表 6.3所示,工业终端消费原煤只占全市原煤消费量的约 17%,其他原煤被用于发电、供热行业;同期工业终端原煤消费大部分用于钢铁、电力等工业部门,占全市原煤终端消费的 78%。

表 6.3:天津市工业终端原煤消费量

年份	1995	2000	2005	2006	2007	2008	2009	2010	2011	2012
工业终端消费量/万吨	835.4	788.0	749.6	700.8	750.0	752.0	731.9	755.8	789.8	836.0
全市终端消费量/万吨	1345	1105.5	978.5	917.8	975.0	955.7	946.8	996.8	1022.2	1074.1
占比/%	62.1	71.3	76.6	76.4	77.0	78.7	77.3	75.8	77.3	77.8

续表

年份	1995	2000	2005	2006	2007	2008	2009	2010	2011	2012
全市原煤消费量/万吨	2193	2221	3289	3227	3394	3485	3633	4362	4799	4855.6
占比/%	38.09	35.5	22.8	21.7	22.1	21.6	20.2	17.3	16.5	17.2

数据来源:历年中国能源统计年鉴。

表6.4所示,全市洗精煤终端消费全部用于炼焦。随着钢铁行业的迅猛发展,焦炭需求量持续增加,炼焦原料洗精煤的终端消费比重不断上升,由1995年的0.1%上升到2012年的26.6%,增长了429倍。

表6.4:天津市工业终端洗精煤消费量

年份	1995	2000	2005	2006	2007	2008	2009	2010	2011	2012
工业终端消费量/万吨	0.26	13.47	91.64	123.3	110	91.3	107.7	107.73	118.42	111.49
全市终端消费量/万吨	0.26	13.47	91.64	123.3	110	91.3	107.7	107.73	118.42	111.49
占比/%	100	100	100	100	100	100	100	100	100	100
全市消费量/万吨	230.1	251.61	512.18	582.8	532	487.53	486.6	424.51	431.10	419.98
工业占全市比/%	0.11	5.35	17.89	21.16	20.7	18.73	22.13	25.38	27.47	26.55

数据来源:历年中国能源统计年鉴。

原油。本市原油终端消费全部用于工业。由表6.5所示,1995—2012年天津市原油消费量总体呈上升趋势,尤其是2010年以来,原油消费量大幅度增加。同期,工业原油终端消费量占天津市原油消费总量的比重不断下降,全市原油消费的99%均用于炼油业。

表6.5:天津市工业终端原油消费量

年份	1995	2000	2005	2006	2007	2008	2009	2010	2011	2012
工业原油终端消费量/万吨	41.06	21.37	23.48	15.4	12.1	18.96	16.97	20.6	19.31	11.13

续表

年份	1995	2000	2005	2006	2007	2008	2009	2010	2011	2012
全市原油终端消费量/万吨	41.06	21.37	23.48	15.4	12.1	18.96	16.97	20.6	19.31	11.13
全市原油消费量/万吨	488.4	709.76	863.14	900.5	950	790.33	844.6	1566.8	1754	1544.62
工业占全市比/%	8.41	3.01	2.72	1.71	1.27	2.4	2.01	1.31	1.1	0.72

数据来源:历年中国能源统计年鉴。

天然气。由表6.6所示,1995年以来,天津市天然气消费量呈上升的趋势,由3.93亿立方米增加到32.05亿立方米,尤其是2005年之后,年均增加19.8%,明显高于天津市同期GDP及能源消费增加速度。工业天然气终端消费量的持续增加拉动了全市天然气消费总量的增加。

表6.6:天津市工业终端天然气消费量

年份	1995	2000	2005	2006	2007	2008	2009	2010	2011	2012
工业天然气终端消费量/亿立方米	1.48	1.38	3.99	4.92	6.92	8.78	9.16	12.79	14.56	16.25
全市天然气终端消费量/亿立方米	3.42	4.82	8.56	9.9	13.1	15.55	16.86	21.45	23.28	28.22
全市天然气消费量/亿立方米	3.93	5.4	9.04	11.22	14.3	16.84	18.12	22.93	25.12	32.05
工业占全市比/%	37.66	25.56	44.14	43.85	48.5	52.14	50.55	55.78	57.96	50.7

数据来源:历年中国能源统计年鉴。

二、工业主要二次能源终端消费量

工业是能源消费大户,电力、焦炭、汽、柴、油等二次能源消费量也占有较高比重。

电力。电力是典型的二次能源,是所有工业部门必不可少的能源品种。

如表6.7所示,1995年以来,全市电力终端消费的约70%用于工业,工业电耗占全市的67%左右。2012年全市工业电耗为503亿千瓦时,约占全市电力消费量的65.60%。

表 6.7:天津市工业终端电力消费量

年份	1995	2000	2005	2006	2007	2008	2009	2010	2011	2012
工业电力终端消费量/亿kWh	116.8	156.26	269.53	305.2	353	363.73	382.4	456.86	490	503.22
全市电力终端消费量/亿kWh	173.7	220.98	373.37	420.4	482	506.85	546	639.96	683.66	719.74
全市电力消费量/亿 kWh	179	236.55	396	446	511	535	577	675.37	726.5	767.13
工业占全市比/%	65.27	66.06	68.06	68.43	69	67.99	66.27	67.65	67.44	65.60

数据来源:历年中国能源统计年鉴。

焦炭。焦炭是炼钢的主要原材料。全市工业焦炭终端消费基本全部用于工业生产(炼钢)。焦炭消费量自2005年后增加迅猛,由329万吨增加到882.72万吨,翻了2倍多,年均增加15.1%。

表 6.8:天津市工业终端焦炭消费量

年份	1995	2000	2005	2006	2007	2008	2009	2010	2011	2012
工业焦炭终端消费量/万吨	135.3	139.77	329.06	541.1	668	719.23	868.7	663.29	708.2	882.72
全市焦炭终端消费量/万吨	144.1	141.26	329.06	541.1	668	719.23	868.7	663.91	708.58	882.72
全市焦炭消费量/万吨	149.5	143.7	329.8	541.1	668	719.2	868.7	663.91	709.83	882.72
工业占全市比/%	90.48	97.27	99.78	100	100	100	99.99	99.91	99.77	100

数据来源:历年中国能源统计年鉴。

成品油。成品油主要包括汽油、煤油、柴油和燃料油等。生活水平的提高会导致生活用油量持续增加,工业油品则呈现下滑的趋势。如表 6.9 所示,1995 年以来,全市油品消费量以年均 5.8% 的速度持续增加,而同期,油品的工业终端消费量则以年均 4.9% 的速度持续减少。

表 6.9:天津市工业终端油品消费量

年份	1995	2000	2005	2006	2007	2008	2009	2010	2011	2012
工业油品终端消费量/万吨	151.1	100.0	88.3	85.6	75.1	80.9	78.3	63.1	70.4	64.1
全市油品终端消费量/万吨	300.1	406.6	488.2	496.9	508.8	543.0	599.5	648.4	703.4	744.1
全市油品消费量/万吨	299.9	408.4	467.8	486.3	505.0	549.4	600.0	703.8	755.7	783.7
工业占全市比/%	50.4	24.5	18.9	17.6	14.9	14.7	13.1	9.0	9.3	8.2

数据来源:历年中国能源统计年鉴。

第二节　天津市工业部门终端二氧化碳排放现状

一、工业部门终端二氧化碳排放总量

根据排放因子法计算二氧化碳终端排放量。计算公式为:

$$\sum_{i=1}^{n} X_i = EE_1 \times EF_1 + EE_2 \times EF_2 + \cdots\cdots + EE_n \times EF_n \qquad (式6.1)$$

其中 X_i 为 i 行业终端 CO_2 排放量,EE_n 为 i 行业第 n 种能源品种终端消费量,EF_n 为 i 行业第 n 种能源排放因子。

能源品种数据来源于天津市统计年鉴中分行业能源终端消费量。天津市分行业能源终端消费统计始于 1995 年天津市统计年鉴,数据区间为 1994—2014 年。由于中间经历了 1994 年、2002 年、2011 年三次国民经济行业分类调整[①],因此数据统计口径可能不同。

排放因子数据来自于课题组根据历年天津能源平衡表（实物量）计算而得（见附件2）。

1999年以来,受能源消费量的快速稳定增长的影响,天津市工业CO_2排放水平持续增加（见表6.10）。2012年全市工业CO_2排放达到1.21亿吨,占全市排放量的三分之二,是全市CO_2的主要排放源。从增速上,受近年来全市工业产值比重不断增加的影响,工业排放增速明显高于全市排放增速,1999—2013年间,工业排放增速年均10.5%,高于全市同期近2个百分点。此外,1999年以来,受全市节能降碳力度不断加强的影响,全市单位GDP碳强度逐年下降,由1999年的3.34吨CO_2/万元下降到2012年的1.65吨CO_2/万元,降幅超过50%;同期工业碳强度下降幅度超过60%,可见工业减碳力度要强于全市平均水平。

表6.10:天津市工业CO_2排放情况[②]

年份	1999	2000	2005	2010	2011	2012[③]
工业能源终端消费CO_2排放/万吨	3367.0	3656.5	6097.3	9833.5	11011.6	12145.8
全市终端排放量/万吨	6106.1	6647.0	9912.8	14835.8	16196.8	18009.2
工业终端占全市排放比/%	55.1%	55.0%	61.5%	66.3%	68.0%	67.4%
工业增加值/亿元(2005年不变价)	798.8	896.2	1958.0	4585.3	5470.3	6334.6
全市GDP/亿元(2005年不变价)	1828.3	2025.7	3905.6	8244.4	9596.5	10920.8
单位工业增加值CO_2排放/吨CO_2/万元	7.75	7.52	5.13	3.46	2.99	2.84
单位GDP CO_2排放吨/CO_2/万元	3.34	3.46	2.71	1.90	1.81	1.65

数据来源:历年天津市统计年鉴、中国能源统计年鉴,采用课题组提供排放因子计算而得。

---

① 依据国家标准分别为:GB/T4754-94、GB/T4754-2002、GB/T4754-2011。

② 此表CO_2计算采用标煤与标煤排放系数计算而得来,其中标煤数据来源于统计年鉴,标煤排放系数来自于课题组数据。

③ 2012年统计口径与之前略有不同。

二、工业分行业能耗与碳排放

行业(或产业)是指从事相同性质的经济活动的所有单位的集合[①]。《国民经济行业分类》国家标准于 1984 年首次发布,分别于 1994 年、2002 年和 2011 年进行了三次修订,并先后出台 GB/T4754-84、GB/T4754-94、GB/T4754-2002 和 GB/T4754-2011 的国家标准,对行业门类进行细分。天津市统计数据将工业门类分为 37 种,下面将基于此 37 种工业门类展开研究。

(一)工业分行业终端能耗

作为工业化进程中的城市,工业是全市能源消费及二氧化碳排放的主要来源。从表 6.11 列出的 1995—2012 年本市 37 个工业子行业终端能耗情况可见,天津工业内部结构特点仍是以重工业为主,钢铁、化工、电力热力等行业能耗占比较高,而食品、纺织品等轻工制造业则占比较小。

从发展态势看,造纸、纺织等传统制造业逐渐萎缩,取而代之的是以食品、设备制造业为主的新型制造业,反映了天津市工业整体的发展态势和行业特征。

表 6.11:1995—2012 天津工业分行业终端能源消费量

单位:万吨标煤

序号	行业	1995	2000	2005	2010	2011	2012	年均增(07—12)
1	煤炭开采和洗选业	NA	NA	0.02	3.1	5.4	7.2	315.13%
2	石油和天然气开采业	102.3	108.6	127.7	162.9	197.4	190.3	11.51%
3	黑色金属矿采选业	NA	NA	3.7	0.3	32.0	50.8	60.29%
4	非金属矿采选业	13.0	16.3	13.0	24.0	22.7	23.2	6.95%
5	农副食品加工业	12.0	13.6	17.4	37.6	37.7	41.6	12.41%
6	食品制造业	23.8	15.9	23.4	38.2	71.7	73.3	23.69%

---

① 国民经济行业分类与代码(GB/4754-2011)。

序号	行业	1995	2000	2005	2010	2011	2012	年均增（07—12）
7	饮料制造业	17.1	13.7	44.7	27.0	24.0	42.2	-5.31%
8	烟草制品业	2.1	2.1	2.7	2.9	2.9	7.3	25.87%
9	纺织业	79.7	54.5	58.3	40.6	36.3	27.7	-10.98%
10	纺织服装鞋帽制造业	9.3	8.7	13.9	12.1	10.4	13.0	3.64%
11	皮革毛皮羽毛（绒）及其制品业	5.0	3.5	4.0	2.8	2.8	7.2	17.45%
12	木材加工及木、竹、藤、棕、草制品业	9.5	24.9	6.2	3.2	2.7	3.4	-4.66%
13	家具制造业	1.1	33.6	7.7	8.1	7.6	7.3	0.19%
14	造纸及纸制品业	27.4	21.8	34.2	62.6	57.3	72.7	27.23%
15	印刷业和记录媒介的复制	3.4	2.3	5.2	7.0	5.4	6.6	3.08%
16	文教体育用品制造业	1.7	2.7	4.2	7.2	5.1	11.4	17.01%
17	石油加工炼焦及核燃料加工业	80.4	64.2	167.0	232.9	221.9	186.2	-9.72%
18	化学原料及化学制品制造业	228.9	255.4	534.7	887.5	1103.1	1253.6	21.87%
19	医药制造业	15.2	17.9	32.6	47.2	40.2	45.2	1.93%
20	化学纤维制造业	6.0	5.5	5.7	0.9	1.4	3.1	23.23%
21	橡胶制品业	15.7	24.1	30.9	47.5	44.0	45.2	1.79%
22	塑料制品业	11.6	9.9	30.1	55.2	50.9	52.3	4.74%
23	非金属矿物制品业	68.6	66.1	126.7	144.1	142.6	159.0	3.80%
24	黑色金属冶炼及压延加工业	237.7	289.0	772.5	1865.7	1970.0	2300.3	12.42%
25	有色金属冶炼及压延加工业	6.8	21.1	12.5	27.7	38.1	49.4	30.22%
26	金属制品业	33.8	32.6	54.3	119.7	125.4	160.9	19.55%
27	通用设备制造业	20.3	21.6	41.8	107.7	117.4	60.4	3.63%
28	专用设备制造业	25.3	10.3	12.0	47.2	51.1	58.1	11.86%

续表

序号	行业	1995	2000	2005	2010	2011	2012	年均增(07—12)
29	交通运输设备制造业	31.1	29.8	54.4	127.0	139.0	155.0	315.13%
30	电气机械及器材制造业	16.1	21.7	37.1	45.3	48.5	59.3	11.51%
31	通信设备计算机及其他电子设备制造业	15.3	23.4	74.5	97.0	112.1	116.1	60.29%
32	仪器仪表及文化办公用机械制造业	4.7	3.6	5.3	6.2	5.4	4.9	6.95%
33	工艺品及其他制造业	5.7	5.5	8.4	11.9	8.8	3.9	12.41%
34	废弃资源和材料回收加工业	NA	NA	0.2	2.3	2.3	3.0	23.69%
35	电力热力的生产和供应业	26.9	24.2	132.8	203.9	213.4	211.9	−5.31%
36	燃气生产和供应业	12.2	7.1	5.1	5.0	2.3	2.7	25.87%
37	水的生产和供应业	8.9	5.6	7.7	14.4	18.4	20.2	−10.98%
38	总计	1178.5	1260.7	2512.4	4536.3	4977.3	5535.7	3.64%

对比2007—2012年天津市工业分行业终端能源消费量可见,天津市终端能耗排名前10名的行业相对比较稳定,分别为:黑色金属冶炼压延及加工(主要是钢铁)、化学原料及化学制品制造业、石油加工炼焦及核燃料加工业、电力热力生产和供应业、石油和天然气开采业、非金属矿物制品业、交通运输设备制造业、金属制品业、通用设备制造业、通信设备计算机及其他电子设备制造业。2012年前10大能耗行业终端能源消耗约占全市工业终端能耗量的86.80%。其中纳入碳排放权交易试点的五大行业:黑色金属冶炼压延及加工、化学原料及化学制品制造业、石油加工炼焦及核燃料加工业、石油和天然气开采业、电力热力生产和供应业,占工业终端能源消费量的77.74%,占天津市能源消费总量的52.43%。

非金属矿物制品业、交通运输设备制造业、金属制品业、通用设备制造业及通信设备计算机及其他电子设备制造业,2008—2011年的终端能源消费一直稳居全市各工业门类前 10 名,也是天津市耗能较大的工业门类。另外,食品制造业、造纸及纸制品业、专用设备制造业、塑料制品业、电气机械及器材制造业、橡胶制品业和医药制造业等行业能耗水平也比较靠前。

从增长速度上看,1995 年以来,全市工业行业能源消耗稳步上升。特别是 2007 年以来,专用设备制造业、有色金属冶炼及压延加工业、食品制造业、造纸及纸制品业、水的生产和供应业、化学原料及化学制品制造业、通用设备制造业、燃气生产和供应业等 8 个行业终端能源消费保持年均 20% 的增长速度。其中,专用设备制造业和有色金属冶炼及压延加工业年均增速达到 30% 以上,化学原料及化学制品制造业(化工)作为全市终端能源消费量最大的两个行业之一,也维持了 24% 的增长速度。此外,金属制品业、石油天然气开采业、交通运输设备制造业、电力热力的生产和供应业及黑色金属冶炼及压延加工业等 8 个行业增速保持在 10%—20%,也是天津市终端能源消费增速较快的行业,特别是黑色金属冶炼、石油天然气开采及电力热力行业为天津市能源消费量较大的行业部门,并且也是纳入碳排放权交易试点的行业。

另外,饮料制造业、石油加工炼焦及核燃料加工业、纺织业等 11 个行业,能源消费呈现下降趋势。其中饮料制造业以 -18.84% 的年均下降率列首位,纺织业作为本市传统行业,近几年随着产业结构的调整,能源消费呈现下滑趋势。值得注意的是,石油加工炼焦及核燃料加工业作为纳入碳排放权交易试点的行业之一,能源消费自 2007 年以来也呈下降势头,下降幅度达到 8.05%。

(二)天津市工业分行业终端二氧化碳排放量

由表 6.12 所示,对比 1995—2012 年全市 37 个工业子行业二氧化碳排放趋势可见,全市工业门类中钢铁、化工、电热等高耗能行业碳排放相对较高,尤其是近几年,高耗能行业碳排放增速明显加快,占全市碳排放的比例也有升高的趋势。

表 6.12：1995—2012 天津工业分行业 CO_2 排放趋势

单位：万吨 CO_2

排序	行业	1995	2000	2005	2010	2011	2012
1	黑色金属冶炼及压延加工业	691.6	797.8	2096.5	4300.3	5067.7	5752.2
2	化学原料及化学制品制造业	623.7	635.6	1319	1887.3	2623.2	2815.1
3	石油加工炼焦及核燃料加工业	201.2	153.1	359	509.2	532.8	442.2
4	石油和天然气开采业	244.5	220.5	265.9	311.6	428.7	399.1
5	非金属矿物制品业	185.2	169.5	324	299.2	326.3	333.7
6	电力热力的生产和供应业	76.3	60	340.1	455	541	520.2
7	交通运输设备制造业	86.4	74.5	136.1	274.7	339	359.2
8	金属制品业	89.8	82.5	136.7	253.4	299.3	371
9	纺织业	222.6	138.9	149.8	89.7	90.5	77.8
10	通信设备计算机及其他电子设备制造业	42.4	55.7	179.4	207.9	275.4	270.3
11	通用设备制造业	56.6	55.8	106.4	235	289.3	141
12	造纸及纸制品业	76.6	57.3	87.4	137.8	142.1	172.9
13	橡胶制品业	43.6	61.6	79.9	101.3	104.3	102.7
14	电气机械及器材制造业	45	55.4	93.4	98.3	118.9	138.5
15	医药制造业	42	46.5	83	106.7	102.1	108.3
16	饮料制造业	46.9	35.5	117.5	60.8	61	72.5
17	黑色金属矿采选业	NA	NA	9.4	0.6	85.4	129.2
18	食品制造业	65.9	39.5	58.4	86.1	181.9	192.4
19	塑料制品业	32.8	24.1	75.6	119.8	126.1	124.3
20	农副食品加工业	33.2	34	44.5	88.3	99.1	124.3
21	专用设备制造业	69.6	25.2	30.1	101.3	123.5	134.2
22	非金属矿采选业	36.1	41.3	32.6	61.3	63.4	60.3
23	有色金属冶炼及压延加工业	18.7	54.5	30.9	58.3	88.9	111.7
24	纺织服装鞋帽制造业	26.4	21.8	35.6	25.9	25.2	28.5
25	燃气生产和供应业	30.2	12.3	11.1	7.8	4.9	5.6
26	水的生产和供应业	25.7	13	19.5	31.5	46.2	48.8
27	工艺品及其他制造业	15.5	14.5	21.9	25.8	21.4	9
28	家具制造业	3.1	76.2	19.8	17.6	18.6	17

续表

排序	行业	1995	2000	2005	2010	2011	2012
29	木材加工及木、竹、藤、棕、草制品业	26.8	57.5	16	6.7	6.3	7.8
30	仪器仪表及文化办公用机械制造业	13.2	9	13.1	13.5	13.1	11.9
31	化学纤维制造业	16.9	14.1	14.9	2.1	3.6	7.4
32	印刷业和记录媒介的复制	9.6	5.8	12.6	14.9	13.2	15.6
33	皮革毛皮羽毛(绒)及其制品业	13.8	9	10.2	6.2	6.8	11.3
34	文教体育用品制造业	4.7	6.7	10.8	14.7	12.7	26.8
35	烟草制品业	5.7	5.5	7.3	6.3	6.3	4.9
36	煤炭开采和洗选业	NA	NA	0.03	6.7	13.5	17.3
37	废弃资源和材料回收加工业	NA	NA	0.46	4.89	5.71	7.08
38	总计	3222.0	3163.9	6349.0	10028.3	12307.3	13172.0

从行业排放来看,通过对比 2007—2012 年天津市工业 37 个门类[①] CO_2 排放量,天津市排放排名前 10 名的行业比较稳定,分别为:黑色金属冶炼及压延加工业、化学原料及化学制品制造业、石油加工炼焦及核燃料加工业、电力热力的生产和供应业、石油和天然气开采业、非金属矿物制品业、交通运输设备制造业、金属制品业、通信设备计算机及其他电子设备制造业和通用设备制造业,只有饮料制造业(2007 年第 10)和食品制造业(2012 年第 10)不在排放量前 10 名之中。这些行业 2010—2012 年碳排放量占天津市工业 CO_2 排放 86.6%。

纳入碳排放权交易的五大行业,黑色金属冶炼压延及加工、化学原料及化学制品制造业、电力热力生产和供应业、石油加工炼焦及核燃料加工业、石油和天然气开采业均在十大行业之列,占工业排放量的 75.39%,约占天

---

① 为方便采用统一口径统计数据,2012 年 39 个行业门类按类型归入原 37 个门类部分。开采辅助活动归入石油和天然气开采业,汽车制造业和铁路、船舶、航空航天和其他运输设备制造业合并为交通运输设备制造业,橡胶和塑料制品业分拆为橡胶制品业和塑料制品业,废弃资源综合利用业和金属制品、机械和设备修理业合并为废弃资源和废旧材料回收加工业。其他名称相近,按原行业归类。

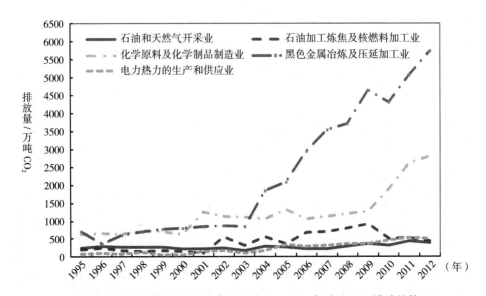

图 6.1：纳入碳排放权交易试点行业 1995—2012 年终端 CO$_2$ 排放趋势

资料来源：根据历年天津市统计年鉴计算所得。

津市碳排放总量的 55.13%。图 6.1 显示，黑色金属冶炼压延及加工、化学原料及化学制品制造业终端排放增长迅速，其他三个行业保持相对稳定。

除此之外，非金属矿物制品业、交通运输设备制造业、金属制品业、通信设备计算机及其他电子设备制造业、通用设备制造业、塑料制品业、电气机械及器材制造业、食品制造业、造纸及纸制品业和医药制造业等部门近 6 年年均终端 CO$_2$ 排放超过 100 万吨，约占工业排放的 17.47%，也是本市排放较大的工业门类。100 万吨以上排放行业的排放趋势如图 6.2 所示，其中，黑色金属冶炼压延及加工、化学原料及化学制品制造业两个行业由于与其他行业拉开的差距较大，因此，不在图中表示。

黑色金属矿采选业（有色金属矿采选业）、食品制造业、造纸及纸制品业、橡胶制品业、专用设备制造业、农副食品加工业、饮料制造业、医药制造业、塑料制品业、电器机械及器材制造业在 1995—2012 年间的年均终端排放在 50—100 万吨之间。其中，农副食品加工业、食品制造业、交通运输设备制造业属于未来天津市重点扶植的八大优势支柱行业（其余 5 行业为化

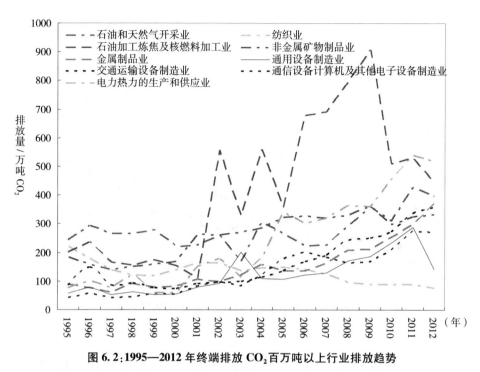

图 6.2：1995—2012 年终端排放 CO_2 百万吨以上行业排放趋势

注：黑色金属冶炼压延及加工、化学原料及化学制品制造业除外

资料来源：根据历年天津市统计年鉴计算所得。

学原料及化学制品制造业、通信设备计算机及其他电子设备制造业、专用设备制造业、通用设备制造业）表现出较快增长。饮料制造业、纺织业、石油加工炼焦及核燃料加工业等行业则出现 CO_2 排放下降的趋势。具体如图 6.3 所示。

第三节 天津市工业能源消费与碳排放趋势

采用能源消费弹性系数法计算工业能耗：

$$E_n = E_{n-1}(1 + r_{n-1}\alpha_{n-1}) \tag{式 6.2}$$

其中，E_n 为第 n 年工业能源消费量，E_{n-1} 为第 n-1 年工业能源消费量，r_{n-1} 为第 n-1 年工业增速，α_{n-1} 为第 n-1 年工业能源消费弹性系数。

在参数设置上，主要考虑中国和天津市经济发展进入增长放缓期，环境

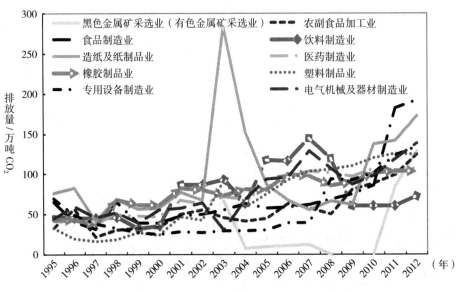

图 6.3：1995—2012 年 CO_2 排放 50—100 万吨行业趋势

资料来源：根据历年天津市统计年鉴计算所得。

治理要求不断提升的现实，主要依据包括：大气污染防治计划（国发〔2013〕
37 号），京津冀及周边地区落实大气污染防治行动计划实施细则（环发
〔2013〕104 号），天津市十二五发展规划，天津市能源、节能及工业十二五发
展规划，天津市清新空气行动方案（津政发〔2013〕35 号），天津市煤炭消费
总量削减和清洁能源替代实施方案（津发改能源〔2014〕758 号）等规划方
案，对未来全市 GDP、能源消费、弹性系数、单位 GDP 能源强度及排放强度、
产业结构等指标的预期，对弹性系数和工业增速进行预测。

　　天津市三产结构如图 6.4 所示，工业主导的第二产业在天津市国民经
济中长期处于优势地位。随着工业化进程的深入，第三产业所占比重呈上
升的趋势。数据显示[①]，2014 年全市生产总值 15722.47 亿元，按可比价格
计算，比上年增长 10.0%。从三次产业看，第二产业增加值 7765.91 亿元，
增长 9.9%，其中工业增加值 7083.39 亿元，增长 10.0%；第三产业增加值

---

　　① 天津市统计局：《地区生产总值》，2014 年 12 月 1 日，见 http://www.stats－tj.gov.cn/tjyds/
201412/GDP12.html。

7755.03 亿元,增长 10.2%,占全市生产总值的比重达到 49.3%,比上年提高 1.2 个百分点。

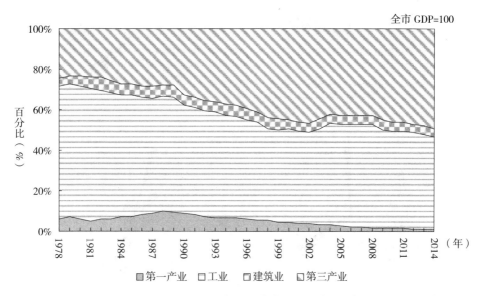

图 6.4：1978—2014 年天津市产业结构变化趋势

资料来源：天津市统计年鉴 2014。

　　如果与国内其他城市进行横向比较,会发现天津市的工业占国民经济的比重仍然偏高。如图 6.5 所示,2012 年上海、北京、广州等国内一线城市,第二产业比重普遍低于 35%,服务业所占比重均高于 60%。因此,未来天津市产业结构调整是大势所趋,工业增长速度也将逐步放缓,低于全市增速。

　　根据 1995—2013 年天津市工业增加值增速趋势,结合现有政策法规,考虑 2015 年至 2020 年,工业增速略高于全市 GDP 增速,以保证目标经济发展目标的实现。2020 年后,随着工业能源消费达到峰值,产业结构及能源结构调整的影响,工业比重开始缓慢下降,增速将低于全市增速。工业能源消费弹性系数呈现下降的趋势,并于 2020 年前后出现拐点,2020 年之后,出现负增长。另外,根据有关清洁能源规划,设定不同年份清洁能源占比并设定碳排放增长参数。具体如表 6.13 所示。

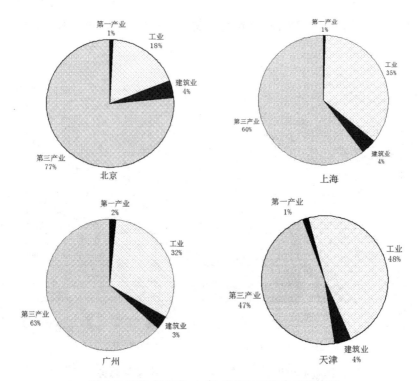

图6.5：2012年北京、上海、广州与天津产业结构图

资料来源：天津市统计年鉴2014，上海市统计年鉴2013，广东省统计年鉴2013。

表6.13：政策情景下工业终端能耗及排放趋势

	2010	2015	2017	2019	2020	2025	2030
工业增加值比上年增速/%	20.8	9.5	8.5	8.0	8.0	6.0	4.0
工业能源消费弹性系数	0.7135	0.35	0.25	0.1	0	−0.1	−0.3
工业能源消费比上年增速/%	13.77	3.3	2.1	0.8	0.0	−0.6	−1.20
工业能源消费量/万tce	4762	6722	7108	7227	7227	7055	6642
工业碳排放弹性系数	1.27	0.15	0.03	0.01	−0.07	−0.3	−0.5
工业碳排放比上年增速/%	26.40	1.43	0.26	−0.1	−0.56	−1.80	−2.00
工业碳排放量/万吨CO_2	12182	17266	17388	17207	17131	15644	14141

注：这里增速是指当年实际（预计）相比前一年的增速。第一列的基年2009年。

在政策情景下,工业能源消费量于 2019 年达到峰值,峰值量为 7227 万吨标准煤。峰值后将出现 5 年左右的平台期,之后缓慢下降,至 2030 年达到 6600 万吨标准煤。工业二氧化碳排放量于 2017 年达到峰值,峰值量为 17388 万吨。峰值后将出现 5 年左右的平台期,之后平稳下降,至 2030 年达到 14141 万吨。

天津作为全国经济发达地区之一,其碳排放达峰时间必将早于 2030 年。过去 30 年,天津的工业化进程刚好是全国的缩影。以高能耗、高排放、高污染等为特征的重工业在国民经济发展中起到重要作用,工业长期作为全市能耗及碳排放的主要来源。因此,工业优先达峰是全市实现峰值目标的前提和基础。

大量的国际国内经验表明,高碳发展模式终将成为历史,全新的绿色循环低碳发展模式必将取而代之。当前,天津发展机遇叠加,千载难逢。党中央、国务院把京津冀协同发展确定为重大国家战略,着力解决京津冀发展中的深层次问题,培育新的经济增长极,形成新的经济发展方式,为天津发展拓展了广阔空间。[1] 据天津市统计局最新数据显示,2015 年 1—9 月天津市三产结构为 1.1∶47.1∶51.8[2]。此外,天津市大力实施工业优势产业支撑战略,全力培育优势产业,用优势打造支柱、抢占高端、支撑发展。航空航天、电子信息、生物医药、新能源新材料等产业发展迅速,未来将逐步取代高碳产业,成为天津市经济发展的主力军。

---

　　[1]　黄兴国:《2015 年天津市政府工作报告》,2015 年 2 月 4 日,见 http://district.ce.cn/newarea/roll/201502/04/t20150204_4512498_1.shtml。

　　[2]　天津市统计局:《地区生产总值》,2015 年 9 月 1 日,见 http://www.stats－tj.gov.cn/tjyds/201509/GDP09.html。

第七章 碳排放峰值目标下天津钢铁业发展

钢铁工业是指生产生铁、钢、钢材、工业纯铁及铁合金的工业,是世界所有工业化国家的基础工业之一,是国民经济发展、国家基础设施建造、工业现代化和国防建设的物质基础。冶金工业水平是衡量一个国家工业现代化水平的标志。

钢铁工业是全球第二大工业能耗部门,同时还是全球最大的工业二氧化碳排放源,其生产过程中的二氧化碳排放量占全球总量的5%—6%,约占工业排放量的30%。

我国是世界最大的钢铁生产与消费大国,自1993年我国首次超越美国来,粗钢产量连续20多年位居世界首位,1980—2014年我国粗钢产量由0.37亿吨猛增到8.2亿吨,全球占比由5.18%增长到49.25%;而同期美国粗钢产量则呈下降趋势,由1980年的1.01亿吨下降到2014年的0.88亿吨,全球占比也由14.16%下降到5.28%。(如图7.1),2000年以来,我国粗钢产量年均增长率14.87%。2013年粗钢产量为7.79亿吨,占全球产量的49.23%,同期钢材消费量占全球总量的47.26%,成为全球最大的钢铁生产国和消费国。"十二五"以来,受产能过剩、能耗及排放约束等因素影响,我国钢铁行业增速逐步放缓,产量从7.0亿吨增加到7.8亿吨,年均增长率仅为5.35%,大大低于过去10年的平均水平。

尽管如此,钢铁行业依然在我国经济格局中占有重要地位。2012年全国钢铁行业能耗总量达到近6亿吨标准煤,占全国的16.5%。2010年,钢铁工业实现工业总产值7万亿元,占全国工业总产值的10%,资产总计6.2万亿元,占全国规模以上工业企业资产总值的10.4%。

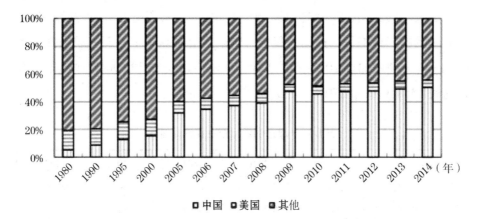

图 7.1：1980—2014 年中美粗钢产量比重变化图

注：图中 100% 指全球粗钢产量总和。

数据来源：世界钢铁统计年鉴，http://www.worldsteel.org/zh/。

钢铁工业是天津市最大的终端二氧化碳排放部门。本章聚焦天津市的钢铁工业，对其在天津市减排工作及碳峰值目标中的作用进行论述。

第一节　天津市钢铁行业基本现状

2000 年以来，随着天津市经济快速发展，钢铁行业作为国民经济重要的基础行业发展迅猛，行业总产值由 2001 年的 128.7 亿元增加到 2013 年的 4085.76 亿元，翻了近 30 倍。同时，钢铁行业能耗量占全市比重由 2000 年的 10% 增加到了 2012 年的近 30%，排放量由 2000 年的 12% 增加到了 2012 年的 31%。钢铁行业高能耗、高排放的行业特征非常明显地凸显出来。

钢铁行业的大发展，体现在其行业产值、主要产品产量、能源消费量及排放量的迅猛增长。

一、行业产值及主要产品产量

2000 年以来，天津市钢铁行业产值由 259 亿元增加到了 2013 年的 4086 亿元，翻了近 16 倍，年均增长 24%。2000—2009 年的 10 年间，钢铁工业产值占全市工业总产值的比重翻了一番，2009 年以后，受经济危机及行业产能过剩的影响,这一比重回落至 16% 左右。从产量上看,天津市粗钢、生铁及钢材产量均呈快速增长趋势,产量分别由 2000 年的 357 万吨、228 万吨和 316 万吨增加至 2013 年的 2305 万吨、2214 万吨和 6966 万吨,年均分别增长 15%、19% 和 27%。(如表 7.1)。

表 7.1:天津市钢铁行业主要统计指标

年份	2000	2010	2011	2012	2013
行业总产值/亿元	259.43	2740.86	3542.55	3757.32	4085.76
工业总产值/亿元	2606.38	16751.82	20862.74	23427.50	26514.51
钢铁行业占工业比/%	9.95%	16.36%	16.98%	16.04%	15.41%
生铁产量/万吨	227.99	1926.36	2096.98	1974.62	2214.20
粗钢产量/万吨	356.76	2162.11	2295.75	2124.25	2305.06
钢材产量/万吨	315.88	4483.71	5163.77	5708.59	6966.03

数据来源:历年《中国工业经济统计年鉴》《天津市统计年鉴》。

粗钢生产也是钢铁行业最主要的能耗工序,占钢铁工业能耗的 60%—70%,如图 7.2 所示。作为消耗能源最大的工艺环节,粗钢生产仍然消耗了天津市大量的能源。

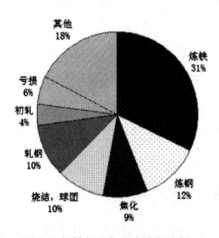

图 7.2:钢铁行业各工序能耗比例

资料来源:王杜斌:《钢铁冶金概论》,化学工业出版社 2014 年版,第 12 页。

从品种上看,天津市钢铁行业由以粗钢为主,转变为目前以钢材为主,但粗钢仍占有相当比重,天津市粗钢产量的全国占比也基本维持在2.5%—3.5%之间。(如图7.3)。

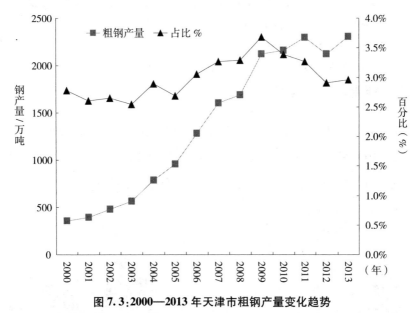

图7.3:2000—2013年天津市粗钢产量变化趋势

资料来源:国家统计局,历年《中国工业经济统计年鉴》《天津市统计年鉴》。

表7.2显示了天津市钢铁行业的主要经济指标。总体而言,随着天津市钢铁行业的结构转向以钢材为主,吨钢产值呈现逐年上升态势。2013年,天津市吨钢产值为1.77万元/吨。受我国及本市钢铁行业井喷式增长的影响,本市人均粗钢产量快速增加,由2000年的356千克/人猛增到2013年的1565.7千克/人。

表7.2:天津吨钢产值及人均钢产量

年份	2000	2007	2008	2009	2010	2011	2012	2013
行业总产值/亿元	259.4	1693.8	2270.3	2617.6	2740.9	3542.6	3757.3	4085.8
粗钢产量/万吨	356.8	1602.1	1686.4	2124.2	2162.1	2295.8	2124.3	2305.1
钢材产量/万吨	*	2840.3	3006.8	4080.5	4483.7	5163.8	5708.6	6966.0
常住人口/万人	1001.1	1115.0	1176.0	1228.1	1299.3	1354.6	1413.2	1472.2

续表

年份	2000	2007	2008	2009	2010	2011	2012	2013
吨钢产值/万元/吨	0.73	1.06	1.35	1.23	1.27	1.54	1.77	1.77
人均粗钢量/千克/人	356.4	1436.9	1434.0	1729.6	1664.1	1694.8	1503.2	1565.7

注:"＊"表示数据暂缺。行业总产值统计口径为规模以上企业。

数据来源:国家统计局历年《天津市统计年鉴》。

二、能源消费与排放

目前,天津市钢铁工业的能源构成是以煤为主,电力及重油也占一定比重,天然气用量较少,其中,煤炭、电力、油气的比例为70%、27%、3%,与全国水平基本相同。如图7.4所示,美、日、德等国钢铁行业的能源结构中,清洁能源所占比重明显高于天津市。

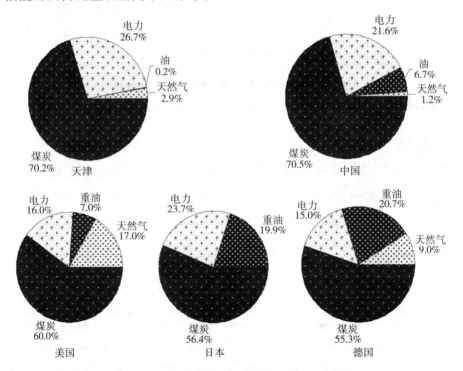

图7.4:本市、全国及主要工业国家钢铁工业能源构成

资料来源:国家统计局:《天津市统计年鉴 2013》,王杜斌:《钢铁冶金概论》,化学工业出版社 2014 年版,第 11 页。

从总量上看,钢铁行业是全市主要能耗部门之一,也是本市首批纳入碳交易试点的 5 大行业之一。近 10 年,其终端能耗一直居全市首位,由 2000 年的 289 万吨增加至 2013 年的 2500 万吨,年均增幅达 17%,远高于同时期全市能耗及工业能耗的 9% 和 10% 的增速水平。2013 年钢铁行业终端能耗占全市的 28.4%,其中占工业能耗的比重达到 41.4%(见表 7.3)。

表 7.3:2000—2012 年钢铁行业中终端能源消耗情况

项目	2000	2007	2008	2009	2010	2011	2012	2013
行业总量/万吨	289.01	1281.1	1362.5	1681	1865.7	1970	2300.3	2509.5
工业总量/万吨	1536.8	3161.4	3466.5	3740.6	4519.2	5165.9	5535.7	6059.5
占比/%	18.8	40.5	39.3	44.9	41.3	38.1	41.6	41.4
全市总量/万吨	2794	4943	5364	5874	6818	7598	8208	8823
占比/%	10.34	25.92	25.40	28.62	27.36	25.9	28.0	28.44

数据来源:国家统计局历年《天津市统计年鉴》。

各类能耗分别如下:

(一)煤炭和焦炭

2000 年以来,本市钢铁行业终端煤炭消费量由 92 万吨增加到 2013 年的 585 万吨,呈现快速增长的趋势,年均增加 15.3%。同期占全市的消费比重相对稳定在 10%(如表 7.4 所示)。

表 7.4:2000—2012 年钢铁行业终端煤炭消耗情况

项目	2000	2007	2008	2009	2010	2011	2012	2013
行业煤炭/万吨	91.83	353.59	340.5	415.97	517.88	532.68	541.13	585
工业煤炭/万吨	543.02	860.35	843.27	839.55	883.68	939.63	970.08	1050.51
占比/%	16.91	41.10	40.38	49.55	58.60	56.69	55.78	55.69
全市煤炭/万吨	2473	3927	3973	4120	4807	5262	5298	5500
占比/%	3.71	9.00	8.57	10.10	10.77	10.12	10.21	10.63

数据来源:历年《天津市统计年鉴》,其中 2013 全市煤炭消费量及占比为预估值。

焦炭主要用于高炉炼铁,起还原剂、发热剂和料柱骨架作用,是钢铁行业主要辅料。钢铁行业是焦炭的主要使用部门,2013 年,天津市全市共 922 万吨,其中 96.5%% 被用于高炉炼铁。2007 年以来,天津市焦炭消耗呈稳步上升的趋势,由 658 万吨增加到 922 万吨(如表 7.5 所示)。

表 7.5:2000—2012 年钢铁行业终端焦炭消耗情况

项目	2000	2007	2008	2009	2010	2011	2012	2013
行业焦炭/万吨	129.42	657.77	692.3	836.84	649.53	685.15	859.85	922.07
全市焦炭/万吨	141.26	667.75	719.23	868.65	663.91	708.23	882.72	955.48
钢铁占全市比/%	91.62	98.51	96.26	96.34	97.83	96.74	97.41	96.50
折原煤/万 tce	176.36	896.36	943.42	1140.4	885.14	933.676	1171.7	1253.95

数据来源:历年天津市统计年鉴,2013 年全市焦炭消费量及占比为预估值。

本市焦炭主要来源于炼焦和省外购入两条渠道。近年来,本市炼焦行业受到严格限制,其所用煤炭呈现逐年下降的趋势,由 2006 年的 460 万吨下降到 2013 年 300 万吨左右。近年来本市焦炭消费的增长主要依靠外省调入。

(二)电力

钢铁工业需要大量电力消耗。2013 年全市钢铁行业终端电力消耗 158.5 亿千瓦时,占工业电力消耗近三分之一,占全市电力消耗五分之一,是全市最大的工业终端电力消耗部门。2013 年全市钢铁行业电力消费 147.8 亿千瓦时,占全市 20.5%,2007—2013 年年均增加率 18.1%,见表 7.6。

表 7.6:2000—2012 年钢铁行业终端电力消耗情况

项目	2000	2007	2008	2009	2010	2011	2012	2013
行业电力/亿 kWh	18.25	89.76	96.05	120.73	127.43	137.7	147.8	158.53
工业电力/亿 kWh	119.03	352.68	363.73	382.32	456.86	489.95	503.22	547.98
钢铁占工业比/%	15.33	25.45	26.41	31.58	27.89	28.10	29.37	28.93
全市电力/亿 kWh	237	511	535	577	675	727	767	774

续表

项目	2000	2007	2008	2009	2010	2011	2012	2013
钢铁占全市比/%	7.70	17.58	17.94	20.93	18.87	18.94	19.27	20.48

数据来源:国家统计局历年《天津市统计年鉴》。

(三)油气

钢铁厂常用的燃料油为重油,重油含可燃物多、灰分和水分低、发热量高,故燃烧温度高,燃烧火焰辐射能力强,操作方便,易于控制盒储运,是一种优质的液体燃料,在钢铁企业主要用于平炉、加热炉及高炉喷吹。天然气主要作为平炉、热风炉配用燃料、高炉喷吹燃料和直接还原煤气等。

天然气和重油是较煤炭更为清洁的能源,可替代钢铁行业中的煤炭消费,从而减少温室气体和污染物的排放。目前,美、日、德等主要发达国家均将重油或天然气作为钢铁行业的重要能源消耗品种,占有较高比例。但天津市油气燃料使用较少,所占比例仅为3%。

表7.7:2000—2012年钢铁行业终端油气消耗情况

项目	2000	2007	2008	2009	2010	2011	2012	2013
行业油品/万吨	18.68	4.46	5.07	5.29	2.65	2.45	1.87	1.94
工业油品/万吨	109.47	86.29	98.89	94.48	83.2	89.43	74.66	69.31
钢铁占工业比/%	17.06	5.17	5.13	5.60	3.19	2.74	2.50	2.80
行业天然气/亿 m^3	0.13	2.42	2.68	2.91	2.94	3.27	3.6	4.08
工业天然气/亿 m^3	1.39	6.92	8.78	9.16	12.79	14.56	16.25	18.86
钢铁占工业比/%	9.35	34.97	30.52	31.77	22.99	22.46	22.15	21.63
全市天然气/亿 m^3	5.4	14.27	16.84	18.12	23.10	26.02	32.58	38.55
钢铁占全市比/%	2.41	16.96	15.91	16.06	12.73	12.57	11.05	10.58

数据来源:国家统计局历年《天津市统计年鉴》,其中2013年全市天然气消费量为预估值。

根据终端能源消耗及排放因子计算钢铁行业排放量。2012年,钢铁行业终端排放为5752万吨,占到当年全市工业排放的44%,占全市排放的32%(见表7.8),是全市最大的终端排放部门。

表 7.8：2000—2012 年天津市钢铁行业终端排放情况

年份	2000	2007	2008	2009	2010	2011	2012
钢铁/万吨	797.78	3555.19	3721.51	4652.1	4300.32	5067.69	5752.2
钢铁占全市/%	12.86	30.45	29.36	33.49	29.65	31.89	31.94
工业/万吨	3862.04	8074.21	8658.71	9841.74	10028.27	12307.3	13171.98
钢铁占工业/%	20.66	44.03	42.98	47.27	42.88	41.18	43.67
全市/万吨	6204.93	11675.22	12673.72	13891.76	14503.43	15889.59	18008.9

数据来源：国家统计局历年《天津市统计年鉴》，排放因子采用课题组计算结果。

第二节　天津市钢铁产量趋势分析

一、钢铁产量达峰的影响因素

国际经验表明，钢铁产量达到峰值时，钢铁行业能源消耗也会接近或达到峰值。那么，钢铁产量如何才能达到峰值？红光（2013）认为，从发达国家的工业化进程来看，钢材产量（消费）达到饱和点一般要具备 3 个条件：

（1）国家已经实现工业化；

（2）人均 GDP 达到 3500—6000 美元；

（3）产业结构中服务业占 GDP 比重要超过 50%，且高新技术有相当发展，综合工业水平已经达到一定高度。

从 3 个条件来看，我国都已经达到或者接近。目前，我国已经接近工业化后期，2014 年人均 GDP 接近 7500 美元，服务业占 GDP 的比重超过 48%，且正在不断上升，从这些指标上看，我国的钢铁产业已经接近峰值点。

事实上，我国钢铁主要省份的产量已经进入平台期，甚至出现负增长，如表 7.9 所示。

表 7.9：中国 2011、2012 年主要省份粗钢产量情况统计

单位：吨/%

地区	2012 年产量/吨	2011 年产量/吨	增长量/吨	增幅/%	2012 各地占比/%	2011 各地占比/%	比重增减
全国	73104	70196.8	2907.1	4.14	100	100	0

续表

地区	2012年产量/吨	2011年产量/吨	增长量/吨	增幅/%	2012各地占比/%	2011各地占比/%	比重增减
河北	18048.4	16999.5	1048.9	6.2	24.7	24.2	0.5
江苏	7419.7	6868.6	551.1	8	10.1	9.8	0.4
山东	5957	5840.3	116.7	2	8.1	8.3	-0.2
辽宁	5177	5314	-137	-2.6	7.1	7.6	-0.5
山西	3950.1	3610.2	339.9	9.4	5.4	5.1	0.3
湖北	2806.7	2937.3	-130.6	-4.4	3.8	4.2	-0.3
河南	2215.8	2395.4	-179.6	-7.5	3	3.4	-0.4
安徽	2147	2076.5	70.5	3.4	2.9	3	0
江西	2140.9	2085.4	55.5	2.7	2.9	3	0
天津	2124.2	2295.7	-171.5	-7.5	2.9	3.3	-0.4

数据来源:中国钢铁工业协会:《中国钢铁工业年鉴2013》。

可以预见:我国钢铁工业黄金10年已成为历史,低速增长或者将是未来的主要格局,尽管我国的城市化率还远远低于其他国家,我国尚处于工业化的进程中。此外,我国第三产业比重仍偏低,未来工业化、城镇化的进程仍有一定的空间,而这个过程也将产生较大的钢铁需求,但从世界各主要产钢国钢铁产业的发展历史来看,目前,中国人均粗钢产量值已进入峰值区域,天津也不例外。表7-10显示了天津市粗钢产量的基本趋势,表明天津市近年来粗钢已经处于平台期,产能已经无法被充分利用。

表7.10:2007—2013年天津市粗钢产能利用率

年份	2007	2008	2009	2010	2011	2012	2013
粗钢产能/万吨	998.07	1875.81	2278.5	2765.26	2990.52	3240	3262.5
产能增速/%	/	87.94	21.47	21.36	8.15	8.34	0.69
粗钢产量/万吨	1602.13	1686.4	2124.2	2162.11	2295.75	2124.25	2305.06
产量增速/%	/	5.26	25.96	1.78	6.18	-7.47	8.51
产能利用率/%	160.52	89.90	93.23	78.19	76.77	65.56	70.65

数据来源:国家统计局历年《天津市统计年鉴》。

但是,要考察达峰后钢铁产业会如何改变,则有必要与发达国家进行国际比较。

二、钢铁峰值的国际比较

2013 年,天津市吨钢产值为 1.77 万元/吨,受我国及本市钢铁行业井喷式增长的影响,本市人均粗钢产量快速增加,由 2000 年的 356 千克/人猛增到 2013 年的 1565.7 千克/人(表 7.2)。该数值为 2013 年度全国平均水平的 2.73 倍,为英国、法国、美国、日本各自峰值年份的 2.99、3.04、2.43、1.42 倍,如表 7.11 所示。

表 7.11:钢产量峰值年对比

国家	英国	法国	美国	日本	中国	天津
峰值点[a]	1970	1974	1973	1973	2013	2013
粗钢产量/万吨[a]	2783	2702	13680	11932	77904	2305
占世界比重/%[b]	4.8	3.6	19.4	17.0	49.2	1.5
人均粗钢产量/千克/人[b]	522.8	515.1	645.6	1104.0	572.5	1565.7
第二产业比重/%[c]	44	36	30	41.5	43.9	50.6

数据来源:a 数据来源于世界钢铁统计年鉴;b 根据世界银行统计数据计算而得,其中人口数据来源于世界银行数据库;c 数据来源于世界银行数据库;中国数据来源于《中国统计年鉴 2014》;天津市数据来源于《天津市统计年鉴 2014》。

发达国家普遍在 20 世纪 70 年代实现了峰值。对比中国和发达国家的发展路径可以看出一些普遍规律。例如,对比日本 20 世纪 70 年代前后和我国现阶段的经济情况,可以发现两国具有较强的相似性和可比性,均为经历了长期的高增长,而人口、技术红利正在逐渐消失,资源环境压力不断增加,以投资拉动的内生增长动力逐渐减弱,随着外部冲击和政策转向紧缩,经济增速会出现台阶式下滑。如图 7.5—图 7.6 所示,二战后,日本 GDP 出现了 20 余年的高速增长期,年均增长达到 9.2%,1961—1970 年 10 年间增速更是达到 10.0%。经济的繁荣刺激了粗钢的消费,自 1950 年到 1973 年石油危机前,日本粗钢产量增长了近 25 倍,由年产 480 万吨增加到了峰值

1.2亿吨,年均增速达到15%。1973年后,受经济危机的影响,日本经济出现了大幅度的倒退,GDP增速由9%锐减到了90年代的4%左右,同期粗钢产量有所下降,并维持在1亿吨左右至今。

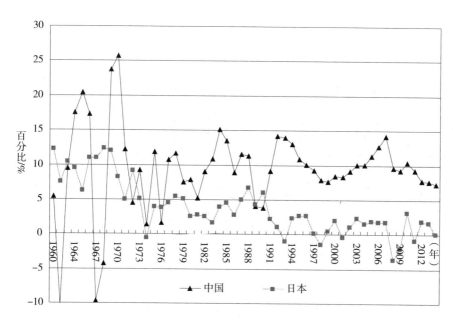

图7.5:1950—2014中日GDP增速对比

资料来源:中国数据来源:《中国统计年鉴2014》,国家统计局网站资料,日本统计局:日本经济产业省。

改革开放以来,我国GDP增速长期保持高速增长,1978—2007年30年间,年均GDP增速达到10%以上,同期粗钢产量由3000万吨猛增15倍,达到5亿吨。2007年之后,受到全球经济危机及自身结构调整等因素的影响,我国GDP增速逐年下降,这点与当年的日本有相似之处。2007年后,尽管我国粗钢产量仍呈上升趋势,但其增速已由年均20%下降到了7%左右,2014年增速更是放缓为5%,创近15年的第二低值,粗钢由高速增长转变为低速增长的趋势已极其明显。

我国目前面临的情况是多数下游行业需求增速逐步下滑,房地产行业拐点逐步显现,欧债危机影响尚未消除,未来经济增速放缓是大概率事件,这将直接导致钢铁下游行业需求增速的下滑,这种比较显示,我国钢铁工业黄金10年可能已成为历史,未来将步入低速增长格局。

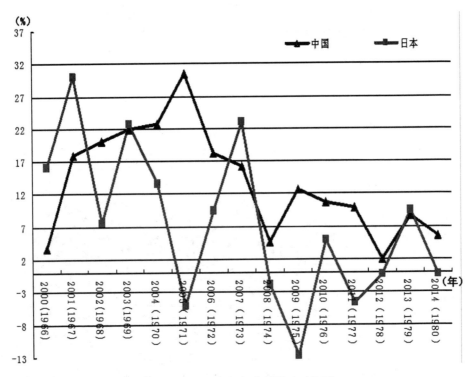

图 7.6：中日 15 年粗钢产量增速对比图

注：为了便于对比，中国粗钢为 2000—2014 年数据，日本为 1966—1980 年数据。
数据来源：世界钢铁协会。

发达国家钢铁行业达峰之后，钢铁产业表现出不一样的趋势。表 7.12 显示了部分发达国家和发展中国家粗钢产量变化趋势。数据表明，随着工业化进程的加快，发展中国家钢铁产业规模最近几十年不断扩张，特别是中国，粗钢产量已经占全世界 50%，而主要工业国普遍在 20 个世纪 70 年代达峰，但工业国家在达峰后，钢铁行业的发展呈现两种趋势，一种趋势是产业出现比较明显的萎缩，随后进入稳定期，如美国、英国和法国；另一种是产业直接趋于稳定，产量并没有出现萎缩，如日本、加拿大、意大利、西班牙、德国，这些国家的钢铁产量在 20 世纪 70 年代进入顶峰期后，随后基本保持原有规模，甚至在 21 世纪初期再次出现小高峰。

表 7.12：部分国家粗钢产量

单位：万吨

年份	峰值年	峰值产量	1980	1985	1990	1995	2000	2005	2010	2013
中国	—	—	3712	4679	6635	9536	12850	35579	63874	82199
巴西	—	—	1534	2046	2057	2508	2787	3161	3295	3416
印度	—	—	951	1194	1496	2200	2692	4578	6898	8130
法国	1974	2702	2318	1881	1902	1810	2095	1948	1541	1569
德国	1974	5323	4384	4050	3843	4205	4638	4452	4383	4265
日本	1973	11932	11140	10528	11034	10164	10644	11247	10960	11060
英国	1970	2783	1128	1572	1784	1760	1516	1324	971	1186
美国	1973	13680	10146	8007	8973	9519	10182	9490	8050	8688
加拿大	2000	1660	1590	1464	1228	1442	1660	1533	1301	1242
意大利	2006	3162	2650	2390	2547	2777	2676	2935	2575	2408
西班牙	2007	1900	1284	1403	1294	1380	1587	1783	1634	1425
韩国	2012	6907	856	1354	2313	3677	4311	4782	5891	6606
世界	—	—	71640	71890	77043	75319	85016	114781	143276	164930

资料来源：国际钢铁协会：《世界钢铁统计数据》(1977—2014)。

分析不同国家钢材的表观消费量和贸易量有助于了解不同国家钢铁需求差异。钢材表观消费量从一个方面衡量一个国家的钢材需求，指的是某种商品的国内生产量加上净进口量(或减去净出口量)。

表 7.13 显示了部分工业化国家和发展中国家成品钢材的表观消费。

表 7.13：部分国家钢材表观消费量

年份		2007	2008	2009	2010	2011	2012	2013
法国	总量/百万吨	16.6	15.3	11	13.1	14	12.6	12.5
	人均/kg/年	269.2	246.8	176.1	208.1	222	198	196
德国	总量/百万吨	42.7	42.4	28.2	36.2	40.7	37.5	37.7
	人均/kg/年	517.7	513.7	342.2	440.3	495.5	457.3	460.2
意大利	总量/百万吨	35.9	33.3	20.1	25.7	26.5	21.5	21.6
	人均/kg/年	603.9	555.8	333.2	423.6	436.1	352.8	354.3

续表

年份		2007	2008	2009	2010	2011	2012	2013
西班牙	总量/百万吨	24.5	18	11.9	13.1	13.1	10.5	10.4
	人均/kg/年	549.3	398.6	260.2	283.6	282.3	224.2	221
英国	总量/百万吨	12.8	11.8	7	8.8	9	8.4	8.1
	人均/kg/年	210.7	192.9	113.6	141.7	144.5	134.4	127.7
加拿大	总量/百万吨	15.5	14.7	9.5	14.1	14.2	15.6	14.9
	人均/kg/年	470.4	440.4	283.1	414.2	412.6	449.2	425
美国	总量/百万吨	108.3	98.4	59.2	79.9	89.2	96.2	95.6
	人均/kg/年	358.2	322.7	192.4	257.4	284.9	304.6	300.2
巴西	总量/百万吨	22.1	24	18.6	26.1	25	25.2	26.4
	人均/kg/年	116.2	125.5	96.1	133.9	127.3	126.9	131.9
中国	总量/百万吨	418.4	446.9	551.9	587.6	641.2	660.1	700.2
	人均/kg/年	316.6	336.4	413.1	438	475.8	487.6	515.1
印度	总量/百万吨	51.5	51.4	57.9	64.9	69.8	72.4	73.7
	人均/kg/年	43.9	43.2	47.9	53	56.2	57.5	57.8
日本	总量/百万吨	81.2	78	52.8	63.6	64.1	63.9	65.3
	人均/kg/年	641.7	616	417.1	502.4	506.7	505.7	516.4
韩国	总量/百万吨	55.2	58.6	45.4	52.4	56.4	54.1	51.6
	人均/kg/年	1162.2	1227	946.8	1087.3	1165.3	1112.8	1057.4
全球	总量/百万吨	1220.2	1219.1	1142.4	1301.4	1403.6	1429.8	1481.4
	人均/kg/年	197.4	195.3	180.9	204	217.7	219.5	225.2

资料来源:国际钢铁协会:《世界钢铁统计数据》(2014)。

由表7.13可以看出,主要发达国家的表观消费无论是总消费还是人均消费,均呈现明显的下降趋势,但中国的人均需求在持续上升,2013年人均表观需求已达515kg,仅低于韩国的人均1057kg和日本的516kg。

钢铁国际贸易包括直接贸易和间接贸易。直接贸易指的是粗钢和成品钢的直接进出口,间接贸易通过含钢产品的进出口实现,贸易量以产品所含的成品钢材重量来衡量。

表 7.14 列出了 2013 年世界钢材直接贸易的 10 个最主要的进口国和出口国。

表 7.14：2013 年钢材直接贸易主要国家

单位：百万吨

	净出口量			净进口量	
1	中国	46.8	1	美国	17.8
2	日本	37.1	2	泰国	14.4
3	乌克兰	23	3	印度尼西亚	11.6
4	俄罗斯	17.1	4	越南	8.6
5	韩国	9.9	5	沙特阿拉伯	6.4
6	欧盟	7.9	6	阿联酋	5.3
7	卢森堡（比利时）	5.3	7	阿尔及利亚	5.1
8	巴西	4.4	8	菲律宾	4.8
9	中国台湾	3.8	9	伊拉克	4.5
10	比利时	3.8	10	埃及	3.9

资料来源：国际钢铁协会《世界钢铁统计数据》（2014）。

表 7.15 概括了 2013 年世界钢材的间接贸易主要进口国和出口国的前 5 名贸易情况。

表 7.15：2013 年钢材间接贸易主要国家

单位：百万吨

序号	净出口量		序号	净进口量	
1	中国	56.7	1	美国	15.3
2	日本	20.1	2	俄罗斯	9.6
3	韩国	18.9	3	加拿大	7
4	德国	8.9	4	澳大利亚	5.4
5	意大利	6.1	5	印度尼西亚	3.7

资料来源：国际钢铁协会《世界钢铁统计数据》（2014）。

世界钢铁国际贸易的基本数据揭示了发达国家在工业化过程完成后钢铁工业的基本趋势：一类是依靠新兴技术和服务业为主的国家，成为钢铁的净进口国,例如,美国2013年通过直接贸易和间接贸易净进口钢材超过3300万吨,占其国内钢材表观消费量的34.6%,与其国内粗钢产量的比值为38.1%。另一类是仍然需要出口钢材或以钢材为重要原料的产品的国家,例如日本和德国。日本2013年钢材表观消费6530万吨,而通过直接贸易净出口钢材约3710万吨,表明其直接净出口的钢材约占国内钢材产量的36.2%,只有约63.8%用于国内消费。日本还通过间接贸易净出口钢材约2010万吨,表明其国内消费的钢材大约有30.8%以产品的形式形成钢材净出口。综合考虑直接出口和间接出口,日本生产的钢材大约50%供应国际市场。

过去十余年中国钢铁消费快速增长,2013年表观消费量超过7亿吨,其中主要是国内基础建设需求拉动,但同样也受到国际需求拉动。2013年,中国通过直接贸易和间接贸易形成钢铁净出口超过1亿吨,对比日本,出口所占份额并不算太高,如果中国向先进制造国转变,将来可能需要通过间接贸易方式出口更多钢材。

参考美、德、日等国钢铁工业发展规律,考虑我国地域广阔、各地区经济发展不平衡,城镇化建设进程以及向先进制造国转变的发展路径,预测我国粗钢需求量虽然在"十二五"期间进入峰值波动区,但产业规模不会快速下滑,最高峰可能出现在2015年至2020年期间,峰值约7.7—8.2亿吨,此后峰值弧顶区仍将持续一个时期。随着工业化、城镇化不断深入发展,以及经济发展方式转变和产业升级,城乡基础设施投资规模增速放缓,我国钢铁需求增速将呈逐年下降趋势,进入平稳发展期。

三、天津市粗钢产量的趋势预测

结合国际对比情况,根据《钢铁行业"十二五"规划》预测值,采信我国粗钢需求量可能在"十二五"期间进入峰值波动弧顶区,最高峰可能出现在2017年,峰值7.7亿吨,此后峰值弧顶区仍将持续一段时间,其长度,取决于经济总量和国家发展区域的不平衡性(对此,有兴趣的读者可以进一步探讨和研究)。

综合考虑天津市的相关发展规划及现有能源政策约束,由于钢铁行业是国民经济的基础部门,钢铁产品消费中,建筑用钢占 47%,机械用钢占 16%,汽车用钢占 8%,船舶用钢占 4%,铁路用钢占 7%,轻工家电用钢占 5%,石化部门用钢占 4%,其他用钢占 9%,装备制造业是本市八大支柱产业之一,未来对钢材的需求仍处上升趋势。此外,《国家新型城镇化规划 (2014—2020 年)》也指出,未来城镇化建设将引领新一轮的房地产建设,建筑用钢材需求也将获得稳定增加。但由于钢铁行业的高能耗及排放特征,在煤炭及碳排放总量目标约束下,钢铁行业在"十三五"及以后的时期内,在保持行业规模不增加的前提下,逐步淘汰落后产能,改进能源供应结构,优化能源使用效率,以尽快达到能源消耗峰值。

综合所述因素,给出如下对天津未来钢产量的趋势判断:

判断 1:全国粗钢表观消费量 2015 年达到 7.5 亿吨,根据钢铁行业"十二五"规划预测值的低值,于 2017 年达峰,同时粗钢产量达峰,峰值分别为 7.7 亿吨和 8.5 亿吨,并且 2025 年粗钢表观消费量下降到 7.5 亿吨(2015 年水平),2030 年下降到 7 亿吨。

判断 2:天津市粗钢产量于 2013 年达峰,峰值为 2300 万吨,此后于 2020 年降至约 2100 万吨,2025 年降至约 1900 万吨,2030 年降至约 1500 万吨。

判断 3:全市粗钢产量 2013 年达峰后缓慢下降,且下降速度快于全国粗钢增速,至 2020 年达到全国比重的 2.5%,2030 年进一步下降为 2.0%。

表 7.16:天津市粗钢产量发展趋势预测

项目	2010	2013	2014	2016	2017	2020	2025	2030
表观消费量(全国)/万吨	61262	72773	73829	76600	77000	76700	75000	70000
粗钢产量(全国)/万吨	63874	77904	82270	84361	84989	83917	79872	73684
粗钢产量比上年增速(全国)/%	10.69	6.57	5.60	1.01	0.74	-0.68	-1.19	-2.17
粗钢产量(天津)/万吨	2162.11	2305	2184	2177	2167	2098	1877	1474

项目	2010	2013	2014	2016	2017	2020	2025	2030
粗钢产量比上年增速(天津)/%	1.78	8.51	−5.25	0.23	−0.43	−0.98	−2.44	−6.38
天津/全国（粗钢）/%	3.38	2.96	2.65	2.58	2.55	2.50	2.35	2.00

第三节　天津市钢铁行业减排潜力分析

钢铁行业是天津市主要能耗部门之一,其能耗总量仅次于电力部门,位居第二。如果从终端能耗分析,其消耗了全市终端能源的近 30%,为全市首位。2012 年,天津市产粗钢 2124 万吨,钢材 5709 万吨,引起的碳排放 5752 万吨 CO_2,2013 年天津市产粗钢 2305 万吨,钢材 6966 万吨,产生的碳排放约 6200 万吨 CO_2。因此,在天津市的减排工作中,钢铁行业是至关重要的部门之一。

钢铁行业二氧化碳排放主要取决于三方面因素:一是行业规模,二是单位能耗,三是能源结构。

行业规模是影响未来天津市钢铁行业排放量最重要的因素。根据表 7.16 中的预测显示,天津市钢铁将大规模削减,如果产品结构、单位能耗和能源结构不变,未来天津市钢铁行业终端能耗和碳排放量将大幅下降,如表 7.17 所示。2030 年,天津市钢铁行业终端能耗 1350 万吨标煤,排放量约为 3375 万吨 CO_2,比 2013 年减排 2900 万吨 CO_2,减排幅度超过 46%。

表 7.17:2030 年前天津粗钢终端能耗与碳排放趋势

年份	2013	2015	2020	2025	2030
终端能耗/万吨标煤	2510	2150	1900	1750	1350
碳排放/万吨 CO_2	6275	5375	4750	4375	3375

单位能耗一方面取决于吨钢综合能耗,另一方面取决于产品结构。从吨钢综合能耗上看,2014 年中钢协公布的数据为 584.7kg 标煤,比 2010 年下降了 2.2%,已经处于国际先进水平,虽然还在不断提升,但潜力已经不大;而从产品结构上看,天津市钢铁行业的产品中,粗钢所占比重越来越小,只占钢材产量的 1/3,大量的钢材加工是通过外购粗钢和型钢完成,而粗钢是钢铁工艺流程中能耗最高的部分,占总能耗的 60%—70%。如果 2030 年天津市钢铁行业粗钢产量进一步缩减,而保持高品质钢材的生产能力的同时,粗钢产量将在原规模上进一步削减,那么天津钢铁业的排放还将进一步降低,降低幅度取决于粗钢削减的规模,然而全国各地都需要完成减排任务,进一步改善产品结构的空间也不大。因此,尽管降低单位能耗对天津市钢铁业而言是持续的任务,但对未来的减排贡献是有限的。

能源结构改善是钢铁业减排的另一项驱动因素。目前,中国钢铁业主要的直接燃料仍然是高排放的煤炭,而相对清洁的油气能源比重偏低,还有一定的提升空间。事实上,近年来天津市钢铁行业直接消耗的一次能源的结构已经发生了一定变化,具体如图 7.7 所示,油气使用的比例有所提升,但成本压力将限制能源结构的进一步优化。而二次能源,电力的碳排放系数取决于发电结构,发电部门的清洁化,也将降低钢铁部门的终端排放。

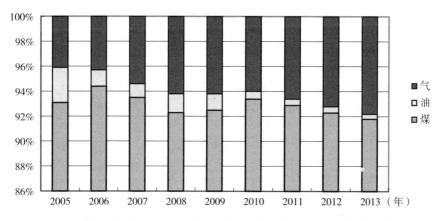

图 7.7:2005—2013 年天津市钢铁行业一次能源结构图(不含外调焦炭)

资料来源:根据历年《中国能源统计年鉴》、2014《天津市统计年鉴》计算而得。

综上所述,未来天津市钢铁行业具有很大的减排潜力。减排可以依靠三方面因素:规模削减、单位能耗降低、能源结构改善。依靠规模削减,2030年天津市钢铁业有望比 2013 年减排 46%以上,达 2900 万吨 CO_2。另外两方面,单位能耗降低和能源结构,对于降低天津市钢铁业的排放亦有贡献,需要持续努力,但贡献的绝对值将受到限制。

第八章 峰值目标下天津居民 生活及交通排放

从西方发达国家的碳排放过程发现,随着经济的发展,碳排放总量虽然处于下降或平稳状态,但是生活用能排放和交通排放在较长时间内依然处于增长时期。天津人均能源消费,尤其是生活和交通用能与西方发达国家存在一定差距,为此研究生活和交通(不含运输)碳排放对未来天津能否达峰以及达峰后的情景,促进天津的低碳发展意义重大。

研究基于第四章设定基准、政策、低碳、宽松等情景,对天津市人口、人均生活与交通排放趋势等进行了分析,并揭示其中的规律。

第一节 天津市人口增长基本现状

天津人口呈现先慢后快的特征。在改革开放前,处于缓慢增长阶段,但是改革开放后,尤其是国家级经济开发区——滨海新区成立后,工业迅速增长,人口迅速增加,常住人口每年以 30 万以上的速度增长,2011 年一度达到年增长 56 万的水平。

一、基本情况

2014 年年末,天津市常住人口已达 1516.81 万人,比 2000 年常住人口增长了近 52%,仅用了 14 年的时间就增长了超过一半的人口。这些增加的人口为天津的经济社会发展做出了巨大贡献。天津市人口增长主要指标如表 8.1 所示。

表 8.1：天津市人口增长趋势表

年份	常住人口/万人	户籍人口/万人	出生率/‰	死亡率/‰	自然增长率/%
1996	948	898	10.09	6.53	3.56
1997	953	900	9.98	6.95	3.03
1998	957	905	9.89	6.49	3.4
1999	959	910	9.68	6.73	2.95
2000	1001	912	7.72	6.17	1.55
2001	1004	914	7.58	5.94	1.64
2002	1007	919	7.49	6.04	1.45
2003	1011	926	7.14	6.04	1.1
2004	1024	933	7.31	5.97	1.34
2005	1043	939	7.44	6.01	1.43
2006	1075	949	7.67	6.07	1.6
2007	1115	959	7.91	5.86	2.05
2008	1176	969	8.13	5.94	2.19
2009	1228	980	8.3	5.7	2.6
2010	1299	985	8.18	5.58	2.6
2011	1355	996	8.58	6.08	2.5
2012	1413	993	8.75	6.12	2.63
2013	1472	1004	8.26	6.00	2.26
2014	1517	1017	8.19	6.05	2.14

数据来源：国家统计局《天津统计年鉴》，天津市市统计局《2014 年天津市国民经济和社会发展统计公报》。

二、人口驱动力分析

从来源看，外来人口成为拉动天津市人口增长的主要因素。从图 8.1 可以看出，天津市的户籍人口基本上保持稳定缓慢增长态势，自然增长率保持较低的水平，但外来人口涌入明显，特别是 2005 年以后，随着天津市经济的发展，外来人口呈现加速进入的态势，至 2013 年，外来人口占天津市常住人口的比重已经接近 35%。

从区域看，滨海新区和近郊 4 区是人口增长的主要区域。其中，滨海新

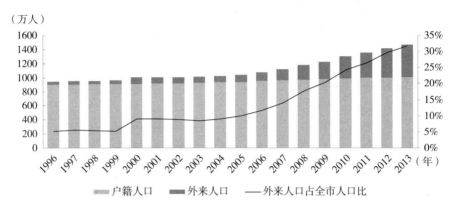

图 8.1：天津市外来人口与户籍人口对比

数据来源：国家统计局各年度《天津统计年鉴》。

区人口平均增速为 12.07%，高于同时期的浦东新区（10.29%）和深圳特区（3.20%）。截至 2014 年年末，全市常住人口比上年末增加 44.60 万人。天津市环城四区人口增速，2004 年到 2013 年增速为 9.28%，仅次于滨海新区。这些区域同样是天津市近年来的经济活跃区域。

可见，天津市的人口增速与滨海新区等经济开发区的发展有直接关系，在滨海新区成为国家战略之前，天津市 2000 年到 2004 年全市常住人口年增长速度为 0.56%，其中市内六区增速仅为 0.10%，基本处于停滞状态，增速最快的环城四区的年增速也仅为 1.07%，其次为近郊五县区，年增速为 0.59%，略高于天津市全市增速。而同期北京常住人口增速是天津增速的 4 倍。

2005 年 10 月，中国共产党十六届五中全会作出"加快天津滨海新区开发开放"的重大决策。第十届全国人大四次会议将"推进天津滨海新区开发开放"写入国家"十一五"规划，成为金融先行试点地区。2006 年 3 月，天津市被定位为"北方经济中心"，同年 4 月，国务院批准天津滨海新区进行综合配套改革试点，6 月《国务院关于推进天津滨海新区开发开放有关问题的意见》下发。天津滨海新区成为继深圳经济特区、上海浦东新区之后又一个带动区域发展的新的经济增长极。党的十七大、十七届五中全会再次提出要"更好地发挥经济特区、上海浦东新区、天津滨海新区在改革开放中先行先试的重要作用"。至此,天津市滨海新区经济社会开始了超常发展。

由表8.2可见,新增就业主要集中于制造业、批发和零售业、建筑业、住宿和餐饮业、居民服务和其他服务业,新兴服务业如金融业、信息传输、计算机服务和软件业、科学研究、技术服务业增长率也较高,但由于基数较小,对人口总量的贡献并不大。

表 8.2:天津市社会就业构成表

单位:万人

国民经济行业	2007	2008	2009	2010	2011	2012	2013	年均增长量	年均增长率/%
农、林、牧、渔业	76.98	76.30	75.7	73.85	73.18	71.23	68.99	−1.60	−1.92
采矿业	12.54	11.80	9.32	10.64	11.12	11.64	12.04	−0.10	0.41
制造业	200.01	208.79	209.84	218.34	228.21	238.97	249.46	9.89	3.90
电力、燃气及水的生产和供应业	5.94	5.88	5.95	5.89	6.16	6.45	7.08	0.23	4.08
建筑业	42.86	45.43	55.9	67.46	70.50	73.83	85.27	8.48	17.54
批发和零售业	75.74	88.32	97.61	102.84	109.10	116.98	120.90	9.03	7.38
交通运输、仓储及邮政业	44.97	39.23	34.97	26.23	27.83	29.84	34.86	−2.02	−2.23
住宿和餐饮业	16.49	24.52	27.68	32.89	34.89	37.41	38.06	4.31	11.04
信息传输、计算机服务和软件业	5.09	4.56	4.73	5.11	.5.42	5.81	7.98	0.58	15.00
金融业	9.09	9.71	9.84	11.82	12.54	13.45	15.56	1.29	12.05
房地产业	5.62	6.07	10.36	14.58	15.47	16.59	17.63	2.40	38.0
租赁和商务服务业	13.39	14.24	19.13	24.97	26.49	28.42	30.34	3.39	22.61
科学研究、技术服务和地质勘查	9.15	11.09	13.91	20.27	21.50	23.05	26.86	3.54	28.44
水利、环境和公共设施管理业	6.34	7.11	5.22	6.37	6.76	7.25	7.38	0.21	0.76
居民服务和其他服务业	25.39	27.89	30.12	39.41	41.81	44.83	46.59	4.24	13.41
教育	26.56	27.83	28.26	28.75	30.50	32.70	33.18	1.32	3.84
卫生、社会保障和社会福利业	14.10	14.02	14.04	14.27	15.14	16.23	16.47	0.47	3.50
文化、体育和娱乐业	4.21	3.82	4.04	4.38	4.65	4.99	5.15	0.19	6.96

国民经济行业	2007	2008	2009	2010	2011	2012	2013	年均增长量	年均增长率/%
公共管理和社会组织	19.46	20.71	20.51	20.63	21.89	23.47	23.66	0.84	2.85
合计	613.93	647.32	677.13	728.70	763.16	803.14	847.46	46.71	6.18

数据来源:各年度《天津统计年鉴》。

由此,我们对天津市人口增长驱动力的基本判断是:随着天津市滨海新区等开发区制造业的蓬勃发展,随着天津市城市建设的快速进程,制造业、建筑业、相关的生活服务行业创造了大量就业机会,吸引外来人口大量进入天津,使得天津市近年来呈现人口快速增长的态势。

第二节　天津市人均生活及交通排放基本现状

相关研究表明,人均生活排放最主要的影响因素是收入,影响交通排放的最主要因素是人均机动车保有量。因此,对收入、机动车和人均排放分别展开研究。

一、天津市居民收入与机动车保有量

天津市近年来GDP的增长很快,在全国居于前列,但居民的收入并没有表现出特别快速的增长,近20年来,天津市居民可支配收入的增长率和全国城镇居民的增长率基本持平(见表8.3)。

表8.3:天津市人均可支配收入、人均GDP变动情况

年份	天津				全国			
	人均GDP(元/人)	增长率	人均可支配收入(元/人)	增长率	人均GDP(元/人)	增长率	人均可支配收入(元/人)	增长率
1996	11734	—	5967.71	—	5878	—	4838.90	—
1997	13142	12.00%	6608.56	10.74%	6457	9.85%	5160.30	6.64%
1998	14243	8.38%	7110.54	7.60%	6835	5.85%	5425.10	5.13%

续表

年份	天津				全国			
	人均GDP（元/人）	增长率	人均可支配收入（元/人）	增长率	人均GDP（元/人）	增长率	人均可支配收入（元/人）	增长率
1999	15405	8.16%	7649.83	7.58%	7199	5.33%	5854.00	7.91%
2000	17353	12.65%	8140.55	6.41%	7902	9.77%	6280.00	7.28%
2001	19141	10.30%	8958.7	10.05%	8670	9.72%	6859.60	9.23%
2002	21387	11.73%	9337.54	4.23%	9450	9.00%	7702.80	12.29%
2003	25544	19.44%	10312.91	10.45%	10600	12.17%	8472.20	9.99%
2004	30575	19.70%	11467.16	11.19%	12400	16.98%	9421.60	11.21%
2005	37796	23.62%	12638.55	10.22%	14259	14.99%	10493.00	11.37%
2006	42141	11.50%	14283.09	13.01%	16602	16.43%	11759.50	12.07%
2007	47970	13.83%	16357.35	14.52%	20337	22.50%	13785.80	17.23%
2008	58656	22.28%	19422.53	18.74%	23912	17.58%	15780.80	14.47%
2009	62574	6.68%	21402.01	10.19%	25963	8.58%	17174.70	8.83%
2010	72994	16.65%	24292.6	13.51%	30567	17.73%	19109.40	11.26%
2011	85213	16.74%	26920.86	10.82%	36018	17.83%	21809.80	14.13%
2012	93173	9.34%	29626.41	10.05%	39544	9.79%	24564.70	12.63%
2013	100105	7.44%	32657.95	10.23%	43320	9.55%	26467.00	7.74%
平均	—	13.55%		10.56%		12.57%		10.55%

数据来源：国家统计局各年度中国统计年鉴。

　　至2013年年末，天津市全市民用汽车拥有量273.31万辆，其中私人汽车224.42万辆（见表8.4）。与北京和上海不同，天津市由于在2014年前没有对机动车总量进行调控，因此，机动车数量一直保持较高的增长速度。北京市于2010年10月23日起实施《北京市小客车数量调控暂行规定》，以减缓机动车保有量增长速度。上海市则早在1994年就已经实施私车牌照拍卖政策。天津在2013年年底，也开始实行小客车增量配额指标管理，每年的增量指标控制在10万辆以下，在经历了爆发式增长后，天津市未来机动车将进入平稳增长期。

表8.4:京津沪民用汽车保有量

年份	天津			北京			上海		
	总量 (万辆)	人均 (辆/百人)	人均年 增长率	总量 (万辆)	人均 (辆/百人)	人均年 增长率	数量 (万辆)	人均 (辆/百人)	人均年 增长率
2005	70.67	6.78	—	214.6	13.95	—	95.15	5.03	—
2006	81.66	7.60	12.11%	244.1	15.25	9.27%	107.04	5.45	8.26%
2007	94.24	8.45	11.27%	277.8	16.58	8.71%	119.7	5.80	6.41%
2008	109.23	9.29	9.89%	318.1	17.96	8.36%	132.12	6.17	6.41%
2009	130.55	10.63	14.46%	372.1	20.01	11.38%	147.3	6.67	8.01%
2010	158.6	12.21	14.85%	452.9	23.08	15.39%	175.72	7.63	14.48%
2011	191.02	14.10	15.46%	473.2	23.44	1.53%	194.96	8.31	8.87%
2012	233.94	16.56	17.44%	495.7	23.96	2.22%	212.86	8.94	7.67%
2013	273.31	18.57	12.15%	518.9	24.53	2.40%	235.1	9.73	8.85%

数据来源:《天津统计年鉴》《上海统计年鉴》《北京统计年鉴》。

与住宅能耗关系密切的是居住面积。2013年天津市城市居民人均居住面积接近36平方米,人均供热面积为22.35平方米(见表8.5)。

表8.5:天津市居民人均建筑与供热面积

年份	总供热面积/亿平方米	人均供热面积/平方米	人均建筑面积/平方米
2004	1.14	11.14	—
2005	1.4	13.42	—
2006	1.51	14.05	—
2007	1.69	15.16	—
2008	1.92	16.33	—
2009	2.06	16.77	—
2010	2.4	18.47	—
2011	2.72	20.08	32.77
2012	3	21.23	34.61
2013	3.29	22.35	35.75

数据来源:各年度《天津统计年鉴》。

由表8.5可见,天津供热面积在经历了一个高速增长的时期后,增速正在趋于平缓。

二、天津市居民生活与交通排放基本趋势

天津人均生活能耗总量逐年上升,较之 1996 年,天津人均生活用能源总量提升了一倍多。直接消费的能源结构也出现相应变化:煤炭的消耗逐渐下降,电力和天然气消耗逐年上升,液化石油气则出现先扬后抑的发展规律,2004 之后,随着管道天然气的普及,液化石油气的消费逐渐减少(见表 8.6)。

表 8.6:天津人均生活用能品种(1996—2013 年)

年份	煤炭/kg	电力/kWh	液化石油气/kg	天然气/m³	汽油/kg	热力/Gj
1996	214	189	6	21	91	—
1997	188	211	5	22	100	—
1998	141	227	5	22	85	—
1999	131	265	19	22	74	—
2000	109	271	13	47	112	—
2001	97	286	12	43	116	3.29
2002	87	320	11	42	94	3.78
2003	99	344	12	33	105	3.94
2004	91	360	10	31	116	4.24
2005	86	367	7	37	114	4.30
2006	72	406	7	35	119	4.37
2007	69	434	7	32	126	4.55
2008	50	467	6	33	126	4.83
2009	56	537	6	32	147	4.99
2010	53	533	6	33	158	5.09
2011	48	500	6	33	164	5.10
2012	48	521	5	33	180	5.47
2013	44	511	5	33	203	5.68

资料来源:根据《天津统计年鉴》数据计算所得。其中人口为常住人口。

天津居民的汽油消费和供热消费已经在居民能源消费中占有主要地位,并且仍有持续扩大的趋势(见图8.2)。按热值计算,居民直接使用的能源(电力、煤炭、液化气、天然气)持续降低,主要原因是直接燃煤的比重越来越小,能源利用效率不断提升。在这些直接消费能源中,电力消费稳定增长,天然气消耗正趋于稳定,煤炭和液化气的消耗在居民生活中所占的比重越来越小。

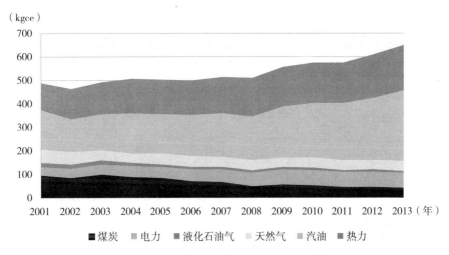

图 8.2:天津市居民人均生活及交通耗能

数据来源:历年《天津统计年鉴》。

根据课题组排放因子(其中,热力排放因子缺乏直接数据,按 80kg/GJ 估算),可以估算出天津市居民生活与交通人均年排放数据,如图 8.3 所示。可以看出,在过去一段时期,尽管天津市居民使用煤炭量逐年降低,但直接的生活排放(电力、煤炭、天然气、煤气)仍相对稳定(640kgCO_2左右),主要原因是居民消耗的电力持续增长。交通和供热排放所占比重越来越高,2013 年,居民的交通和供热的排放分别约为 500kg 和 454kgCO_2,天津市居民生活与交通平均排放约为 1600kgCO_2。

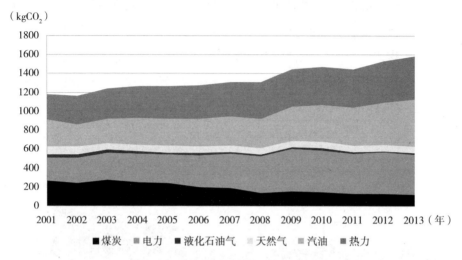

（kgCO₂）

图8.3：天津市居民人均生活与交通排放

数据来源：历年《天津统计年鉴》。

第三节　天津人均情景分析及预测

一、天津未来常住人口规模预测

天津市常住人口的快速增长与天津滨海新区开发开放上升为国家战略的结果，滨海新区作为国家战略性新区，其常住人口的超常规增长趋势可以对比深圳特区和上海浦东新区这两个国家新区的情况。对于天津市其他县区的人口增长趋势，可以参考北京、上海、深圳的人口增长情况，对其发展趋势进行研究。

（一）京津沪深对比

深圳是中国改革开放以来所建立的第一个经济特区，是中国改革开放的窗口。自1980年建立特区以来至今，深圳的常住人口增长过程可以分为五个阶段：第一个阶段是1980—1985年，这段时期是深圳常住人口超高速发展阶段，年平均增长率为21.5%；第二个阶段是1986—1990年，这段时期是深圳常住人口高速发展阶段,虽较上一阶段有所下降,但年平均增长率仍然达到 15.72%;第三个阶段是 1991—1994 年,这段时期同样是深圳常住人口超高速发展阶段,年平均增长率达 22.09%;第四个阶段是 1995—2000 年,这段时期是深圳常住人口高速发展阶段,年平均增长率为 14.83%;第五个阶段是 2001 至今,这段时期是深圳常住人口快速发展阶段,常住人口年平均增长率为 3.47%,呈现人口基数较大状态下的快速增长。

上海浦东新区于 1993 年成立,之后,常住人口在平稳增长,2003 年以前年平均增长率为 2%—3%,2004 年以后,人口开始高速增长,年平均增长率为 10.29%。

北京的人口经历了类似的发展轨迹,高速增长后呈现稳定增长态势。下表表现了京、津、沪和深圳市人口增长的基本趋势。各区域人口增长情况如表 8.7 所示。

表 8.7:津、京、沪、深、滨海新区、浦东新区常住人口情况

	2013 年人口总量/万人	2004—2013 年增速/%	2000—2004 年增速/%
天津	1472.21	4.12	0.56
滨海新区	278.72	12.07	—
北京	2114.80	3.95	2.29
上海	2415.15	3.10	3.35
浦东新区	540.90	10.29	2.30
深圳	1062.89.21	3.20	3.37

数据来源:历年天津、上海、北京、广东统计年鉴。

(二)不同情景下天津市人口总量

通过比较研究发现,天津滨海新区 2004—2013 年常住人口年均增速为 12.07%,高于浦东新区,低于 2001 年前的深圳特区人口年均增速,滨海新区工业发展中劳动密集型产业所占比重远低于深圳 20 世纪 80 年代和 90 年代初期。滨海新区人口增速与深圳特区 20 世纪 90 年代末相似,略低于那个时期深圳常住人口增速。滨海新区土地面积略大于深圳,常住人口密

度远低于深圳,2013 年滨海新区常住人口为 278.72 万,而深圳 2012 年末常住人口则达到 1054.74 万人,深圳已达承载量极限,而滨海新区还有较多的人口承载量空间。

综上,可以大致判断出 2015—2020 年,滨海新区因为现有人口基数增大,经济增速放缓,但总体仍处于开发开放的上升期,其人口年均增速保持为 8%—12%之间可能性较高。由此可以估算出滨海新区 2020 年常住人口规模在 478 万到 616 万人之间,该估值区间包含了天津市滨海新区天津市滨海新区土地利用总体规划(2006—2020 年)规划"2020 年,滨海新区常住人口控制在 600 万人左右"。但不同的政策情景将影响到人口的发展趋势。

对不同的发展情景,我们分别给出有关滨海新区和其他区域的年均增长率,并估算天津市未来人口增长轨迹,如表 8.8 所示。

表 8.8:四种情景下天津市及主要区域 2015—2030 年常住人口预测表

情景	区域		2020	2025	2030
基准情景	滨海新区	年均增长率	11%—12%	6%—10%	3%—5%
		人口(万)	611	897	1077
	其余区县	年均增长率	3%	2%	2%
		人口(万)	1468	1621	1789
	天津市	人口(万)	2079	2518	2867
宽松情景	滨海新区	年均增长率	9%—12%	5%—8%	2.5%—4%
		人口(万)	553	768	899
	其余区县	年均增长率	2.5%—3%	2%	1.5%—2%
		人口(万)	1447	1597	1755
	天津市	人口(万)	2000	2365	2654
政策情景	滨海新区	年均增长率	8%—11%	4%—8%	2%—3%
		人口(万)	519	694	781
	其余区县	年均增长率	2.5%—3%	2%	1%—1.5%
		人口(万)	1440	1589	1690
	天津市	人口(万)	1958	2283	2472

续表

情景	区域		2020	2025	2030
低碳情景	滨海新区	年均增长率	6%—11%	3%—5%	1.5%—2.5
		人口（万）	471	567	626
	其余区县	年均增长率	2%	1.5%	1%—1.5%
		人口（万）	1371	1477	1571
	天津市	人口（万）	1842	2044	2197

在四种情景下天津市人口增长速度略有不同（如图 8.4 所示）。但是均没有在 2030 年前实现峰值，或者达峰的迹象。可以预见，未来天津经济发展的主要动力还需要依赖人口尤其是外来人口的增加来拉动。

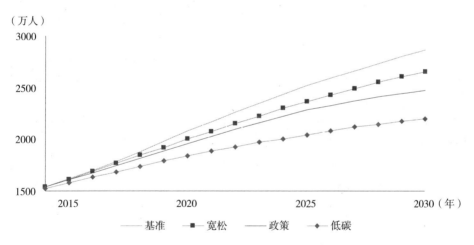

图 8.4：四种情境下天津市 2015—2030 年常住人口预测

二、住房及机动车的未来

据统计，2013 年，天津市人均可支配收入为 32656 元，人均居住面积为 35.75 平方米（人均供热面积为 22.35 平方米），机动车保有量为 18.57 辆/百人。

根据前面 CGE 模型的模拟结果，以及对人口增长的预测，我们给出了 4

种不同情景下天津人均可支配收入(见表8.9)。尽管低碳情景下的天津市GDP低于政策情景和宽松情景,但由于低碳情景控制了人口增长,因此,人均可支配收入略高于其余两个情景,但低于不受约束的基准情景。

表8.9:四种情景下 2015—2030 年天津市居民人均可支配收入

单位:元

年份	基准情景	宽松情景	政策情景	低碳情景
2015	38535.02	37665.01	37501.71	37969.13
2016	41675.40	40571.60	40259.90	40988.66
2017	45015.56	43754.56	43358.85	44319.30
2018	47490.55	46357.10	45856.15	47041.80
2019	50033.68	49187.25	48463.52	50027.53
2020	52778.06	52151.82	51307.95	53188.07
2021	55129.73	54587.26	53492.45	55840.09
2022	57687.05	57098.17	55882.45	58761.67
2023	60492.80	59856.60	58513.68	61828.95
2024	63594.59	62905.95	61424.90	65222.08
2025	67045.31	66293.81	64657.99	68798.48
2026	70253.03	68780.59	67222.67	70976.83
2027	73859.95	71354.71	69991.25	73222.74
2028	77784.35	74260.05	73021.02	75803.60
2029	82002.14	77408.93	76400.02	78695.48
2030	86508.97	80953.73	79933.70	81697.28

居民人均居住面积显然和居民收入存在显著的正相关关系,但要进行模拟却比较困难,因为居住面积不会随着收入增加而无限制地增加,会有一个上限。因此,我们以供热面积(平方米)为因变量,居民可支配收入(万元)为自变量,建立逻辑斯蒂模型[①]对供热面积进行预测。经发达国家居民平均住房面积对比研究后,估计天津市人均住房面积的上限为40平方米

[①] 在一定条件下,物种群增长开始增长速度快,随后速度慢直至停止增长(只是就某一值产生波动),这种"S"型,统称逻辑斯谛(Logistic)增长模型。

（与欧洲发达国家居住水平大体相当），加上集中供热的进一步普及，设定人均供热面积上限30平方米（参数初始值）。经参数估计，逻辑斯蒂模型设定为 $\hat{Y}_i = 29.238/(1 + 3.169e^{-0.712X_i})$，拟合系数为0.990。根据该模型，不同情景下天津市居民人均供热面积预测如表8.10所示。

表8.10：四种情景下天津市居民人均供热面积

单位：平方米／人

年份	基准情景	宽松情景	政策情景	低碳情景
2015	24.29	24.03	23.98	24.12
2016	25.14	24.85	24.77	24.96
2017	25.91	25.63	25.54	25.76
2018	26.39	26.18	26.08	26.31
2019	26.83	26.69	26.57	26.83
2020	27.22	27.14	27.02	27.28
2021	27.52	27.45	27.32	27.60
2022	27.79	27.73	27.60	27.89
2023	28.04	27.99	27.87	28.15
2024	28.27	28.22	28.11	28.37
2025	28.48	28.43	28.34	28.56
2026	28.63	28.56	28.48	28.66
2027	28.76	28.67	28.62	28.74
2028	28.88	28.78	28.74	28.82
2029	28.97	28.87	28.84	28.90
2030	29.04	28.95	28.93	28.96

机动车保有量预测假设为：基准情景为不限购，天津市延续每年40万辆的增量；政策情景为现行的天津市机动车总量控制政策，每年新增机动车10万辆，加上部分市民采用上外地牌照方式，实际上每年新增15万辆；低碳情景对总量和外地牌照车辆实行进一步控制，每年新增机动车10万辆；宽松情景下，每年新增机动车20万辆。不同情景下，天津市居民人均机动车保有量未来可能的情况如表8.11所示。

表 8.11:四种情景下天津居民人均机动车保有量

单位:辆/百人

年份	基准情景	宽松情景	政策情景	低碳情景
2015	21.87	19.43	18.88	18.56
2016	23.19	19.74	19.00	18.58
2017	24.32	20.00	19.14	18.61
2018	25.25	20.26	19.23	18.62
2019	25.99	20.50	19.28	18.64
2020	26.62	20.67	19.32	18.64
2021	27.36	20.91	19.39	18.74
2022	28.03	21.08	19.47	18.86
2023	28.67	21.27	19.57	18.97
2024	29.29	21.47	19.69	19.11
2025	29.92	21.70	19.85	19.24
2026	30.57	21.97	20.12	19.39
2027	31.26	22.20	20.39	19.52
2028	31.95	22.48	20.69	19.71
2029	32.61	22.77	21.04	19.95
2030	33.25	23.11	21.37	20.18

三、天津市生活及交通碳排放预测

根据居民的直接碳排放、供热和交通碳排放以及人口数量等因素,对天津市生活及交通排放进行预测。居民收入提高通过以下几个途径影响居民生活与交通的碳排放。

(一)居民直接排放

收入提高影响家庭直接消耗能源的结构。随着收入水平的提高,使用清洁能源的比例增加,家用电器占有量和使用比例增加,天然气、电力等清洁能源消耗增加,而不清洁的煤炭直接使用量逐年减少,致使能源利用效率提升,导致居民直接使用的能源总热值逐渐缓慢降低。居民直接碳排放与收入的关系如图 8.5 所示。

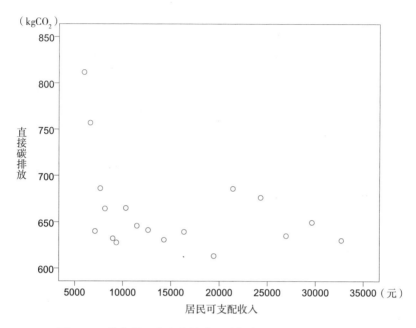

图 8.5:天津市居民人均直接碳排放与人均可支配收入散点图

通过对居民直接碳排放与收入进行线性回归,可见:在方差分析中,方程整体显著性水平未通过 F 检验,参数亦未通过 t 检验。另外,相关分析表明,收入和直接排放之间的 pearson 相关系数为-0.377,亦未通过显著性检验,不能认为收入和直接排放之间存在显著的相关关系。因此,我们预计在基准情景下,未来居民的直接碳排放将继续保持稳定,居民直接排放取值为 $640kgCO_2$/人。

假设基准情景下,2030 年直接碳排放中,电力排放的部分为 500kg,电力供应中 15% 为清洁能源;在宽松情景、政策情景和低碳情景下,2030 年电力供应中清洁能源占比分别为 17%、20% 和 23%。经测算,宽松情景、政策情景和低碳情景下,2030 年直接排放分别为 628kg、611kg 和 $593kgCO_2$(见表 8.12)。

表 8.12：四种情景下 2015—2030 年天津市居民人均直接排放量

单位：$kgCO_2$/人

年份	基准情景	宽松情景	政策情景	低碳情景
2015	640.00	639.26	638.16	637.06
2016	640.00	638.53	636.32	634.12
2017	640.00	637.79	634.49	631.18
2018	640.00	637.06	632.65	628.24
2019	640.00	636.32	630.81	625.29
2020	640.00	635.59	628.97	622.35
2021	640.00	634.85	627.13	619.41
2022	640.00	634.12	625.29	616.47
2023	640.00	633.38	623.46	613.53
2024	640.00	632.65	621.62	610.59
2025	640.00	631.91	619.78	607.65
2026	640.00	631.18	617.94	604.71
2027	640.00	630.44	616.10	601.76
2028	640.00	629.71	614.26	598.82
2029	640.00	628.97	612.43	595.88
2030	640.00	628.24	610.59	592.94

（二）居民供热排放

收入提高使得家庭平均住房面积持续增大。供热面积扩大，供热消耗和供热引起的碳排放将提升，二者关系如图 8.6 所示。

以供热面积为自变量，居民人均供热排放为因变量，回归方程为：

$$\hat{Y}_i = 24.85 + 19.69X_i \qquad （式8.1）$$

方差分析表中，F 统计量对应的显著性水平 Sig. = 0.000，斜率系数 t 统计量对应的显著性水平 sig. = 0.000，均在 1% 显著性水平下显著，拟合系数为 0.904。

另外，我们假设不同情景下供热企业的排放强度不同，基准情景下，供

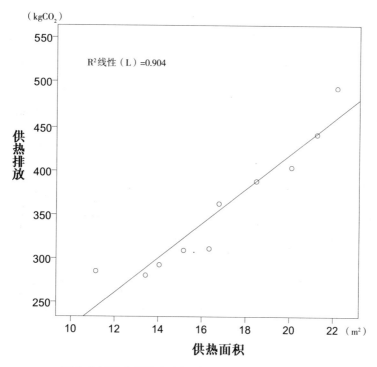

图 8.6：天津市居民人均供热排放与供热面积关系图

热企业排放强度为 80kg/GJ，在宽松、政策、低碳的情景下，供热企业分别于 2030、2025、2020 年达到 60kg/GJ（北京市公布的供热企业碳排放强度先进值为 $62kgCO_2/GJ$）。

根据居民人均供热面积预测及供热企业排放强度假设，预测居民人均供热排放如表 8.13 所示。

表 8.13：四种情景下天津市居民人均供热碳排放量

单位：$kgCO_2$/人

年份	基准情景	宽松情景	政策情景	低碳情景
2015	503.12	498.00	497.02	499.77
2016	519.86	509.86	506.16	507.71
2017	535.02	520.68	514.54	514.33
2018	544.47	526.83	518.18	515.75
2019	553.13	532.03	520.61	516.26

续表

年份	基准情景	宽松情景	政策情景	低碳情景
2020	560.81	535.94	522.07	515.16
2021	566.72	537.07	520.57	511.46
2022	572.04	537.55	518.57	507.04
2023	576.96	537.57	516.25	501.91
2024	581.49	536.96	513.27	495.94
2025	585.62	535.92	510.01	489.33
2026	588.57	533.37	505.10	481.15
2027	591.13	530.43	500.12	472.59
2028	593.50	527.45	494.75	463.98
2029	595.27	524.08	488.99	455.32
2030	596.65	520.52	483.02	446.30

(三)居民交通排放

收入提高使得汽车保有不断增加,人均汽车拥有量的提升改变了天津市居民的出行方式,使得交通能源投入和交通排放持续上升。二者关系如图8.7所示。

以人均汽车保有量为自变量,居民人均交通排放为因变量,建立回归方程:

$$\hat{Y}_i = 291.09 + 8.34X_i \qquad (式8.2)$$

方差分析表中,F统计量对应的显著性水平 Sig. = 0.000,斜率系数 t 统计量对应的显著性水平 sig. = 0.000,均在1%显著性水平下显著。拟合系数为0.946,效果较好。

根据机动车人均保有量,可以测算居民人均交通的碳排放量,见表8.14。

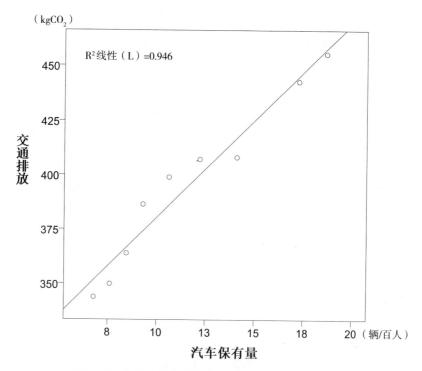

图8.7:天津市居民人均交通碳排放与人均汽车保有量的关系

表8.14:四种情景下2015—2030年天津市居民人均交通排放量

单位:$kgCO_2$/人

年份	基准情景	宽松情景	政策情景	低碳情景
2015	473.45	453.12	448.55	445.87
2016	484.53	455.69	449.57	446.05
2017	493.90	457.91	450.75	446.32
2018	501.64	460.09	451.50	446.36
2019	507.82	462.06	451.85	446.55
2020	513.11	463.48	452.20	446.56
2021	519.23	465.45	452.78	447.35
2022	524.87	466.94	453.46	448.38
2023	530.20	468.49	454.29	449.28
2024	535.41	470.18	455.35	450.48
2025	540.65	472.09	456.66	451.57
2026	546.07	474.29	458.86	452.78

年份	基准情景	宽松情景	政策情景	低碳情景
2027	551.82	476.24	461.16	453.89
2028	557.54	478.56	463.67	455.49
2029	563.10	480.98	466.57	457.47
2030	568.43	483.84	469.35	459.39

由表 8.14 可见,2030 年前,天津人均交通的碳排放将处于增长阶段,但是各种情景下,其增长速度均有所放缓,低碳情景下,增长率最低。这主要是执行限制汽车增长,增加公共交通工具以及提高能源效率等多种措施的结果。

(四)人均及总碳排放

将直接排放、供热排放和交通排放加总后得到人均生活及交通(如图 8.8 所示)。在基准情景下,2030 年以前,人均生活及交通碳排放将持续增加,2030 年达 1805kgCO₂/人;在宽松情景下,人均生活及交通排放将于 2025 年达峰,峰值排放为 1638kg CO_2/人;在政策情景下,人均生活及交通排放将于 2020 年达峰,峰值排放为 1599kg CO_2/人;在低碳情景下,人均生活及交通排放将于 2017 年达峰,峰值排放为 1585kg CO_2/人。

尽管人均生活与交通排放在政策情景、宽松情景和低碳情景下会较快达峰,但由于天津市人口的不断增长,天津市居民生活及交通排放仍在未来一段时期保持增长无法达峰,增长趋势如图 8.9 所示。4 种情景下,2030 年天津市居民生活与交通总排放由高至低分别为 5775 万吨、4332 万吨、3863 万吨和 3292 万吨 CO_2。其中,从趋势上看,低碳情景下的天津市居民的生活与交通总排放已经非常接近顶点。

第四节 天津市居民生活及交通排放总结

1.人均接近达峰,但总量未能达峰。未来随着天津经济的发展,人民生

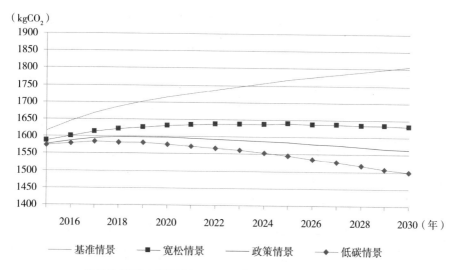

图 8.8：天津市居民 2015—2030 年生活与交通人均排放量

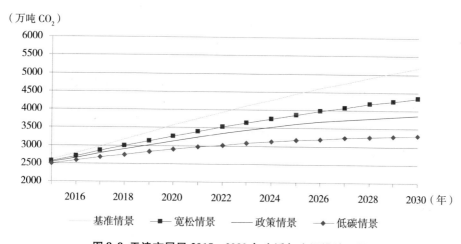

图 8.9：天津市居民 2015—2030 年生活与交通排放总量

活水平的进一步提高,天津市人均生活与交通的排放量将步入平缓增长或下降的通道,但是,若政策设置较为宽松的话,不排除较快增长的可能性。但由于天津市人口还处于增长阶段,总碳排放量仍将持续增加一段时间。所以未来天津市人口政策将作较大幅度的调整,才能将增速限制在合理水平,适应峰值目标的到来。

2.交通体系建设完善与否,关系到天津人均碳排放的峰值状况。从前面的分析可知,天津市碳排放总量的达峰时间不会晚于2025年,从居民的生活与交通排放的持续刚性特征来看,其占比在未来将持续上升一段时间。随着交通运输方式更加高效、低碳化,再加上人口增长幅度趋于稳定,其排放总量和相对量将进入稳定和下降通道。前提条件是,天津的交通体系相对完备,公共交通体系日益完备和便捷,目前对私家车的限购模式将持续并日益趋紧,郊县的城镇化建设基本完成,不需要有大的投入,所以天津人均生活碳排放峰值将比总量提前到来。

3.在生活排放中,供热、空调等引起的碳排放将是未来增长的重点。冬季供热和夏季空调的电力消耗将呈现先升后降,然后趋于稳定的过程。随着天然气供气体系的普及,居民户用燃气供暖将逐渐增加,并且随着地源热泵和空气源热泵技术的推广,可再生能源消耗的比例将逐渐提高,对化石燃料的依赖程度将降低。碳排放的增长趋势将逐渐放缓。

总之,生活与交通碳排放的下降时间要晚于工业排放,原因是人们追求舒适生活方式的需求,不能立刻满足,需要一定时间。而且在天津经济发展要晚于北京、上海等城市的后发背景下,人们转变生活方式的欲望逐渐释放,与一些收入水平较高市民能源消耗基本满足同时并行,所以天津的生活及交通排放要晚于北京、上海若干年达峰,且人均排放量与这两市基本持平。北京和上海的以及前面章节中介绍的其他发达国家的做法可供天津借鉴。

第九章　天津市第一产业碳排放趋势

IPCC 研究报告显示,农业是温室气体重要来源,占人类活动所排放的温室气体的 14%。其中,温室气体中的第二大来源甲烷、第三大来源氧化亚氮更是与农业生产密切相关,约 50%—60% 来自农业。因此,发展低碳农业、提高生产效率、降低能耗和排放、增加碳汇,是推动能源可持续发展的重要方面。本章将对天津市第一产业的碳排放进行分析。

第一节　天津市第一产业发展基本现状

天津是一个工业城市,第一产业占比不大,且处于不断下降趋势。并且,随着天津市工业化和城市化进程的加深,农、林、牧、渔等各业发展趋势差异明显,第一产业总增加值占 GDP 的比重逐年降低,如表 9.1 所示。

表 9.1:天津市第一产业产值及 GDP 占比变动趋势

单位:亿元

	农业	林业	牧业	渔业	农林牧渔服务业	合计	占 GDP 比/%
1996	90.17	0.96	30.27	12.13		133.53	6.0
1997	89.77	1.00	33.99	15.71		140.47	5.5
1998	98.83	1.19	38.09	18.05		156.16	5.4
1999	91.58	1.42	38.95	18.16		150.11	4.7
2000	83.42	1.37	51.75	19.76		156.30	4.3
2001	86.73	1.46	60.76	20.56		169.51	4.1
2002	86.06	1.52	69.21	24.28		181.07	3.9
2003	88.20	1.61	77.22	26.41		193.44	3.5

续表

	农业	林业	牧业	渔业	农林牧渔服务业	合计	占 GDP 比/%
2004	95.29	1.66	92.55	31.85		221.35	3.4
2005	97.49	1.89	102.71	36.25		238.34	2.9
2006	110.05	2.01	70.52	35.32	7.14	225.04	2.3
2007	117.60	2.08	76.93	36.13	8.00	240.74	2.1
2008	127.67	2.22	86.03	43.81	8.38	268.11	1.8
2009	139.70	2.22	83.57	47.53	8.64	281.65	1.7
2010	168.25	2.36	87.49	50.26	8.97	317.33	1.6
2011	179.87	2.46	98.52	58.61	10.03	349.48	1.4
2012	195.99	2.79	105.01	61.66	10.18	375.62	1.3
2013	217.16	3.09	108.63	73.20	10.28	412.36	1.3

资料来源:历年《天津统计年鉴》。

天津主要农作物的种植面积变化,可以大致反映天津市农业发展的基本情况。1996 年至 2013 年天津作物种植面积的基本情况(见表 9.2)可见,2006 年以前,天津农作物种植面积呈现逐年下降趋势,2006 年达到谷底,之后,随着国家对耕地保护政策的加强,种植面积又出现缓慢回升态势,近年来种植面积基本保持稳定。

表 9.2:天津市各类农作物种植面积

单位:万公顷

年份	粮食	棉花	油料	蔬菜	其他	合计
1996	45.57	0.38	1.37	8.08	1.04	56.44
1997	43.99	0.28	1.61	8.82	1.03	55.73
1998	44.45	0.35	1.69	8.64	1.19	56.32
1999	43.10	0.60	1.62	9.86	1.11	56.29
2000	34.59	1.51	2.63	12.83	1.75	53.31
2001	32.85	4.50	2.05	12.95	2.10	54.45
2002	31.13	4.48	1.89	12.84	1.94	52.28
2003	25.81	7.06	1.58	13.46	2.24	50.15
2004	26.35	8.69	0.61	13.19	1.59	50.43

续表

年份	粮食	棉花	油料	蔬菜	其他	合计
2005	28.77	6.12	0.51	12.97	1.57	49.94
2006	28.43	6.89	0.20	6.38	1.08	42.98
2007	29.20	6.75	0.18	6.34	0.93	43.40
2008	29.35	6.92	0.18	7.22	0.96	44.63
2009	30.66	5.56	0.20	8.08	1.02	45.52
2010	31.18	5.18	0.22	8.49	0.86	45.93
2011	31.08	6.00	0.22	8.71	0.79	46.80
2012	32.29	5.54	0.19	8.89	0.99	47.90
2013	33.28	3.92	0.18	8.99	0.98	47.35

资料来源:历年《天津统计年鉴》。

畜牧业与农业(种植业)呈反向变动趋势。2005 年以前,天津市禽畜平均在栏数量逐年上升,在 2005 年左右达到畜牧养殖高峰,之后,随着国家耕地保护政策加强,畜牧业发展受到限制,整体规模呈现下降趋势并逐渐趋于稳定。具体发展趋势如表 9.3 所示。

表 9.3:天津市禽畜平均在栏数量

单位:万头

年份	牛	马	驴	骡	猪	羊	家禽
1996	19.50	0.50	9.40	3.10	82.50	47.80	503.25
1997	18.60	0.40	8.80	2.70	101.70	43.60	343.27
1998	18.33	1.15	8.57	2.88	127.23	56.12	407.54
1999	18.82	1.19	7.87	2.74	126.96	56.87	478.38
2000	21.45	0.95	6.93	2.27	164.80	65.17	747.45
2001	27.00	0.81	5.56	2.00	182.90	82.10	1004.39
2002	37.29	0.71	4.47	1.66	269.90	93.73	1400.90
2003	42.91	0.55	3.79	1.52	245.09	106.49	1573.65
2004	43.42	0.41	3.58	1.31	252.42	93.61	1416.72
2005	44.40	0.31	3.60	1.07	255.45	84.69	1534.27
2006	24.88	0.26	1.15	0.44	145.63	34.80	1120.24
2007	27.16	0.17	0.99	0.40	147.95	35.29	947.35

续表

年份	牛	马	驴	骡	猪	羊	家禽
2008	26.01	0.14	0.76	0.32	180.26	37.28	1004.67
2009	27.40	0.09	0.51	0.22	180.96	38.07	1030.70
2010	28.80	0.11	0.47	0.20	186.93	37.40	1158.51
2011	29.36	0.09	0.40	0.15	191.26	36.06	1202.62
2012	29.14	0.07	0.31	0.13	193.75	41.39	1334.91
2013	28.32	0.06	0.27	0.11	200.99	45.43	1481.75

注:家禽数量通过出栏量估计,年出栏率设定为6。

数据来源:历年《天津统计年鉴》。

在第一产业中,渔业是天津市保持稳定增长的重要因素。随着近海海洋资源的枯竭,渔业养殖量不断增大,发展趋势如表9.4所示。

表9.4:天津市渔业产量

单位:万吨

年份	捕捞总量	养殖总量	总产量
1996	4.45	12.55	16.99
1997	4.52	14.45	18.98
1998	4.86	16.52	21.38
1999	5.10	17.93	23.03
2000	4.89	19.33	24.22
2001	5.06	21.40	26.46
2002	5.76	22.79	28.56
2003	5.29	24.54	29.83
2004	4.93	26.08	31
2005	5.02	28.80	33.81
2006	3.71	27.70	31.41
2007	3.91	27.24	31.15
2008	3.32	28.93	32.25
2009	3.41	29.99	33.4
2010	3.44	31.05	34.49
2011	3.61	31.61	35.21

续表

年份	捕捞总量	养殖总量	总产量
2012	3.88	32.63	36.5
2013			39.86

数据来源:历年《天津统计年鉴》。

天津地处华北,天然植被资源不算丰富。天津市的植被大致可分为:针叶林、针阔叶混交林、落叶阔叶林、灌草丛、草甸、盐生植被、沼泽植被、水生植被、沙生植被、人工林、农田种植植物等11种。生态林树种主要有杨、槐、白蜡、椿、柳等,经济林树种主要有梨、枣、杏、桃、葡萄、苹果等。林地面积如下表所示,可以看出,随着对生态环境的重视,天津市的林地面积呈现缓慢增长的态势,如表9.5所示。

表9.5:天津市林地面积情况(2005—2013)

单位:万公顷

年份	2005	2006	2007	2008	2009	2010	2011	2012	2013
年末实有林地面积	19.05	19.35	18.73	19.64	21.26	20.91	21.19	21.46	22.17

数据来源:历年《天津统计年鉴》。

第二节　天津市第一产业温室气体核算

农业温室气体不仅包括农业生产过程中的能源消耗排放的 CO_2,还包括其排放的甲烷和氧化亚氮等,另外,还要考虑林业等植被产生的碳吸收汇。

一、二氧化碳排放量

由于缺乏第一产业所消耗能源的具体结构数据,因此,假设第一产业能源结构与天津市能源结构相同,基于课题组成员的研究数据,根据天津市能源消耗数据、天津市能源结构和第一产业能源消耗数据,计算出天津市第一产业能源消耗过程中排放的二氧化碳,如表9.6所示。

表9.6:天津市第一产业 CO_2 排放情况

年份	排放强度 /千克 CO_2/元	一产 CO_2 排放量/万吨	一产排放强度 /千克 CO_2/元	一产排放占市总量比/%
1995	0.52	174.53	0.26	2.84
1996	0.44	165.72	0.23	2.77
1997	0.39	112.78	0.15	1.90
1998	0.36	112.70	0.14	1.89
1999	0.34	131.29	0.16	2.12
2000	0.33	142.12	0.17	2.11
2001	0.31	159.01	0.17	2.29
2002	0.29	181.16	0.19	2.47
2003	0.25	129.65	0.13	1.77
2004	0.25	148.94	0.14	1.75
2005	0.26	175.53	0.16	1.75
2006	0.25	184.90	0.16	1.65
2007	0.24	189.75	0.16	1.55
2008	0.22	187.98	0.15	1.43
2009	0.21	195.30	0.16	1.35
2010	0.19	216.92	0.17	1.37
2011	0.17	242.14	0.18	1.48
2012	0.16	257.94	0.19	1.43

数据来源:历年《天津统计年鉴》。

由表9.6显示,天津市第一产业排放的 CO_2 占天津市碳排放总量的比例逐年下降,由1995年的2.84%下降至2012年的1.43%。但排放强度并未降低,1995年以后,第一产业碳生产率[①]不断上升,但随后变化不大,一直维持在 $1.6tCO_2$/万元产值的相对固定的水平。

---

① 注:碳生产率为碳排放强度的倒数。

这种趋势或者与天津市机械化农业接近饱和、生产率提升面临瓶颈有关。天津市第一产业碳生产率和天津市农机总动力的关系如图9.1所示。从图形上看,二者存在一定的正相关关系,经统计分析,二者 Pearson 相关系数为0.515,在5%的显著性水平下正相关,表明二者的确存在相关关系。这种关系可以解释为:随着机械水平的提升,农业生产效率提高,碳生产率上升,碳排放强度下降。

但是,截至2013年,天津市机耕机播面积已经在95%以上,单纯从作业方式上提升效率的空间已经不大,表明在天津市种植面积保持稳定的前提下,天津市第一产业所消耗的能源总量及相应的排放量将不会明显下降。

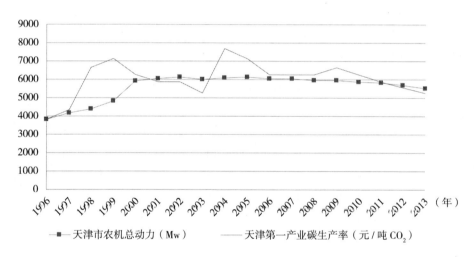

图9.1:天津市第一产业农机总动力与碳生产率对比

二、种植业其他温室气体排放

在此,其他温室气体主要包括甲烷(CH_4)和氧化亚氮(N_2O)。种植业中,甲烷排放量的计算方法为:

$$CH_{4crop} = \sum S_i \alpha_i \qquad\qquad (式9.1)$$

其中,CH_{4crop}为种植业甲烷年排放总量,S_i为第i种农作物的年播种面积,α_i为第i种农作物单位面积甲烷排放系数。

实际上,在种植业中,最重要的排放源是稻谷,其他旱地作物甲烷细菌不活跃,且旱地土壤对甲烷具有吸收作用,所以旱地生态系统的甲烷排放很少,几乎可以忽略,因此,我们只估算稻谷的甲烷排放。采用天津市中季稻排放系数作为统一系数,$\alpha_i = 11.34g/m^2$。

然而,旱地种植生态中,氧化亚氮排放较大,其计算方法为:

$$N_2O_{crop} = \sum S_i\beta_i + \sum_i \sum_j Q_{ij}\gamma_{ij} \qquad (\text{式}9.2)$$

其中,N_2O_{crop} 为种植业氧化亚氮年排放总量,β_i 为第 i 种农作物单位面积本底年 N_2O 排放通量,Q_{ij} 为第 i 种农作物化肥 j 的施用量,γ_{ij} 为对应的 N_2O 排放系数。

天津市化肥施用总量数据如表 9.7 所示,天津市第一产业的化肥施用量呈现上升趋势。

表 9.7:天津市施用化肥折纯量

单位:万吨

年份	化肥总量	氮肥	磷肥	钾肥	复合肥
1996	13.70	8.40	1.43	0.40	3.47
1997	14.60	8.59	1.88	0.51	3.60
1998	15.33	8.72	2.01	0.69	3.91
1999	15.75	8.75	1.75	0.78	4.47
2000	16.64	9.16	2.04	0.72	4.72
2001	17.31	9.17	2.27	0.77	5.10
2002	17.59	9.35	2.27	0.94	5.03
2003	17.80	9.30	2.28	1.02	5.20
2004	22.85	11.52	3.62	1.50	6.21
2005	23.29	11.55	3.68	1.51	6.55
2006	24.56	12.13	3.92	1.75	6.77
2007	25.82	12.70	4.15	1.99	6.98
2008	25.88	12.06	3.86	2.26	7.70
2009	25.96	12.40	3.98	1.59	7.99
2010	25.54	11.83	3.87	1.64	7.72
2011	24.39	11.37	3.91	1.68	7.43

续表

年份	化肥总量	氮肥	磷肥	钾肥	复合肥
2012	24.45	11.12	3.99	1.67	7.67
2013	24.34	11.19	3.77	1.82	7.56

数据来源:历年《天津统计年鉴》。

不同作物的氧化亚氮本底排放通量及对应的化肥排放系数如表9.8所示。在化肥中,主要考虑的是氮肥和复合肥的氧化亚氮的排放,磷肥和钾肥的排放很少,可以忽略。

表9.8:主要农作物 N_2O 排放通量及化肥排放系数

系数	稻谷	冬小麦	春小麦	玉米	大豆	蔬菜	其他
本底 N_2O 排放通量 kg/hm²	0.24	1.75	0.4	2.532	2.29	4.944	0.95
氮肥 N_2O 排放系数(%)	0.3	1.1	0.15	0.83	6.605	0.83	0.3
复合肥 N_2O 排放系数(%)	0.11	0.11	0.11	0.11	0.11	0.11	0.11

资料来源:闵继胜、胡浩:《中国农业生产温室气体排放量的测算》,《中国人口·资源与环境》2012年第7期。

1996—2012 年天津市各类农作物的种植面积如表9.8所示。

表9.9:天津市各类农作物种植面积

单位:万公顷

年份	稻谷	冬小麦	春小麦	玉米	大豆	蔬菜	其他
1996	6.17	14.24	0.52	16.28	3.68	8.73	6.82
1997	6.64	14.62	0.49	15.22	3.68	9.60	5.48
1998	5.44	14.75	0.59	16.30	3.68	9.45	6.11
1999	6.11	13.80	0.52	16.86	3.68	9.86	5.47
2000	3.54	12.01	0.16	13.12	3.68	11.40	9.40
2001	1.14	10.67	0.17	14.09	3.68	12.95	11.75
2002	1.49	9.42	0.17	14.64	3.68	12.84	10.03
2003	0.70	7.83	0.23	12.49	4.07	13.46	11.37
2004	1.37	7.48	0.28	13.48	2.97	13.19	11.67

续表

年份	稻谷	冬小麦	春小麦	玉米	大豆	蔬菜	其他
2005	1.67	9.39	0.33	13.88	3.67	12.97	8.02
2006	1.41	10.10	0.39	15.09	2.24	6.37	7.39
2007	1.44	10.00	0.44	16.22	1.36	6.34	7.61
2008	1.50	10.27	0.50	15.98	1.53	7.22	7.62
2009	1.60	10.23	0.79	16.59	2.09	8.08	6.13
2010	1.58	10.35	0.70	16.89	1.31	8.48	6.61
2011	1.42	10.38	0.85	16.90	1.86	8.71	6.68
2012	1.46	10.51	0.80	17.93	1.15	8.89	7.15

资料来源:各年度统计年鉴。

根据公式9.1和9.2,计算天津市农作物的甲烷及氧化亚氮年排放量如表9.10所示。

表9.10:天津市农作物甲烷与氧化亚氮年排放量

单位:吨

	年份	1996	2000	2004	2008	2012
甲烷		—	64003	1552	57188	1703	7000
氧化亚氮	本底排放	1074	1129	1210	923	1048
	化肥排放	807	920	1144	1009	895
	总排放	1881	2049	2354	1932	1942

资料来源:闵继胜、胡浩:《中国农业生产温室气体排放量的测算》,《中国人口·资源与环境》2012年第7期。

三、畜牧业其他温室气体排放

畜牧业中禽畜也会排放大量温室气体,包括甲烷和氧化亚氮。其中,甲烷的主要来源是肠道发酵和粪便排放,而氧化亚氮主要来自粪便排放。畜牧业 CH_4 计算方法为:

$$CH_{4live} = \sum N_i(\delta_i^1 + \delta_i^2) \qquad (式9.3)$$

其中,CH_{4live} 为畜牧业年 CH_4 排放总量,N_i 为第 i 类畜禽年平均在栏量，δ_i^1 和 δ_i^2 为第 i 种畜禽肠胃发酵 CH_4 排放系数和粪便 CH_4 排放系数。

畜牧业 N_2O 计算方法为：

$$N_2O_{live} = \sum N_i\varphi_i \qquad\qquad （式9.4）$$

其中，N_2O_{live} 为畜牧业年 N_2O 排放总量，φ_i 为第 i 类畜禽 N_2O 排放系数。各类系数如表 9.11 所示。

表 9.11：各畜牧品种 CH_4 和 N_2O 的排放系数

品种	CH_4 排放系数（kg/头/年）		N_2O 排放系数（kg/头/年）
	肠道发酵	粪便排放	粪便排放
奶牛	68	16	1
水牛	55	2	1.34
黄牛	47.8	1	1.39
求平均	56.9	9.5	1.24
羊	5	0.16	0.33
骡	10	0.9	1.39
骆驼	46	1.92	1.39
驴	10	0.9	1.39
马	18	1.64	1.39
生猪	1	3.5	0.53
兔	0.254	——	——
家禽类	——	0.02	0.02

资料来源：闵继胜，胡浩：《中国农业生产温室气体排放量的测算》，《中国人口·资源与环境》2012 年第 7 期。

依据以上数据，根据天津市各类畜禽饲养量（表 9.3），计算天津市畜牧业各畜牧品种甲烷和氧化亚氮排放量如表 9.12 所示。

表 9.12：天津市畜牧业甲烷与氧化亚氮年排放量

单位：吨

年份	1996	2000	2004	2008	2012
甲烷	20688	26360	45917	27652	30532
氧化亚氮	1118	1645	2542	1619	1799

第三节　天津市第一产业温室排放趋势分析

根据《IPCC 2006 温室气体盘查清单指南》有关不同类型温室气体的全球变暖潜能值（Global warming potential，GWP），甲烷的 GWP 值为 25，N_2O 的 GWP 值为 298，计算第一产业的温室气体排放当量（CO_2 当量）如图 9.2 所示。

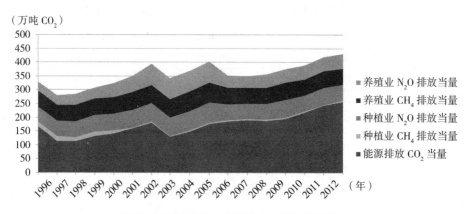

图 9.2：天津市第一产业温室气体排放总量

从图 9.2 可见，第一产业消耗能源排放的温室气体是天津市一产排放温室气体的第一大贡献源。2012 年达到 258 万吨 CO_2 并有继续扩大的趋势，其余温室气体约为 174 万吨 CO_{2e}，并且，该数值保持相对稳定。第一产业排放的各类温室气体为 431 万吨 CO_{2e}，约占天津市总排放的 2.4%，远低于世界农业排放占总排放 14% 左右的比例。

另外，天津市第一产业的甲烷和氧化亚氮排放量占农业总排放量的 40% 左右，而在全球水平上，农业释放的甲烷和氧化亚氮是农业温室气体的主要部分。

第四节　天津市第一产业碳排放总结

随着人们生活水平的提高以及需求层次和需求品种的多样化，未来天津市的第一产业的温室气体排放将呈现稳步提高的态势,很有可能在其他产业尤其是重工业下降的同时,其排放总量稳定在一定水平,其相对于全市的比重将有所上升。为此,需要做如下努力。

1.提早规划。天津市农业排放的温室气体总量,不论是绝对量还是占全市排放总量的比值的相对量都不高。但是,从发展趋势来看,其有增长的趋势。而且随着设施农业、精细农业的增加,需要的能源会逐渐增大,其所带来的排放会有所增加。由于产业结构和种植方式的改变相对较慢,可以确定的是,未来天津市农业减排的幅度不会太大。但是,我们不能因为其占比小而忽视了其存在和减排的必要性,而是更应该提早做好种植结构和种植方式的调整的研究、示范与推广工作,为减排做好基础工作和技术储备,如做好作物的适应性工作,选育、培养耐高温、抗旱的作物品种。

2.提高能效。能源直接排放的二氧化碳在农业温室气体排放中占有主要地位,并且有继续增长的趋势,并且,这种增长趋势与农业机械的使用有关,而农业机械在帮助天津市农业提高碳生产率方面也有较大的空间。未来,需要在提高农业机械的作业效率和能源利用效率等方面下功夫,尽量使用专业性设备,减少通用设备的使用,以降低农业作业机械的碳排放,以及柴油作业机械对雾霾的"贡献"。

3.综合处理。未来,天津的畜牧业排放依然要保持在较高的水平上,而且其带来的甲烷、废水及固体垃圾的处理将引起极大的关注,尽量采用资源化利用处理方式,是未来各级政府部门和养殖户关注的方面。一方面可以实现循环经济,提高资源利用水平,另一方面也可以通过生态方式减少废物排放和碳排放。

总之,天津的第一产业会随着天津产业转型的速度加快,其在总产值中的占比会逐渐增加,但是,总量下降将是十分困难的。因为其影响因素涉及多方面,如农业种植结构、种植方式及能源品种、机械设施的利用效率等,较为复杂。更需要农业管理和科研部门下大力气提前部署并采取相应措施,做到未雨绸缪。

第十章 天津市城市废弃物排放特征分析

城市废弃物包括固废(Municipal Solid Waste,MSW)和污水。作为温室气体的来源之一,废弃物排放在天津市呈现逐年增加趋势,对未来峰值目标的实现是一个不可忽视的方面。

本研究参考了 IPCC 指南和我国相关研究资料,结合天津市城市废弃物的特点,采用库兹涅茨曲线,对天津市未来城市废弃物管理进行政策分析。

第一节 天津市城市废弃物处理基本情况

本研究收集了天津市 1981—2013 年的(生活)垃圾清运量和粪便清运量数据,将二者求和作为天津市 MSW 的产生量(表 10.1)。由于参考资料数据统计口径的变动,1981—2007 年为垃圾清运量,2008—2013 年为生活垃圾清运量,研究中将二者视为同一口径。

表 10.1:天津市城市固体废弃物情况(1981—2013)

年份	垃圾		粪便		总量	
	总量万吨	人均 kg/人	总量万吨	人均 kg/人	总量万吨	人均 kg/人
1987	190	228.43	25	30.06	215	258.49
1988	213	252.54	24	27.98	237	280.52
1989	207	241.55	24	28.12	231	269.68
1990	217	245.47	25	28.17	242	273.63
1991	223	245.35	24	26.30	247	271.65

续表

年份	垃圾		粪便		总量	
	总量万吨	人均 kg/人	总量万吨	人均 kg/人	总量万吨	人均 kg/人
1992	230	249.89	52	56.28	282	306.17
1993	214	230.60	51	54.96	265	285.55
1994	209	223.46	40	42.77	249	266.23
1995	180	191.12	19	20.17	199	211.29
1996	185	195.11	16	16.87	201	211.98
1997	198	207.85	16	16.80	214	224.65
1998	208	217.43	17	17.77	225	235.20
1999	211	219.91	19	19.80	230	239.71
2000	225	224.74	19	18.98	244	243.72
2001	219	218.11	25	24.90	244	243.01
2002	163	161.84	26	25.81	189	187.65
2003	172	170.08	25	24.92	197	195.00
2004	204	199.28	26	25.79	230	225.07
2005	167	160.12	27	26.17	194	186.29
2006	154	142.98	30	27.91	184	170.88
2007	165	147.98	29	26.01	194	173.99
2008	174	147.96	26	22.11	200	170.07
2009	188	153.07	30	24.43	218	177.50
2010	184	141.62	25	19.24	209	160.86
2011	190	140.26	25	18.46	215	158.72
2012	186	131.62	32	22.64	218	154.27
2013	200	135.85	31	21.06	231	156.91

资料来源:历年《天津统计年鉴》。

由表10.1可见,天津市城市废弃物的构成主要是垃圾,粪便所占比重较小,除了1992—1994年3年间粪便清运量有较大浮动外,其余年份变化幅度均较小,因此导致 MSW 总量与清运垃圾量保持态势一致。从清运垃圾量看,1981—1992年间呈现上升的趋势,自1992年之后开始呈波浪式下降,围绕220万吨左右波动。

天津市 1994 年以来城市废水排放量情况如表 10.2 所示。

表 10.2:天津市城市生活污水处理量

年份	城市生活污水处理厂处理量/万吨	人均生活污水排放量/吨/人
1994	4590	4.91
1995	10618	11.27
1996	13126	13.84
1997	13128	13.78
1998	17673	18.47
1999	16449	17.14
2000	18175	18.15
2001	21910	21.82
2002	13091	13.00
2003	14103	13.95
2004	17504	17.10
2005	17054	16.35
2006	24122	22.44
2007	21787	19.54
2008	29157	24.79
2009	32205	26.22
2010	41384	31.85
2011	47322	34.93
2012	63650	45.04
2013	65469	44.47

资料来源:根据《天津市统计年鉴》历年数据计算所得。

MSW 处理方式见表 10.3。要说明的是由于统计口径存在差距,因此《天津统计年鉴》和《天津市固体废物污染环境防治信息公告》中对 2006 年到 2012 年城市生活垃圾产生量统计数据存在一定区别,但是相差不是很大,我们主要采纳其不同处理方式下生活垃圾数量和比例。

表 10.3：天津市城市生活垃圾产生量及处理情况（2006—2012）

单位：万吨

年份	城市生活垃圾	无害化处理率%	焚烧处理量	填埋处理量	综合处理量
2006	151.25	85.05			
2007	177.19	85.48			
2009	212.5	90.73			
2010	207.32	93.02	58.29	134.56	
2011	213.35	94.07	69.25	127.74	3.71
2012	213.19	95.20	86.3	110.14	
2013	231.00	95.16	95.31	129.64	6.05

数据来源：天津市环保局。

　　如表 10.3 所示，2011 年天津市全年城市生活垃圾产生量为 213.35 万吨，无害化处理率为 94.07%，其中焚烧量为 69.25 万吨，占 32.5%，填埋处理量为 127.74 万吨，占 59.9%，堆肥处理量为 3.71 万吨，占 1.7%。

　　在天津生活垃圾的成分组成上看，主要由厨余、渣石、塑料等构成，如表 10.4 所示。

表 10.4：天津市城市生活垃圾的成分组成

成分	厨余	渣石	金属	玻璃	纸张	塑料	织物	木材
比例/%	56.9	16.2	0.4	1.3	8.7	12.1	2.5	1.9

数据来源：天津市环保局。

第二节　天津市城市废弃物和
经济增长之间的关系

　　1955 年，Kuznets 提出收入差异和经济增长的倒 U 型关系。在此基础上，1990 年，美国经济学家格鲁斯曼和克鲁格在对 66 个国家的不同地区内 14 种空气污染和水污染物质 12 年的变动情况进行研究后发现，污染程度随人均收入增加先增长而后下降，其峰值大约位于中等收入阶段，即大多数污染物质的变动趋势与人均国民收入水平的变动趋势呈倒 U 型关系。于是，他们在 1991 年发表的文章中提出了假说，被称为环境库兹涅茨曲线假说。

一般意义上的库兹涅茨曲线假说指在经济发展的初期，环境污染或环境破坏会随经济的增长而加重，当经济发展到某一水平时，环境污染程度达到最大，而后随经济继续发展，环境污染却随之下降，环境质量逐渐变好。我们应该密切关注出现在天津市城市化进程中，经济增长和环境污染变化的每一个阶段，努力使之向良性循环发展。

天津市人均 GDP 自 1987 年来的近 30 年间，已经由 400 多美元上升至近 5000 美元，接近中等发达国家水平，具备库兹涅茨假设的经济发展过程，笔者试图通过分析天津市城市人均固体废弃物产生量与人均 GDP 之间的关系，发现其类似库兹涅茨特征。

对天津市 1987—2013 年 MSW 清运量与人均 GDP 散点图之间的关系进行观察后发现，天津市人均 MSW 和人均 GDP 呈现负相关关系。令人均 MSW（吨/年）为 Y，人均 GDP（万元）为 X，采用逻辑斯蒂模型对二者关系进行非线性回归，得到如下拟合方程：

$$\hat{Y}_i = 0.138/(1 - 0.582e^{-0.567X_i}) + \mu_i \qquad （式 10.1）$$

其中，μ_i 为随机项。

拟合优度（R^2）为 0.856，说明模型可以解释因变量 85.6% 的方差变化，拟合良好。

通过以上拟合曲线图，我们可以发现，天津市城市 MSW 人均量与天津市人均 GDP 呈现出一定的相关性。由于所能搜集到的数据有限，我们无法看到曲线的完整形态，无法得到库兹涅茨特征曲线，但从曲线形态来看，天津市现在已经在倒 U 曲线的右侧，随着人均 GDP 的增长，天津市居民的人均 MSW 逐步减少。

与 MSW 逐渐降低形成对比的是，城市生活污水的处理量在不断加大，并且有加速上涨的趋势，表明随着人均 GDP 的增长，各种生活污水的排放如厨卫、洗浴、洗车等污水的排放呈现快速增长态势。如果城市污水的排放也具有库兹涅茨特征，那么，天津市的生活污水排放正处于曲线的左侧，未

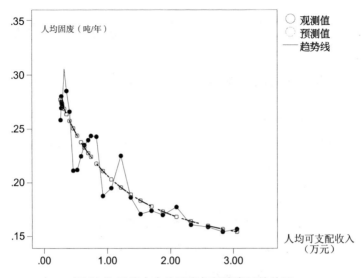

图 10.1：天津市人均固废与经济发展的关系

来较长时间无法达峰。

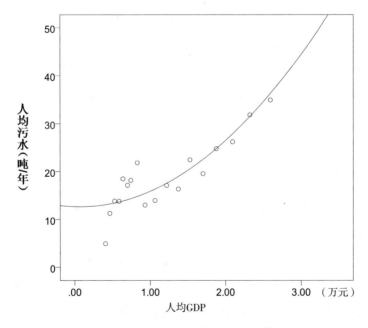

图 10.2：天津市人均污水与经济发展的关系

第三节　天津市城市废弃物温室气体排放量

一、天津市城市固废温室气体排放计算

不同的处理方法下，城市废弃物的温室气体排放量不同。依据 IPCC《废弃物处理温室气体排放计算指南》和《优良做法指南》所提供的计算方法，MSW 产生的主要温室气体计算如下。

MSW 填埋处理温室气体排放主要考虑 CH_4（甲烷），理论上也有 CO_2，但大部分溶于渗漏液中。甲烷排放量的计算方法主要有两种：质量平衡法和一阶衰减方法。一阶衰减方法虽然精确度更高，但对数据的要求也高，需要不同年份的总量及构成。因此，本研究采用质量平衡法，计算公式为：

$$CH_4 = (MSW_T * MSW_F * L_O - R)(1 - OX)$$　　　　（式 10.2）

公式中，CH_4：当年的甲烷排放量，单位：吨/a；MSW_T：总的 MSW，单位：吨/a；MSW_F：MSW 到垃圾处置场的比例；L_O：甲烷产生潜力，单位：吨 CH_4/吨 MSW，不同类型的 MSW 的可降解有机碳（DOC）的含量不同，导致其具有不同的甲烷产生潜力；R：甲烷回收量，默认为 0；OX：氧化因子，在比较合格的管理型垃圾填埋场，取值 0.1 较为合理。

甲烷产生潜力因子 L_0 计算公式为：

$$L_0 = \sum MCF * DOC_i * D_i * F_i * 16/12$$　　　　（式 10.3）

其中，MCF 为天津市垃圾填埋场的甲烷修正因子，取值 0.5；DOC_i 为第 i 类 MSW 的可降解有机碳的含量（%），如下表所示，根据天津市垃圾种类，结合各自的 DOC 含量，计算天津市 MSW 的 DOC 含量为 13.4%，对应的甲烷产生潜力为 0.0223；D_i 为有机碳的分解比率，IPCC 推荐值为 50%；F_i 为 MSW 释放气体中甲烷的比例，IPCC 推荐值为 50%。

MSW 焚烧处理排放的温室气体主要为 CO_2。计算方法为：

$$CO_2 = IW * CCW * FCF * EF * 44/12$$　　　　（式 10.4）

表 10.5：天津市 MSW 的成分列表

单位：%

	水分	碳含量	DOC	氮含量
厨余	70.0	48.0	48.0	2.6
渣石	20.0	24.3	0	0.5
金属	2.0	4.5	0	0.1
玻璃	2.0	0.5	0	0.1
纸张	10.2	43.4	43.4	0.3
塑料	1.2	60.0	0	0
织物	10.0	48.0	38.4	2.2
木材	1.3	49.6	49.6	0.2

注：水分以湿基计；碳含量、DOC 及氮含量以干基计。

其中，IW：废弃物焚烧量，单位：吨/a；CCW：废弃物中碳含量比例，根据天津市 MSW 种类及碳含量，计算为 0.239；FCF：废弃物中化石碳含量比例，根据天津市 MSW 种类及比例，计算为 0.441。区分化石碳和 DOC 的意义在于，DOC 转化自被植物吸收的二氧化碳，其释放不计入排放，但化石碳燃烧产生的二氧化碳则被计算；EF：废弃物焚烧炉的完全燃烧率，设为 0.95。

另外，MSW 焚烧处理还会产生 $50gN_2O/tMSW$，估算天津市由于焚烧处理 MSW 产生的 N_2O 在 2010—2012 年为 29.14、34.63、43.15、47.66 吨。

计算天津市 MSW 处理过程中的温室气体排放种类和排放量如表 10.6 所示。

表 10.6：天津市 MSW 处理过程中的温室气体排放（2010—2013）

年份	MSW 填埋处理量/万吨	甲烷排放量/万吨	MSW 焚烧处理量/万吨	二氧化碳排放量/万吨	N_2O 排放量/吨
2010	134.56	2.71	58.29	21.40	29.14
2011	127.74	2.57	69.25	25.42	34.63
2012	110.14	2.22	86.30	31.68	43.15
2013	129.64	2.61	95.31	34.99	47.66

注：MSW 处理量数据来自天津市环保局。其中，由于综合处理的 MSW 量较小，且回收利用的比例较高，所以忽略其排放。

二、天津市城市污水温室气体计算

城市污水处理过程中所排放的温室气体主要包括甲烷和氧化亚氮。

根据《2006 IPCC 国家温室气体清单指南》，生活污水的甲烷排放为：

$$CH_4 = TOW * B_0 * MCF - R \qquad （式10.5）$$

其中，CH_4 为甲烷排放量（吨/年）；TOW 为污水中有机物（以生化需氧量 BOD 计）的总量（吨/年），人均生化需氧量取缺省值 60gBOD/人/天；B_0 为最大产 CH_4 能力（CH_4/BOD），取值 0.6kg/kg（2000 IPCC 优良做法指南）；MCF 为 CH_4 修正因子，取值 0.5（2000 IPCC 优良做法指南）；R 为甲烷回收量，缺省值为 0。

假设工业污水和生活污水排放的 CH_4 与下表中化学需氧量（COD）的比例相同。

表 10.7：城市污水量排放量

指标	2010	2011	2012	2013
工业源污水量/万吨	19679	19795	19117	18692
工业源 COD/吨	22218	24294	26601	26215
城镇生活源污水量/万吨	48516	47322	63650	65469
城镇生活源 COD/吨	109751	96422	88544	84886

氧化亚氮排放量计算公式为：

$$N_2O = N * EF * 44/28 \qquad （式10.6）$$

N_2O 为生活污水处理过程中排放的氧化亚氮（kg/年）；N 为污水中的氮含量（kg/年）；EF 为 N_2O 排放因子，缺省值为 0.005。

其中，N 的估算方法为：

$$N = P * Protein * F_{NPR} * F_{NON-CON} * F_{IND-COM} - N_S \qquad （式10.7）$$

P 为人口数；Protein 为人均蛋白质消耗量（kg/人/年），取值 75g/人/日；F_{NPR} 为蛋白质中的氮含量，默认值为 0.16kgN/kg 蛋白质；$F_{NON-CON}$ 为转移到废水中的非消耗性蛋白质因子，有垃圾处理的国家缺省值为 1.4；$F_{IND-COM}$

为工业和商业的蛋白质排放因子,主要考虑在为人类加工产品时的蛋白质损耗,缺省值为 1.25;N_S 为随污泥去除的氮(kg/年),缺省值为 0。

表 10.8:天津市城市污水排放的温室气体(2010—2013)

温室气体	2010	2011	2012	2013
N_2O 排放量/吨	782.50	815.80	851.07	886.64
生活源 CH_4 排放量/吨	85363	88996	92844	96724
工业源 CH_4 排放量/吨	17281	22423	27893	29871

三、天津市废弃物温室气体总排放

根据 IPCC 推荐值,甲烷的温室气体折算系数为 25,氧化亚氮折算系数为 298,计算天津市城市废弃物产生的温室气体(见表 10.9)。

表 10.9:天津市城市废弃物产生二氧化碳当量

单位:万吨 CO_2

年份		2010	2011	2012	2013
污水	N_2O	23.32	24.31	25.36	26.42
	CH_4	256.61	278.55	301.84	316.49
MSW	N_2O	0.87	1.03	1.29	1.42
	CH_4	67.73	64.32	55.45	65.23
	CO_2	21.40	25.42	31.68	34.99
合计		376.70	400.06	421.17	451.07

由表 10.9 的计算结果表明,天津市城市废弃物年产生温室气体呈现逐年上升的态势,2011 年已经超过 400 万吨,2013 年已经超过 450 万吨。天津市是一个以工业为主的城市,目前的碳排放总量中,城市废弃物的温室气体排放占到 2% 左右。

甲烷是其中的主要部分。2013 年,天津市城市废弃物排放甲烷折合二氧化碳标准当量为 380 万吨以上,约占 85% 左右。其次是 MSW 焚烧过程中所产生的二氧化碳,氧化亚氮只占其中较少的一部分。

根据式 10.1 以及前面天津市未来发展的四个情景,可以得出表 10.10 各情景下的排放情况。

表 10.10:天津市 4 种情景下的废弃物成分及 GHG 排放量(2020—2030 年)

		2020 年	2025 年	2030 年
基础情景	MSW/万吨	295.46	351.99	397.33
	污水 BOD 含量/万吨	45.52	55.13	62.78
	污水氮含量/万吨	15.93	19.30	21.97
	温室气体/万吨 CO_2e	512.22	617.75	701.88
宽松情景	MSW/万吨	284.54	330.89	368.39
	污水 BOD 含量/万吨	43.79	51.80	58.12
	污水氮含量/万吨	15.33	18.13	20.34
	温室气体/万吨 CO_2e	492.89	580.47	649.98
政策情景	MSW/万吨	279.11	319.87	343.24
	污水 BOD 含量/万吨	42.89	50.01	54.13
	污水氮含量/万吨	15.01	17.50	18.95
	温室气体/万吨 CO_2e	482.95	560.58	605.46
低碳情景	MSW/万吨	261.60	285.43	304.89
	污水 BOD 含量/万吨	40.33	44.76	48.11
	污水氮含量/万吨	14.12	15.67	16.84
	温室气体/万吨 CO_2e	453.76	501.40	538.04

假设 MSW 类别与处理方式、污水处理方式与 2013 年保持一致,4 种情景下,天津市城市废弃物温室气体排放均将持续上升,2030 年,4 种情景下天津市城市废弃物 GHG 排放将达到 538—702 万吨 CO_2e。

第四节　讨论与结论

通过对天津市城市废弃物温室气体总量及构成的分析,可以发现:

1.尽管天津市人均 MSW 量在逐年减少,但必须注意到,城市废弃物产生量与人口增速、居民消费方式以及垃圾处理方式等密切相关。如果采取措施不力,人均废弃物的减少并不能抵消天津市城市废弃物温室气体总排放随着人口增长而增加的趋势。也就是说,虽然人均水平降低,但是总排放量依然会增加。2030 年将达到 538—702 万吨 CO_2,其中,污水产生的温室气体占 65% 左右。假设天津市总的碳排放量(以一次能源计算)在 2025 年左右达峰,废弃物产生的温室气体占总排放比重将达到 2.7%—3.5%,比现阶段占比 2% 提高 0.7—1.5 个百分点,增加了峰值目标实现的难度。为此需要在废弃物产生的各环节做到循环经济的三原则,即减量化、再利用和资源化,全过程消除废物的产生,以降低废弃物总量及其产生的温室气体总量。

2.在城市废弃物的温室气体排放中,污水排放的甲烷占据主要地位,而这些甲烷主要取决于污泥中可降解有机物的数量,与 N_2O 的数量有关。水处理的优良做法是对污泥干化后焚烧处理,如果仅将污泥填埋或堆肥处理,天津污水产生甲烷 14.43—18.83 万吨,氧化亚氮 1323—1727 吨,折合二氧化碳当量 400.25—522.32 万吨。四种情景下,2030 年天津市污泥中养分含量为 64.95—84.75 万吨,假设淤泥干物质中养分含量为 50%,天津市污水污泥干物质年产生量为 129.90—169.50 万吨,焚烧产生 1286—1678 吨氧化亚氮,折合二氧化碳当量 38.32—50.01 万吨,减排量将达 361.93—472.31 万吨 CO_2e。为此,在做好废水的处理的同时,利用各种有效手段,提高居民的节水意识、推广节水技术,减少废水产生量。另外,要尽量采用生物处理措施,处理废水,减少处理过程的二次污染和排放。

3.不同的处理方式城市废弃物产生的温室气体存在明显差异。如果不进行垃圾分类处理,2030 年天津市 MSW 处理将产生甲烷 3.54—4.61 万吨,氧化亚氮 64.60—84.18 吨,二氧化碳 47.42—61.80 万吨,折合二氧化碳共计 137.79—179.56 万吨;如果实现完全分类收集处理,厨余垃圾、纸张、织物、木材的优良处理方式为焚烧处理,渣石、金属、玻璃、塑料的优良处理方式为填埋处理,2030 年,4 种情景下 MSW 焚烧处理量为 213.42—278.13 万吨,与 2013 年相比,需要提升 MSW 焚烧处理能力 118.11—182.82 万吨,2030 年 MSW 产生二氧化碳 2.29—2.99 万吨,氧化亚氮 106.71—139.07 吨,折合二氧化碳当量仅为 5.47—7.13 万吨,几乎实现了近零排放。因此,垃圾分类处理将是最佳的减少排放的措施,也大大降低末端处理量和处理过程中造成的排放。

为此,我们提出几点建议:

1.在全体市民中,提倡节约光荣、浪费可耻的消费理念。降低废水、固废和生活垃圾的产量,并做好垃圾的源头分类,降低处理成本,合理化资源利用。

2.在固废分类处理的基础上,加大垃圾分类处理的比例,在保障达标排放的同时,合理增加垃圾发电的比例,以降低垃圾处理过程中的碳排放。

3.加大污泥干化焚烧处理量,有效降低污水 CH_4 排放。目前,天津市已建成污泥处置场 4 座。其中,咸阳路污泥处置场处理规模为 100 吨/日,主体处理工艺采用热干化;位于西青区的青凝侯污泥填埋场处理总规模为 54 万吨,主体工艺为卫生填埋;汉沽市政污泥干化处理厂处理处置量为 200 吨/日;张贵庄污泥处置场处置量为 300 吨/日。张贵庄污泥处置场也是国内首个与污水处理、再生水利用及直饮水示范集成为一体的大型综合性污水处理厂。今后还需继续加大废物资源化利用力度。

第十一章　碳排放峰值目标下的对外贸易[①]

随着中国加入 WTO,我国出口贸易得到了迅猛发展,出口贸易作为拉动经济增长的"三驾马车"之一,为我国经济增长做出了很大贡献。经济活动中所有商品和服务的生产都直接或间接消耗能源,而能源的使用必然伴随着 CO_2 的排放,故我国出口贸易规模持续扩大,能源消耗、碳排放也随之加大。国际社会倡导低能耗、低物耗、低排放和高效率"四位一体"的经济发展模式即低碳经济,将作为规制国际贸易的规则之一。

国外学者大多数研究了我国出口贸易中的"碳泄露"带来的"碳排放转移"问题,国内学者侧重于研究出口贸易和能源消费的关系,很少将碳排放问题单独拿出来做分析,并且对区域经济发展的研究还很少。本章在先行研究的基础上,分析天津市的碳排放与经济增长和出口贸易之间的关系,研究对外贸易对碳排放的影响,希望能对天津市下一步经济发展和对外贸易方针的制定提供理论依据与指导。

第一节　不同情景下天津市碳排放的 EKC 分析及预测

一、文献综述

20 世纪 90 年代初,Grossman 和 Krueger(1994)提出环境库兹涅茨曲线

[①]　本章部分内容发表在《生态经济》2014(2),《生态经济》2014(4),《中国区域经济》2014(10)。

(*Environmental Kuznets Curve*, *EKC*)理论①。一国的人均收入和环境质量之间存在一种倒 U 型的关系。一国在人均收入较低的阶段,环境质量会随着人均收入的增加而下降,但是经济发展进入高收入阶段,环境质量会逐步得到改善。这个理论强调了一个国家经济发展达到一定阶段之后重视和改善环境的能力。环境库兹涅茨曲线理论不仅适用于一个国家,同样适用于一个城市的经济发展阶段,很多国内外学者对此理论进行了验证与研究。Selden and Song(1994)②证明了人均收入和环境质量之间存在倒 U 型的关系。Stern(2000) 和 Dinda(2004)③对环境库兹涅茨曲线做了大量的文献研究。Agras and Chapman(1998)④,Schmalensee 等(1998)⑤,Zaim and Taskin(2000)⑥也试图证明环境库兹涅茨曲线。关于环境库兹涅茨曲线更多的最新研究可以参考 Ang(2008)⑦,Shabaz 等(2013)⑧和 Pao(2012)⑨。他们的研究获得不同的结论是因为各研究所选择的时间段数据、国家或城市、计量方法、产业结构、政府的干预政策等多种因素不同而造成。

本章关注的主要是关于碳排放或者二氧化碳排放指标为环境指标的论文和研究。从现有文献来看,对二氧化碳排放环境库兹涅茨曲线的研究和

① Grossman G M,Kreuger A B,*Environmental Impacts of a North American Free Trade Agreement*,*The U. S.-MexicoFree Trade Agreement*,1994.

② Selden,T.M.,Song,D,*Environmental Quality and Development:Is There a Kuznets Curve for Air Pollution Emissions?" Environmental Economics and Management*,Vol. 27,No. 2 (Sep. 1994),pp. 147–162.

③ Dinda,S,*Environmental Kuznets Curve Hypothesis:A Survey*,*Ecological Economics*,Vol. 49,No. 4(August2004),pp. 431–455.

④ Agras,J.,Chapman,D,*A Dynamic Approach to the Environmental Kuznets Curve Hypothesis*,*Ecological Economics*,Vol. 28,No. 2 (Feb. 1999),pp. 267–277.

⑤ Schmalensee,R.,Stoker,T.M.,Judson,R.A,*World Carbon Dioxide Emissions:1950–2050*,*Rev. Econ. Stat.*,Vol. 80,No. 1 (Feb. 1998),pp. 15–27.

⑥ Zaim,O.,Taskin,F,*A Kuznets Curve in Environmental Efficiency:An Application on OECD Countries*,*Environ. Resour. Econ.*,Vol. 17.No. 1(Sep. 2000),pp. 21–36.

⑦ Ang,J. B,*Economic Development,Pollutant Emissions and Energy Consumption in Malaysia*,*Policy Model*,Vol. 30,No. 2(March–April 2008),pp. 271–278.

⑧ Shahbaz,M.,Lean,H.H.,Shabbir,M.S,*Environmental Kuznets Curve Hypothesis in Pakistan:Cointegration and Granger Causality*,*Renew. Sustain. Energy Rev.*,Vol. 16,No. 5(June 2012),pp. 2947–2953.

⑨ Pao,H.T.,Fu,H.C.,Tseng,C.L,*Forecasting of Emissions,Energy Consumption and Economic Growth in China Using an Improved Grey Model*,*Energy*,Vol. 40,No1(April 2012),pp. 400–409.

分析是国家层面的研究较多。*Martin Wegner* 等(2008)[①]利用 1986—1998 年的 107 个国家数据检验碳排放的环境库兹涅茨曲线,得出人均二氧化碳和人均收入呈单调递增的关系的结论,它们之间并不存在倒 U 型库兹涅茨曲线。Galeotti 等(2006)[②]利用 1960—1998 年的数据研究发现 OECD 国家的人均收入和人均二氧化碳排放量之间存在环境库兹涅茨曲线,并找到了合理的人均收入拐点。最近的研究有 Jung and Won(2014)[③]利用 1971—2010 年的数据检验韩国的环境库兹涅茨曲线,发现人均二氧化碳和人均收入呈现倒 U 型曲线。

国内学者也有类似的研究。王良举等(2011)[④]运用 1960—2005 年 206 个国家和地区的 CO_2 排放量和国民经济的面板数据,分高、中和低收入国家验证了 EKC,发现 EKC 的转折点为 13000 美元左右。胡宗义等(2013)[⑤]采用非参数模型,研究二氧化碳作为环境代理指标的碳排放的环境库兹涅茨曲线,结果是我国的经济增长与环境质量之间不存在倒"U"型曲线关系。

有些研究是利用省际间数据做出分析的,这些研究的结论不是一致的。例如贾惠婷(2013)[⑥]的研究,利用中国 1997—2009 年的省际面板数据进行实证分析,结果表明"倒 U 型"的环境库兹涅茨曲线确实存在。刘华军等(2011)[⑦]利用 1995—2007 年省际面板数据,对二氧化碳排放的环境库兹涅茨曲线进行了经验估计,结果是排放总量与人均收入呈单调递增关系,单位

① Martin Wagner..*The Carbon Kuznets Curve:A Cloudy Picture Emitted by Bad Econometrics? Resource and Energy Economics*,Vol. 30,No. 3(August 2008),pp. 388-408.

② Galeotti,M.,Lanza,A. and Pauli,F.,*Reassessing the Environmental Kuznets Curve for CO_2 Emissions:A Robustness Exercise,Ecological Economics*,Vol. 57,No. 1(April 2006),pp. 152-163.

③ Jung,S.W,Won,D.H,*The Role of Energy Consumption in Environmental Kuznets Curve in South Korea,Global Conference on Business and Finance Proceedings*,vol. 9.No. 1(Jan. 2014),pp. 303-314.

④ 王良举等:《环境库兹涅茨曲线存在吗?——来自 CO_2 排放量的国际数据验证》,《软科学》2011 年第 8 期。

⑤ 胡宗义、刘亦文、唐李伟:《低碳经济背景下碳排放的库兹涅茨曲线研究》,《统计研究》2013 年第 30 期。

⑥ 贾惠婷:《能源效率、产业结构与环境库兹涅茨曲线——基于中国省际数据的实证分析》,《企业经济》2013 年第 4 期。

⑦ 刘华军、闫庆悦、孙曰瑶:《中国二氧化碳排放的环境库兹涅茨曲线——基于时间序列与面板数据的经验估计》,《中国科技论坛》2011 年第 4 期。

GDP 排放量与人均收入之间呈单调递减关系。而人均排放量与人均收入之间存在倒 N 型关系,两个拐点分别位于 3304 元和 44049 元。目前除北京、上海、天津外,其他各省的人均二氧化碳排放量仍位于上升阶段。

除了国家层面和省际间的研究,还有一些是关于单独的省份或市级的研究和划分区域的研究。陈向阳(2014)[①]利用广东省和贵州省 1995—2011 年的环境污染和 GDP 的时间序列数据对环境库兹涅茨曲线进行检验,结果发现:环境污染与经济增长之间的关系具有不确定性,EKC 的估计结果依赖于环境污染度量指标的选取和样本数据。贵州倒"U"型曲线的临界点明显低于广东。方大春等(2014)[②]基于中国区域经济发展的不均衡性,把中国划分东、中、西区域,分析环境库兹涅茨曲线,研究结果表明我国东部和中部地区温室气体排放与人均 GDP 呈环境库兹涅茨倒 N 型曲线关系,西部地区呈现 N 型的特征。

上述研究都是基于现有数据进行分析,但是对于预测数据的环境库兹涅茨曲线验证的研究甚少。林伯强等(2009)[③]对于国内还没有专门针对中国二氧化碳排放拐点和预测的研究情况,利用传统的环境库兹涅茨模型模拟与在二氧化碳排放预测的基础上预测两种方法,对中国的二氧化碳库兹涅茨曲线做了对比研究和预测,发现研究结果存在较大差异。采用 1960—2007 年的数据进行中国的二氧化碳库兹涅茨曲线分析的结果是,二氧化碳库兹涅茨曲线的理论拐点对应的人均收入是 37170 元,即 2020 年左右。并且预测了在两种能源消费结构三种经济增速下的中国的二氧化碳库兹涅茨曲线。但实证预测表明,拐点到 2040 年还没有出现,2000—2040 年之间人均二氧化碳排放一直随人均收入的增加而增加。

本文在先行研究的基础上,鉴于林伯强(2009)的研究方法,首先利用

---

① 陈向阳、黄艺俊:《论环境污染与经济增长之间的关系——以广东省和贵州省为例》,《区域经济评论》2014 年第 1 期。

② 方大春、孙明月、郑晴晴:《经济增长、产业结构与二氧化碳排放量——基于 2001 年—2011 年面板数据》,《石家庄经济学院学报》2014 年第 1 期。

③ 林伯强、蒋竺均:《中国二氧化碳的环境库兹涅茨曲线预测及影响因素分析》,《管理世界》2009 年第 4 期。

1995—2011 年的实际数据分析天津市的碳排放与经济增长之间的是否存在环境库兹涅茨曲线,再利用 1995—2030 年的预测数据再次进行环境库兹涅茨曲线验证,观察是否存在理论拐点和预测达到拐点的年份。希望能对天津市下一步低碳经济发展战略的制定和调整提供理论依据与指导。这将对探索适合天津市经济发展的低碳模式、保证天津经济、社会与环境和谐发展提供理论支撑。

二、碳排放的环境库兹涅茨曲线验证

(一)基础数据的获取

为了获取天津市碳排放数据,本章沿用了李春花(2014)[①]的碳排放的计算方法。碳排放的数据获取不仅考虑了各种能源消费的 CO_2 排放,而且考虑到 CH_4 和 N_2O 的排放。能源消费数据来源于相关年份《天津市统计年鉴》中主要能源种类消费数据。CO_2 排放、CH_4 和 N_2O 的排放的数据则根据能源消费量计算得到。本文中的碳排放量数据是加总三项排放数据的结果。

碳排放 $=CO_2$ 碳排放 $+CH_4$ 碳排放 $+N_2O$ 碳排放

根据 IPCC 的计算指南(IPCC,2006),各行业的 CO_2 排放数据可以被估算出来。计算方法如下:

能源 CO_2 排放量的基本公式为:

$$CO_2 = KE \tag{式 11.1}$$

其中,E 为不同类型能源使用量,可按照标准统一折算为标煤;系数 K 为碳排放系数。

某能源 CO_2 排放量 $=$ 某能源消费总量(折标准煤) $*$ 折标准煤后 CO_2 排放系数

---

① 李春花、何延昆:《出口贸易的隐含碳排放研究——基于天津市实证分析》,《生态经济》2014 年第 2 期。

CO_2 排放系数根据公式：CO_2 排放系数 = 碳含量 × 净发热值 × 碳氧化因子 × 44/12 计算得到。

本章碳排放计算中涉及的能源包括原煤、洗精煤、焦炭、原油、燃料油、汽油、柴油、煤油等 29 种能源。把各种能源的 CO_2 排放量加总求和的方式求得 CO_2 总排放量。采取相同方法求出 CH_4 和 N_2O 的排放的数据，再把这些数据加总求得天津市碳排放总量数据，从而获得 1995—2011 年的碳排放数据，其他数据均来自《天津市统计年鉴》各年份。

(二)模型设计

本章为了单独验证天津市经济增长与碳排放之间是否存在环境库兹涅茨曲线，设计的计量模型 1 如式(11.2)；如果不存在倒 U 型曲线关系，根据现有的研究结果人均收入和人均碳排放之间也可能呈现 N 型或者倒 N 型，设计模型 2 如式(11.3)：

$$LNTPF_t = \alpha + \beta_1 LNGDP_t + \beta_2 LNGDP_t^2 + \mu_t \qquad (式 11.2)$$

$$LNTPF_t = \alpha + \beta_1 \ln LN + \beta_2 LNGDP_t^2 + \beta_3 LNGDP_t^3 + \mu_t \qquad (式 11.3)$$

其中，t 表示时间，α 为常数，β_k 表示第 k 个解释变量的系数，μ 为随机误差项。$LNTPF_t$（吨）是 t 时期的人均碳排放量的对数值，$LNGDP_t$（万元）为 t 时期的人均 GDP 的对数值。

验证环境库兹涅茨曲线，看是不是存在倒 U 型曲线，是否存在拐点。如果模型 1 中 β_1 为正，β_2 为负，就说明天津市对碳排放存在环境库兹涅茨曲线，而且可以算出人均收入的拐点。如果 β_1 为正，β_2 也为正，那么人均收入和人均碳排放之间存在单调递增的关系。如果模型 2 中 β_1 为正，β_2 为负，β_3 为正，说明人均收入和人均碳排放之间存在 N 型关系；如果 β_1 为负，β_2 为正，β_3 为负，说明人均收入和人均碳排放之间存在倒 N 型关系。

(三)碳排放的环境库兹涅茨曲线验证结果

根据 EVIEWS 6.0 统计软件生成结果，得到变量之间的关系模型分析结果，如表 11.1。比较两个模型的分析结果，模型 2 的结果较好，因此采纳模型 2,天津市人均收入和人均碳排放之间存在倒 N 型关系,存在两个拐点。左拐点的人均收入为 1.367 万元,右拐点为 5.755 万元,分别是处在 1996 年和 2010 年。这说明天津市人均碳排放 2010 年刚刚开始随着人均收入的增加而减少,现阶段的政府对碳排放的环境决策很重要。而且本章研究结果与刘华军(2011)对天津市的碳排放库兹涅茨曲线研究结果是一致的。

表 11.1:天津市碳排放的库兹涅茨曲线验证

变量	LNTPF(模型 1)	LNTPF(模型 2)
C	1.767 *** (35.08)	1.978 *** (31.82)
LNGDP	0.192 (1.74)	−0.681 *** (−2.99)
LNGDP^2	0.120 ** (2.33)	1.090 *** (4.51)
LNGDP^3	—	−0.311 *** (−4.06)
F−statistics	208.31	309.61
Adj−R^2	0.965	0.984
曲线形状	单调递增	倒 N 型
Turning Point(万元)	不存在	左拐点:1.367 右拐点:5.755
达到拐点年份		1996 年,2010 年

注:各系数下面括号内的数据是 t 值;* , ** , *** 分别代表在 10%、5%、1%的水平显著。

三、基于 4 种情景的经济增长和碳排放预测

(一)情景设置

本章下一步利用预测的人均碳排放和人均收入数据再次进行环境库兹涅茨曲线验证,观察是否存在理论拐点和预测达到拐点的年份,比较结果是否一致。林伯强等(2009)利用传统的环境库兹涅茨模型模拟与在二氧化

碳排放预测的基础上预测两种方法,对中国的二氧化碳库兹涅茨曲线做了对比研究和预测,发现研究结果存在较大差异。本章为进一步探讨天津市未来能源消费趋势和碳排放走势,采用国际通用的情景分析方法研究未来能源发展和碳排放状况。本研究所设置的情景包括政策情景、低碳情景、宽松情景及基准情景。根据国家和天津市的发展规划文件,分别对 GDP 增速、人口增速、能源消耗增速作出合理预测,得到下一步验证环境库兹涅茨曲线的各种指标。

1.GDP 增速

根据天津市十二五规划(2011—2015),GDP 增速设定为 12%。根据十三五规划(2016—2020)和党的十八大提出的到 2020 年实现国内生产总值和城乡居民人均收入比 2010 年翻一番的目标,根据 2013 年黄兴国市长《政府工作报告》提出的天津市到 2017 年全市生产总值超过 2.2 万亿元,人均生产总值达到 2.2 万美元,确定天津市十三五期间 GDP 增速应不低于 6.53%,再结合天津市未来发展的实际需求,将十三五期间天津市 GDP 增速确定在 8% 左右。

考虑政策情景将天津市能源消耗及 CO_2 排放趋缓定为十四五规划(2021—2025)期间,因此,考虑 GDP 增长较十三五规划平稳回落,确定在 6.5% 左右。十五五规划(2026—2030)区间,天津市经济增长、能源消费及 CO_2 排放皆处于平稳期,将此时期 GDP 增长确定在 4.5% 左右。

2.人口增速

根据天津市十二五规划(2011—2015),天津市十二五末常住人口控制规模为 1600 万人。十三五规划(2016—2020)期间为 1900 万,年增 60 万。十四五规划(2021—2025)期间为 2100 万,年增 40 万。十五五规划(2026—2030)期间为 2200 万,年增 20 万,人口增长趋缓。

3.能源消耗增速

十二五规划期间,计算天津市能源消耗增速可参照的规划较多。其中,天津市能源发展规划(津发改规〔2012〕522),支持 2015 年天津市能源消费总量约 9760 万吨标煤。《京津冀大气污染防治计划》中指出,天津市十二五期间消减煤炭 1000 万吨,即全市煤炭消费量在 2015 年达到 4298 万吨,根据天津市现有规划煤炭占一次能源比重,可得出 2015 年一次能源消费量,进而得出天然气和可再生能源消费量,同理,可得 2020 年一次能源消费量,进而得出天然气和可再生能源消费量。根据国务院关于印发能源发展"十二五"规划的通知(国发〔2013〕2 号),在 40 亿吨标煤的硬约束下,可推算出 2013—2020 年全市能源消费量。根据单位 GDP 能耗也可以计算出能源消耗。进一步推算,2015 年天津市万元 GDP 能耗 0.677 吨/万元。

2011—2020 年期间,综合考虑以上 4 种因素,将十二五期间能耗增速确定为 7.5%左右,十三五期间能耗增速确定为 4%左右。2021—2030 年期间,由于政策情景,考虑十四五末(2024 年)能源消费增速趋缓,因此,将十四五能源消费增速确定为 1.5%左右,十五五能源消费增速确定为 0.5%左右(参照表 11.2—表 11.5)。

表 11.2:政策情景设置

	2011—2015	2016—2020	2021—2025	2026—2030
GDP 年增长率	12.00%	7.97%	6.34%	4.33%
人口年增长率	4.24%	3.50%	2.00%	1.00%
能源消耗年增长率	7.12%	3.89%	1.44%	−0.27%
碳排放年增长率	6.12%	2.94%	−0.03%	0.04%
万元 GDP 强度年增长率	−3.89%	−3.78%	−4.61%	−4.41%
万元 GDP 碳排放年增长率	−4.13%	−4.66%	−5.99%	−4.11%
人均能耗年增长率	2.76%	0.37%	−0.55%	−1.26%
人均碳排放年增长率	1.80%	−0.54%	−1.99%	−0.95%

表 11.3:低碳情景设置

	2011—2015	2016—2020	2021—2025	2026—2030
GDP 年增长率	12.00%	7.18%	5.07%	3.33%
人口年增长率	4.24%	3.50%	2.00%	1.01%
能源消耗年增长率	7.12%	3.79%	0.63%	0.02%

续表

	2011—2015	2016—2020	2021—2025	2026—2030
碳排放年增长率	6.12%	2.42%	0.00%	−0.03%
万元 GDP 强度年增长率	−3.89%	−3.16%	−4.22%	−3.20%
万元 GDP 碳排放年增长率	−4.13%	−4.44%	−4.83%	−3.25%
人均能耗年增长率	2.76%	0.28%	−1.34%	−0.98%
人均碳排放年增长率	1.80%	−1.05%	−1.96%	−1.03%

表 11.4：宽松情景设置

	2011—2015	2016—2020	2021—2025	2026—2030
GDP 年增长率	12.00%	10.08%	7.78%	5.75%
人口年增长率	4.24%	4.56%	1.92%	1.00%
能源消耗年增长率	7.12%	4.83%	2.07%	−0.16%
碳排放年增长率	6.12%	2.80%	0.38%	−0.35%
万元 GDP 强度年增长率	−3.89%	−4.77%	−5.29%	−5.59%
万元 GDP 碳排放年增长率	−4.13%	−6.62%	−6.87%	−5.77%
人均能耗年增长率	2.76%	0.26%	0.15%	−1.15%
人均碳排放年增长率	1.80%	−1.69%	−1.51%	−1.34%

表 11.5：基准情景设置

	2011—2015	2016—2020	2021—2025	2026—2030
GDP 年增长率	12.00%	10.98%	8.36%	6.69%
人口年增长率	4.24%	4.56%	2.38%	1.02%
能源消耗年增长率	7.12%	4.81%	2.80%	1.40%
碳排放年增长率	6.12%	3.02%	1.30%	0.32%
万元 GDP 强度年增长率	−3.89%	−5.56%	−5.13%	−4.96%
万元 GDP 碳排放年增长率	−4.13%	−7.17%	−6.52%	−5.97%
人均能耗年增长率	2.76%	0.24%	0.41%	0.37%
人均碳排放年增长率	1.80%	−1.48%	−1.06%	−0.70%

下面利用到 2030 年的人均收入和人均碳排放数据验证关于碳排放的

库兹涅茨曲线。本研究涵盖的 1995—2030 年的数据中,2012 开始的数据是按上述情景设置、预测、计算的数据。

(二)碳排放的环境库兹涅茨曲线预测分析

1.单位根检验

对 4 种情景下人均 GDP、人均 GDP 的二次方、人均碳排放各取 log,进行单位根检验。为避免时间序列的"伪回归",首先对序列做单位根的平稳性检验,以测度变量是否满足协整检验的前提条件。

采用 ADF 检验分别对 LnTPF、LnGDP 和 LnGDP 的二次方进行单位根检验,这些变量间是否存在单位根。依据上述数据,我们使用 EViews6.0 软件得出如下结果:

在 4 种情景下,LnTPF 的 ADF 统计量在 1%或者 5%的水平是平稳的,但是 LnPGDP、LnGDP^2 变量及其一阶差分的 ADF 统计量,分别在 5%和 1%的显著性水平下不显著,而二阶差分序列在 1%的显著性水平下通过了平稳的显著性检验(参照表 11.6—表 11.99)。它们的水平序列是不平稳的,而二阶差分序列是平稳的,所以它们是二阶单整,即为 I(2)。

表 11.6:政策情景 ADF 检验结果

变量	检验形式	ADF 统计量	1%临界值	5%临界值	P 值
LnTPF	包含截距项	−3.366768	−3.670170	−2.963972	0.0205**
LnGDP	包含截距项	−1.982095	−3.639407	−2.951125	0.2929
D(LnGDP)	包含截距项	−1.444557	−3.639407	−2.951125	0.5490
D(LnGDP,2)	包含截距项	−7.041126	−3.646342	−2.954021	0.0000***
LnGDP^2	包含截距项	−1.571570	−3.639407	−2.951125	0.4858
D(LnGDP^2)	包含截距项	−1.972360	−3.639407	−2.951125	0.2970
D(LnGDP^2,2)	包含截距项	−6.102644	−3.646342	−2.954021	0.0000***

注释:(1)D()表示变量的一阶差分,D(,2)表示变量的二阶差分(2),* 表示在 10%的水平是平稳的,** 表示在 5%的水平是平稳的,*** 表示在 1%的水平是平稳的。

表 11.7：低碳情景 ADF 检验结果

变量	检验形式	ADF 统计量	1%临界值	5%临界值	P 值
LnTPF	包含截距项	-3.447343	-3.670170	-2.963972	0.0170**
LnGDP	包含截距项	-1.975472	-3.639407	-2.951125	0.2957
D(LnGDP)	包含截距项	-1.421364	-3.639407	-2.951125	0.5603
D(LnGDP,2)	包含截距项	-7.005868	-3.646342	-2.954021	0.0000***
LnGDP^2	包含截距项	-1.685626	-3.639407	-2.951125	0.4293
D(LnGDP^2)	包含截距项	-1.891600	-3.639407	-2.951125	0.3321
D(LnGDP^2,2)	包含截距项	-6.058903	-3.646342	-2.954021	0.0000***

注释：(1)D( )表示变量的一阶差分,D(,2)表示变量的二阶差分(2),* 表示在10%的水平是平稳的,** 表示在5%的水平是平稳的,*** 表示在1%的水平是平稳的。

表 11.8：宽松情景 ADF 检验结果

变量	检验形式	ADF 统计量	1%临界值	5%临界值	P 值
LnTPF	包含截距项	-3.294597	-3.670170	-2.963972	0.0242**
LnGDP	包含截距项	-2.021722	-3.639407	-2.951125	0.2766
D(LnGDP)	包含截距项	-1.481724	-3.639407	-2.951125	0.5306
D(LnGDP,2)	包含截距项	-7.022161	-3.646342	-2.954021	0.0000***
LnGDP^2	包含截距项	-1.296297	-3.639407	-2.951125	0.6199
D(LnGDP^2)	包含截距项	-2.141387	-3.639407	-2.951125	0.2306
D(LnGDP^2,2)	包含截距项	-6.021772	-3.646342	-2.954021	0.0000***

注释：(1)D( )表示变量的一阶差分,D(,2)表示变量的二阶差分(2),* 表示在10%的水平是平稳的,** 表示在5%的水平是平稳的,*** 表示在1%的水平是平稳的。

表 11.9：基准情景 ADF 检验结果

变量	检验形式	ADF 统计量	1%临界值	5%临界值	P 值
LnTPF	包含截距项	-2.768364	-3.661661	-2.960411	0.0745*
LnGDP	包含截距项	-1.994927	-3.639407	-2.951125	0.2876
D(LnGDP)	包含截距项	-1.658974	-3.639407	-2.951125	0.4424
D(LnGDP,2)	包含截距项	-7.041811	-3.646342	-2.954021	0.0000***

续表

变量	检验形式	ADF 统计量	1%临界值	5%临界值	P 值
LnGDP^2	包含截距项	-0.631086	-3.639407	-2.951125	0.8505
D(LnGDP^2)	包含截距项	-2.337027	-3.639407	-2.951125	0.1668
D(LnGDP^2,2)	包含截距项	-6.083823	-3.646342	-2.954021	0.0000***

注释:(1)D( )表示变量的一阶差分,D(,2)表示变量的二阶差分(2),* 表示在 10%的水平是平稳的,** 表示在 5%的水平是平稳的,*** 表示在 1%的水平是平稳的。

2.协整检验

上述变量的时间序列满足了协整检验条件,本章采用 Johansen 协整检验方法。Johansen 协整检验结果表明(参照表 11.10—表 11.13),在 5%显著水平下 4 种情景至少存在一个协整向量,表明我们的研究范围里天津市碳排放量与人均 GDP、人均 GDP 的二次方之间存在协整关系。

表 11.10:政策情景 Johansen 协整检验

Hypothesized No.of CE(s)	Eigenvalue	Trace Statistic	0.05 Critical Value	Prob.
None*	0.426069	37.58937	24.27596	0.0006***
At most 1*	0.365128	18.71099	12.32090	0.0037***
At most 2	0.091529	3.263721	4.129906	0.0839*

注释:*、**、*** 表明在 10%、5%、1%显著水平下拒绝原假设。

表 11.11:低碳情景 Johansen 协整检验

Hypothesized No. of CE(s)	Eigenvalue	Trace Statistic	0.05 Critical Value	Prob.
None*	0.517472	52.53158	35.19275	0.0003***
At most 1*	0.426744	27.75522	20.26184	0.0038***
At most 2	0.228877	8.836832	9.164546	0.0577*

注释:*、**、*** 表明在 10%、5%、1%显著水平下拒绝原假设。

表 11.12:宽松情景 Johansen 协整检验

Hypothesized No.of CE(s)	Eigenvalue	Trace Statistic	0.05 Critical Value	Prob.
None*	0.527781	50.88540	35.19275	0.0005***
At most 1*	0.382129	25.37479	20.26184	0.0090***
At most 2	0.232673	9.004642	9.164546	0.0536*

注释:*、**、*** 表明在 10%、5%、1%显著水平下拒绝原假设。

表 11.13:基准情景 Johansen 协整检验

Hypothesized No. of CE(s)	Eigenvalue	Trace Statistic	0.05 Critical Value	Prob.
None*	0.386369	30.06919	24.27596	0.0083***
At most 1*	0.244236	13.46493	12.32090	0.0320**
At most 2	0.109525	3.944027	4.129906	0.0558*

注释:*、**、*** 表明在 10%、5%、1%显著水平下拒绝原假设。

3.环境库兹涅茨曲线预测结果

根据统计软件生成结果,4 种情景下碳排放的环境库兹涅茨曲线预测结果如表 11.14 所示。统计结果显示:人均 GDP 的系数符号为正,人均 GDP 的二次方的符号为负,4 种不同情景设置下均存在关于碳排放的环境库兹涅茨曲线。政策情景和低碳情景的拐点是在人均 GDP 达到 14.50 万元、10.58 万元的时候,达到拐点年份分别是 2026 年和 2019 年,在我们的考察范围里。但是宽松情景(人均收入达到 32.27 万)和基准情景(人均收入达到 524.40 万)的达到拐点年份已经超出了研究所设的范围,即在 2030 年以后。

表 11.14:碳排放的环境库兹涅茨曲线预测结果

变量	政策情景	低碳情景	宽松情景	基准情景
C	1.501***	1.468***	1.550***	1.607***
LNGDP	0.819***	0.901***	0.701***	0.568***

续表

变量	政策情景	低碳情景	宽松情景	基准情景
LNGDP^2	−0.153***	−0.191***	−0.101***	−0.045***
F−statistic	223.58***	154.13***	439.69***	1042.99***
Adj−R^2	0.93	0.90	0.96	0.98
Turning Point(万元)	14.50	10.58	32.27	524.40
达到拐点年份	2026	2019		

注:*、**、*** 分别代表在10%、5%、1%的水平显著。

第二节　天津市对外贸易与碳排放关系研究

一、文献综述

从现有文献来看,国外一些学者针对中国的国际贸易与碳排放之间的关系进行了研究,其结论倾向于支持"碳泄漏"的观点。Shui 和 Harriss(2006)[1]的研究表明,美国每年从中国进口大量产品,这些产品所隐含的 CO_2 占中国 CO_2 排放总量的7%—14%。类似地,Li 和 Hewitt(2008)[2]发现,与没有中英贸易、所有进口品由英国自己生产的情景相比,通过进口中国产品,英国在2004年减少了大约11%的碳排放,英国的碳排放被转移给了中国。并且,由于中国生产的碳强度相对更高,中英贸易还将进一步加剧全球温室气体排放。

Lopez(1994)[3]、Copeland 和 Taylor(2004)[4]等从贸易对环境的影响角度讨论 EKC。他们认为,污染会通过国际贸易和国际直接投资从高收入国

---

[1]　Shui,B.,and R.C.Harriss,*The Role of CO$_2$ Embodiment in US-China Trade*,*Energy Policy*,Vol.34,No.18(Dec.2006),pp.4063-4068.

[2]　Li,Y.,and C.N.Hewitt,*The Effect of Trade between China and the UK on National and Global Carbon Dioxide Emissions*,*Energy Policy*,Vol.36,No.6 (June 2008),pp.1907-1914.

[3]　Lopez R,*The Environment as a Factor of Production:The Effects of Economic Growth and Trade Liberalization*,*Journal of Environmental Economics*,Vol.27,No.2(April 1994),pp.163-184.

[4]　Copeland B R,Taylor M S,*Trade,Growth and the Environment*,*Journal of Economic Literature*,Vol.42,No.1(March 2004),pp.7-71.

家转移到低收入国家,使发达国家环境质量好转,使之进入倒 U 曲线的下降段,同时造成发展中国家环境质量进一步恶化,而处于倒 U 曲线的上升段。

Matthew(2004)[①]认为如果存在污染与收入水平间的 EKC 关系,很大程度上是国际贸易产生的污染产业分配效应。一些资料表明,发达国家生产结构的变化与消费结构的变化并非同步,其污染密集型产品的消费并未同幅度下降。在发达国家强化其环境规制的今天,发展中国家无法像发达国家那样从其他国家进口资源密集型和污染密集型产品,也无法将污染产业转移出去,难以在收入水平提高后改善环境。因此,世界范围的污染并非下降了,只是转移了。

研究经济增长、国际贸易与碳排放关系的国内研究有:高静、黄繁华(2011)[②]利用中国 30 个省、市、自治区 15 年的面板数据检验中国是否存在倒 U 型的 EKC 曲线,并且在考虑贸易与投资的基础上,得出如下结论:东部地区存在倒 U 型的 EKC,西部地区存在正 U 型的 EKC,中部地区不存在 EKC;外贸依存度与碳排放呈现出显著地正相关关系,FDI 对碳排放虽有影响但很微弱;贸易和投资对拐点到达的时间并无影响,但却能够提高拐点到达时的人均 GDP 水平。

许广月、宋德勇(2011)[③]实证分析了出口贸易、经济增长与碳排放量之间的动态关系。结论显示,3 个变量间存在长期协整关系。脉冲响应分析结果是:碳排放对出口贸易的响应强度不断增强,至第 5 期达到最大值,随后不断减少,直至达到最小值;碳排放对经济增长的响应强度从第 2 期开始由负变正,且不断增强,至第 8 期达到最大值,而后减少。李影(2012)[④]利

① Matthew A. Cole. *Trade, the Pollution Haven Hypothesis and the Environmental Kuznets Curve: Examining the Linkages, Ecological Economics*, Vol. 48. No. 1 (Jan. 2004), pp. 71–81.

② 高静、黄繁华:《贸易视角下经济增长和环境质量的内在机理研究——基于中国 30 个省市环境库兹涅茨曲线的面板数据分析》,《上海财经大学学报》2011 年第 5 期。

③ 许广月、宋德勇:《我国出口贸易、经济增长与碳排放关系的实证研究》,《国际贸易问题》2010 年第 1 期。

④ 李影:《基于 ARDL 模型的我国碳排放、出口贸易和经济发展之间的关联分析》,《福州大学学报(哲学社会科学版)》2012 年第 4 期。

用 ARDL 模型对我国 1986—2009 年碳排放量、出口贸易和经济发展三者之间的关系进行实证分析,研究结果显示:我国出口贸易、经济发展和碳排放存在单向协整关系。出口贸易短期对碳排放是正相关,而长期中对碳排放是负相关。经济发展无论长期还是短期对碳排放影响都是正的,并且长期影响大于短期影响。

综上所述,很多专家和学者的研究一般是国家层面的,城市层面的研究很少。但是,这个领域微观层面的研究将来会越来越深、越来越广泛,为区域经济和对外贸易发展提供理论依据。张峰和蒋婷(2012)[1]利用山东省 1984—2008 年数据,采用 Granger 因果检验,分析了碳排放、出口贸易、经济增长之间的关系。张毓卿和周才云(2011)[2]采用投入产出法,结合部门能源消费数据,测算出 1990—2008 年江西省出口贸易中的碳排放量,并运用协整检验、误差修正模型、方差分解等方法对江西省 1990—2008 年出口贸易额和出口贸易碳排放总量之间的关系进行实证研究。研究结论为,两者之间存在协整关系,并且长期以来江西省碳排放量的增长对出口额的增加具有较强的拉动作用。本章在先行研究的基础上,试图利用天津市的数据,通过实证分析的方法研究碳排放与经济增长、对外贸易三个变量之间的关系,考察对外贸易对碳排放的影响,验证是否存在环境库兹涅茨曲线,希望能对天津市的未来经济发展和对外贸易战略的调整提供理论依据。

二、对外贸易和经济增长与碳排放关系研究

根据经济学原理,无论是生产本国消费的产品,还是生产国外消费的产品,能源作为一种投入要素始终发挥作用。无论哪一种形式的生产过程,在经济增长的同时,都伴有碳排放的产生,而作为主要温室气体的 CO_2 直接带来的环境污染,不仅会影响本国国民的福利水平,而且还会产生全球最大

---

① 张峰、蒋婷:《碳排放与出口贸易和经济增长之间的关系研究——对山东省 1984—2008 年数据的计量分析》,《生态经济》2011 年第 2 期。
② 张毓卿、周才云:《江西省出口贸易额与碳排放量关系的统计检验》,《统计与决策》2012 年第 12 期。

的公共产品,即全球气候变暖。所以,出口贸易、经济增长与碳排放三者间应该有一种长期稳定的关系,并且这种关系在经济发展的不同阶段有不同的特征。

一般的经济理论是:在经济全球化时代,一国的经济增长和对外贸易发展的同时,必然伴随碳排放的增加。因此,对外贸易、经济增长与碳排放三个变量之间存在一种长期稳定的关系,这种变量之间的关系在每个国家经济发展所处的不同阶段呈现着不同的特征。

验证环境库兹涅茨曲线,看是不是存在倒 U 型曲线,是不是存在拐点。如果估计出来的 β1 为正,表示进出口贸易具有"增排"效应,意味着进出口贸易的碳排放转移效应假说成立;如果为负,说明进出口贸易具有"减排"效应。根据我国的实际情况,进出口贸易方式处于粗放阶段,进出口贸易方式是高能耗、高污染和高排放的。据此,理论预期 β1 为正。β2 符号根据不同国家的不同发展阶段,有不同的情况,这也是 EKC 模型中的论断。我国作为发展中国家,发展是我国的题中之义,但是在发展过程中碳排放不断增加,直觉上经济增长会带来碳排放增加,但是二者是否符合这种"感性认识"呢? 这是笔者始终关注的一个问题。如果 β2 为正值,说明经济增长具有"增排"效应,反之,则具有"减排"效应。

为研究天津市的经济增长、国际贸易与碳排放三个变量之间的关系,设计如下模型:

$$LNTPF_t = \alpha + \beta_1 LNYCD_t + \beta_2 LNGDP_t + \beta_3 LNGDP_t^2 + \mu_t \qquad (式 11.4)$$

其中, $LNTPF_t$ (吨):t 时期的人均碳排放量的对数值; $LNYCD_t$ (%):t 时期的对外贸易依存度的对数值; $LNGDP_t$ (万元):t 时期的人均 GDP 的对数值。

根据一般经济原理,考虑到我国和天津所处的经济发展阶段,估计出来的 β_1 符号可能为正。验证环境库兹涅茨曲线,看是不是存在倒 U 型曲线,是否存在拐点。如果 β_2 为正, β_3 为负号,就说明天津市对碳排放存在环境库兹涅茨曲线,而且可以算出人均收入的拐点。

三、实证分析结果

根据 EVIEWS6.0 统计软件生成结果,得到三个变量之间的关系方程如下[①]:

$LNTPF_t$ = 0.893556 + 0.251107$LNYCD_t$ − 0.299176$LNPGDP_t$ + 0.333581$LNPGDP_t$^2

(5.485169)(5.441538)(−2.739302)(6.852707)

各系数下面括号内的数据是 t 值。该方程表明天津市 1995—2011 年碳排放、人均 GDP、对外贸易依存度之间存在平稳的关系,但是不存在假设中的环境库兹涅茨曲线。反而在 1995—2011 年区间首先是随着经济增长碳排放减少,后来又转为增加。对外贸易依存度和碳排放是明显的正相关关系,天津市对外贸易依存度每增加 1%,碳排放要增加 0.25%。

另外,人均 GDP 的系数符号为负号,人均 GDP 的二次方的符号为正,表明天津市不存在对碳排放的环境库兹涅茨曲线,也就是说碳排放和人均 GDP 之间不存在倒 U 型的曲线,而是更接近于 U 型。利用下面公式求得先下降后上升曲线的拐点。人均 GDP 的拐点是在 1997 年(1997 年的人均 GDP 为 1.59632 万元),说明 1997 年之后随着天津市的人均 GDP 的增加,人均碳排放一直在增加。

$y* = exp(-\beta1/2 * \beta2)$

= 1.56585(万元)

四、脉冲响应分析结果

把脉冲响应分析时间设为 10 期,图中横轴是冲击作用的期间数,即 10 期,纵轴是各变量的变化程度,根据冲击的大小可能存在很大的差距。曲线表示三个变量分别对人均碳排放的冲击反应。本章运用脉冲响应分析方法,考察三个变量 LNTPF、LNYCD 和 LNPGDP 的冲击分别对 LNTPF 的影

①　对于数据的单位根检验和协整检验部分省略。

响,可以清楚分析 3 个变量的动态特征,参见脉冲响应曲线(图 11.1)。图中实线为 1 单位脉冲冲击的响应函数的时间路径,两边虚线为标准差的置信区间。三个变量中对碳排放影响最大的是对外贸易依存度,第一期的时候对外贸易依存度对碳排放的影响是正的,从第二期开始变为负的,一直到第十期,但最后趋于 0。碳排放自身的影响和人均 GDP 变量的影响远不如对外贸易依存度的影响大。

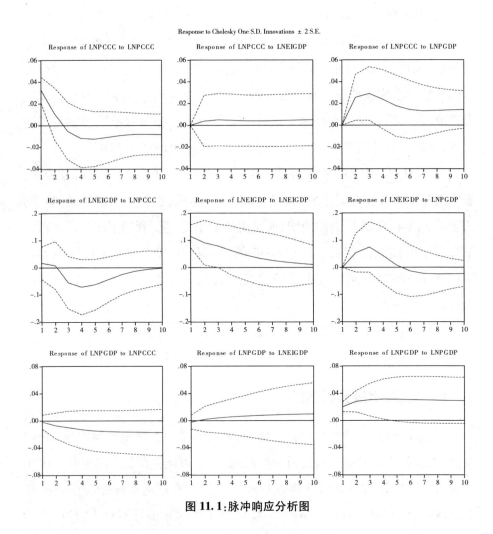

图 11.1:脉冲响应分析图

第三节 出口贸易中隐含碳排放分析

一、文献综述

国外学者分析国际贸易和碳排放量关系的研究来源于环境污染与国际贸易关系的研究。Machado et a.l(2001)[1]分析了巴西在 1970—1992 年的对外贸易中的碳含量,结果显示发达国家把碳含量非常高的产业转移到发展中国家,对碳含量高的一些产业进行外包;Ahmed 和 Wyckoff(2003)[2]也在论文中证实了这个观点,这和传统的污染产业的转移理论相一致。对于我国对外贸易碳含量的分析结果也与上述研究相类似。国际能源署(2008)的研究报告认为,2004 年中国 CO_2 排放总量的 34%源于为满足国际市场的消费所生产的产品。Peters 等(2007)[3]运用结构分析法研究了国际贸易对环境的影响,以及研究了我国的 CO_2 排放量,结果表明碳排放总量呈迅速上升趋势。

在出口贸易与碳排放的关系上,主要的研究有:Wyckoff 等(1994)[4]分析了 6 个 OECD 国家 1984—1986 年进口商品的隐含碳排放(Embodied Carbon),认为进口产品会减弱国内减排措施效果。Weber et al.(2008)[5]认为中国的碳泄漏、碳出口导致中国的碳排放增加,从而印证了"污染天堂假说"。Dabo Guan et al(2008)[6]分析了中国 1980—2030 年的碳排放情况,结

① Machado G.Schaeffer R,Worrell E.,*Energy and Carbon Embodied in the International Trade of Brazil*:*an Input Output Approach*,*Ecological Economics*,vol. 39,No. 3(Dec. 2001) pp. 409–424.

② Ahmad,Wyckoff A.,*Carbon Dioxide Emissions Embodied in International Trade of Goods*,*OECD Science Technology and Industry Working Paper* 15.OECD Publishing,Paris,2003.

③ Peters, G. P. and E. G. Hertwich, *Pollution Embodied in Trade*:*The Norwegian Case*, *Global Environmental Change*, Vol. 16,No. 4(Oct. 2006),pp. 379–387.

④ Wyckoff A.W,Roop J.M.,*The Embodiment of Carbon in Imports of Manufactured Products*:*Implications for International Agreements on Greenhouse Gas Emissions*,*Energy Policy*, Vol. 22. No. 3 (March 1994), pp. 187–194.

⑤ Weber C L,Matthews H S.,*Quantifying the Global and Distributional Aspects of American Household Carbon Footprint*,*Ecological Economics*,Vol. 66.No. 2–3(June 2008),pp. 379–391.

⑥ Dabo Guan,Klaus Hubacek,Christopher L. Weber,Glen P. Peters,David M. Reiner *The Drivers of Chinese CO_2 emissions from 1980 to 2030*, *Global Environmental Change*, Vol. 18. No. 4 (October 2008), pp. 626–634.

论显示家庭消费、资本投资和出口增长是引起中国碳排放增加的三个最主要的因素。

胡涛、吴玉萍（2007）[①]认为，虽然我国对外贸易价值量顺差，但资源环境却在产生"逆差"，其原因是我国出口产品（包括货物与服务产品）的平均资源消耗污染强度大，而我国进口产品的平均资源消耗污染强度小，目前我国贸易的绝大多数产品的单位出口产品污染强度均比发达国家高。王天凤、张珺（2011）[②]结合计量分析方法与因素分解法，选取我国1980—2008年的时间序列数据及1998年和2007年两个时间点的数据进行分析，检验了我国出口贸易与碳排放之间的关系，并定量测算了出口贸易通过三种效应对碳排放的影响程度，发现我国的出口贸易与碳排放之间存在着长期均衡关系；出口贸易对碳排放影响的规模效应为正，技术效应和结构效应为负，由于规模效应大大超过了技术效应和结构效应之和，总效应为正，出口贸易的扩大会对我国环境产生不利影响。

齐晔、李惠民、徐明（2008）[③]研究发现：1997—2006年，通过产品出口的形式，我国为国外排放了大量的碳。其中1997—2004年，隐含碳净出口占当年碳排放总量的比例在0.5%—2.7%之间，2004年之后迅速增加，2006年达10%左右。孙小羽、臧新（2009）[④]的研究结果表明，我国的出口贸易承载着越来越多的世界能源消耗和CO_2、大气污染物质排放转移。

综上所述，国外学者大多数研究了出口贸易中的"碳泄露"带来的"碳排放转移"问题，国内学者侧重于研究国家层面的出口贸易和能源消费的关系，针对区域和城市层面的对外贸易对碳排放影响的研究还很少。本章在先行研究的基础上，研究对外贸易对碳排放的影响和出口贸易中隐含碳排放问题，希望能对天津市下一步经济发展和对外贸易方针的制定提供理

---

① 胡涛、吴玉萍等：《减少我国贸易的资源环境"逆差"》，《环境保护》2007年第8期。

② 王天凤、张珺：《出口贸易对我国碳排放影响之研究》，《国际贸易问题》2011年第3期。

③ 齐晔、李惠民、徐明：《中国进出口贸易中的隐含碳估算》，《中国人口·资源与环境》2008年第3期。

④ 孙小羽、臧新：《中国出口贸易的能耗效应和环境效应的实证分析——基于混合单位投入产出模型》，《数量经济技术经济研究》2009年第4期。

论依据与指导。

二、因素分解分析方法

因素分解分析是一种经济活动对环境副作用机制的极其有效的研究分析工具。Grossman 和 Kruger(1991)关于对外贸易对环境的影响分解为规模效应、结构效应和技术效应三个方面。规模效应是指对外贸易规模扩大会提高自然资源的使用从而增加生产要素的投入量,在其他条件不变的情况下,必定导致污染排放量的增加,因此加剧环境恶化,自由贸易对污染排放的规模效应为正;结构效应是指根据国际贸易比较优势理论,各国之间的贸易加深了国际专业化分工,使一国扩张其有比较优势的产业部门的生产规模,对一国的环境来说,如果规模扩大的出口部门的生产活动的平均污染程度低于规模缩小的进口竞争部门,则该国的结构效应就是负的,反之则是正的;技术效应即为了降低产品的生产成本,增加产品在国际市场上的竞争力,国家及企业和个体会加大在节能技术上的要素投入,推动产品的生产向清洁化方向发展,与此同时,对外贸易的扩张加强了国际间的技术交流,使节能技术及相关服务在全球范围内得到扩散,促进环保和节能技术的广泛传播和使用,所以若对外贸易促进了技术的进步,则技术效应为负,相反则为正。对外贸易的环境效应是这三种效应综合作用的结果。参考 Joseph(2002)、王天凤(2011)的研究成果,出口贸易引起的碳排放可以用公式表示为:

$$C = \sum_{i=1}^{n} S_i Q E_i \qquad (式 11.5)$$

其中 C 表示由出口贸易引起的碳排放,S_i 表示 i 部门出口额占总出口额的比重,Q 表示总出口额,E_i 表示 i 部门的碳排放强度。出口贸易引起的碳排放变化就是由 S_i、Q、E_i 这三个变量综合作用的结果。出口贸易引起的碳排放变化可以由方程(式 11.6)表示:

$$C' = \sum_{i=1}^{n} S_i' E_i Q + \sum_{i=1}^{n} S_i E_i' Q + \sum_{i=1}^{n} S_i E_i Q' \qquad (式 11.6)$$

式 11.6 中带撇的变量表示该变量在研究时序内的变化量,左边表示由出口引起的碳排放变化量,右边的第一项表示结构效应,即在总出口额和部门碳排放强度不变的情况下,由出口结构变化带来的碳排放量变化;第二项为技术效应,即在出口总额与出口结构不变的情况下,由各部门碳排放强度变化引起的碳排放量变化;第三项表示规模效应,即在出口结构和部门碳排放强度不变的情况下,由出口总额变化带来的碳排放量变化。

三、主要出口行业分类与归并

由于分行业的能源消费数据与海关统计的分类别出口商品金额关于行业分类的标准不一样,需要对行业进行分类归并,建立一个相对可以比较的分类系统。根据《中国贸易外经统计年鉴 2011》的国际进出口商品分类,把天津市 37 个主要工业商品归并为 9 个主要行业,用于分析的 2006 年和 2011 年的按商品分类的对外贸易进出口总额的基础数据,我们主要侧重于研究出口额的数据。

表 11.15:按商品分类的对外贸易进出口总额

单位:万美元

项目	进出口总额	2011 年		进出口总额	2006 年	
		出口总额	进口总额		出口总额	进口总额
食品及活动物	359346	64620	294727	34999	32147	2853
饮料及烟类	8112	1645	6467	6196	4908	1288
非食用原料(燃料油除外)	783114	75778	707338	64067	27123	36944
矿物燃料、润滑油及有关原料	369896	138245	231651	299755	243691	56064
动植物油、脂及蜡	208906	215	208691	62317	621	61696
化学成品及有关产品	597470	237079	360390	301418	125170	176249
按原料分类的制成品	866035	412181	453855	809138	425407	383732
机械及运输设备	5754001	2663483	3090517	4140942	2155409	1985531
杂项制品	112735	99691	13044	72199	66261	5938

数据来源:国家统计局《天津统计年鉴》(2012 年)。

四、天津市碳排放变化的因素分解分析结果

根据公式分别选取 2006 年和 2011 年两个时间点为比较对象,对天津市出口商品碳排放量的变化进行分解,以衡量三种效应对天津市碳排放造成的影响。具体计算方法为:结构效应——2011 年相对 2006 年各行业的出口份额变化量乘以 2006 年该行业的碳排放量,然后加总就得到。在出口规模和碳排放强度不变的情况下,由于出口结构变动而引起碳排放量的变化,技术效应的算法与结构效应类似。规模效应——2011 年相对基期 2006 年的出口增长率乘以 2006 年的出口商品碳排放量,就可以得到在各行业出口占总出口额比例不变的情况下,所有行业出口额都按相同的比率增长时产生的碳排放量。

表 11.16:因素分解的结构效应与技术效应

行业分类	2006			2011			结构效应		技术效应	
	出口金额/亿元	份额/%	排放强度/万吨/亿元	出口金额/亿元	份额/%	排放强度/万吨/亿元	份额变化/%	排放量变化/万吨	排放强度变化/%	碳排放量变化/万吨
食品及活动物	25.63	1.04	1.65	41.74	1.75	0.13	-0.71	0.71	-92.23	-92.37
饮料及烟类	3.91	0.16	3.90	1.06	0.04	0.27	0.11	-0.14	-93.08	-110.69
非食用原料(燃料油除外)	21.62	0.88	6.68	48.94	2.05	0.96	-1.17	40.41	-85.67	-2956.03
矿物燃料、润滑油及有关原料	194.27	7.91	0.54	89.29	3.74	0.15	4.16	-10.71	-71.38	-183.53
动植物油、脂及蜡	0.50	0.02	3.54	0.14	0.01	0.29	0.01	-0.02	-91.82	-156.97
化学成品及有关产品	99.78	4.06	4.80	153.12	6.42	1.03	-2.36	26.00	-78.53	-866.66
按原料分类的制成品	339.13	13.80	8.98	266.22	11.16	0.28	2.64	-19.37	-96.87	-709.67
机械及运输设备	1718.25	69.92	0.72	1720.29	72.08	0.15	-2.17	13.64	-79.61	-501.42
杂项制品	52.82	2.15	2.89	64.39	2.70	0.53	-0.55	1.88	-81.65	-279.90
总计								52.40		-5857.25

数据来源:《天津统计年鉴》,自己计算所得。

表 11.16 为 2006 年和 2011 年作比较的结构效应与技术效应,表 11.17

为规模效应与总效应。从中可以看出,从2006年到2011年的5年时间里,天津市出口商品的结构有些调整,各行业的碳排放强度都明显下降,技术效应都为负的。

从结构方面看,第3、6、8行业的结构正效应明显大,即非食用原料(燃料油除外)、化学成品及有关产品、机械及运输设备等行业。第7、4行业的结构负效应显著,即按原料分类的制成品、矿物燃料、润滑油及有关原料等行业。所以,从出口商品结构优化的角度看,要增加这些结构负效应大的行业,减少那些正效应大的行业。从技术效应方面看,第3、6、7行业的技术负效应明显,即非食用原料(燃料油除外)、化学成品及有关产品、按原料分类的制成品等行业。虽然非食用原料(燃料油除外)、化学成品及有关产品行业有结构正效应,但是这些行业的技术效应远远超过了结构效应。

综合来看,天津市出口贸易中的碳排放量变化是出口规模、出口结构和生产技术共同作用的结果,规模效应-202.8,结构效应为52.40,技术效应为-5857.25,总效应是-6007.6。说明天津市出口贸易对碳排放的减少有贡献。出口商品的结构是导致碳排放量上升的主要原因,而技术进步是减少出口碳排放量的关键因素,出口规模的扩大也使碳排放减少。相对来说,出口结构变化对于天津市出口贸易中碳排放量变化的影响作用较小,但出口结构不合理,出口商品结构必须向清洁化方向转型。

表11.17:出口贸易对碳排放的规模效应与总效应

单位:万吨

规模效应	结构效应	技术效应	总效应
-202.8	52.40	-5857.25	-6007.6

数据来源:根据《天津统计年鉴》计算所得。

再选择1996年和2001年两个时间点观察,从结构方面看,第4、7、8行业的结构正效应明显大(见表11.18)。即矿物燃料、润滑油及有关原料、按原料分类的制成品、机械及运输设备等行业。第6、3行业的结构负效应显著,即化学成品及有关产品、非食用原料(燃料油除外)等行业。所以,从出口商品结构优化的角度看,要增加这些结构负效应大的行业,减少那些正效应大的行业。另外,化学成品及有关产品、非食用原料(燃料油除外)等行业的技术效应也非常明显。这两个行业的出口对于天津市的减排有负效应,即对经济发展有利,而且结构效应和技术效应显著,天津市应鼓励这两类的产品出口。虽然规模效应为正,是导致碳排放量上升的主要原因,但是技术效应和结构效应为负效应,总效应还是负的,说明天津市出口贸易对碳排放的减排是有利的(见表11.19)。出口商品的结构效应并不是很大,技术进步是减少出口碳排放量的关键因素。相对来说,出口结构变化对于天津市出口贸易中碳排放量变化的影响作用较小。

表 11.18:因素分解的结构效应与技术效应

行业分类	1996			2001			结构效应		技术效应	
	出口金额/亿元	份额/%	排放强度/万吨/亿元	出口金额/亿元	份额/%	排放强度/万吨/亿元	份额变化/%	排放量变化/万吨	排放强度变化/%	碳排放量变化/万吨
食品及活动物	15.44	6.39	0.99	23.90	3.04	0.08	3.36	-3.28	-91.73	-89.63
饮料及烟类	0.28	0.12	2.48	0.46	0.06	0.52	0.06	-0.04	-78.93	-47.98
非食用原料(燃料油除外)	10.33	4.28	3.02	15.86	2.02	0.25	2.26	-13.86	-91.88	-562.34
矿物燃料、润滑油及有关原料	12.16	5.04	62.72	64.88	8.24	0.10	-3.21	10.76	-99.84	-335.00
动植物油、脂及蜡	0.01	0.00	1.33	0.01	0.00	0.59	0.00	0.00	-55.72	-113.86
化学成品及有关产品	19.73	8.17	2.88	43.34	5.51	0.77	2.66	-20.47	-73.16	-562.00
按原料分类的制成品	21.90	9.07	4.14	91.54	11.63	0.15	-2.56	9.22	-96.46	-347.47
机械及运输设备	114.15	47.28	0.68	385.83	49.03	0.05	-1.75	7.08	-92.00	-373.06
杂项制品	45.76	18.95	14.01	159.47	20.26	0.21	-1.31	5.00	-98.52	-376.06
总计							-5.58			-2807.40

表 11.19:出口贸易对碳排放的规模效应与总效应

单位:万吨 CO_2

规模效应	结构效应	技术效应	总效应
1204.30	-5.58	-2807.40	-1608.69

第四节 结 论

通过本章第一节天津市碳排放与经济增长之间的 EKC 分析可见：

（1）利用 1995—2011 年的天津市数据，验证天津市的环境库兹涅茨曲线，结果天津市不存在对碳排放的环境库兹涅茨曲线，碳排放和人均 GDP 之间不存在倒 U 型的曲线。变量之间关系曲线形状接近于倒 N 型，存在两个拐点；左拐点的人均收入为 1.367 万元，右拐点为 5.755 万元，分别是处在 1996 年和 2010 年。这说明天津市人均碳排放 2010 年刚刚开始随着人均收入的增加而减少，现阶段的政府对碳排放的环境决策很重要。而且本章研究结果跟刘华军（2011）对天津市的碳排放库兹涅茨曲线研究结果是一致的。

（2）按照林伯强等（2009）的方法，利用预测的人均碳排放和人均收入数据再次进行环境库兹涅茨曲线验证，观察预测达到拐点的年份，与理论拐点比较结果是否一致。根据本章 4 种不同的情景设置，天津市存在对碳排放的环境库兹涅茨曲线，说明碳排放和人均 GDP 之间存在倒 U 型的曲线。政策情景下，人均 GDP 的拐点会在 2026 年，低碳情景下的拐点会在 2019 年。宽松情景和基准情景下，虽然存在倒 U 型的曲线，但是 2030 年也无法达到人均收入的拐点。

（3）文中比较了碳排放和人均 GDP 之间存在的理论拐点和预测的拐点是否一致，选取了两个时间段的数据分析结果，理论拐点和预测的拐点不一致。两次的验证分析结果也充分强调了政府对碳排放的规制约束性作用，这个拐点不是固定不变的，政府制定适当"减排"目标和采取合理的环境政策，可以使环境库兹涅茨曲线的拐点提前到来。为达到天津市"减排"目标，更加清洁、环保、节能的低碳政策实施势在必行。

通过第二节的分析，可以看出天津市碳排放与对外贸易依存度和经济增长之间的关系。

（1）对外贸易依存度和碳排放是明显的正相关关系，天津市对外贸易依存度每增加 1%,碳排放要增加 0.25%。从而验证了"污染天堂假说",天津市也是属于"转移碳排放"的城市之一。

(2)天津市不存在对碳排放的环境库兹涅茨曲线,也就是说碳排放和人均 GDP 之间不存在倒 U 型的曲线,而是 U 型的曲线。人均 GDP 的拐点是在 1997 年,1997 年之后随着天津市的人均 GDP 的增加,人均碳排放一直在增加。

(3)从变量间的脉冲响应来看,其影响最大的是对外贸易依存度,第一期的时候对外贸易依存度对碳排放的影响是正的,从第二期开始变为负的,一直到第十期,但最后趋于 0。碳排放自身的影响和人均 GDP 变量的影响远不如对外贸易依存度的影响大。

本章第三节中已经验证了"污染天堂假说",天津市也是属于"转移碳排放"的城市之一。虽然进出口贸易有拉动经济增长的效果,但对碳排放有着"增排"的效应。而且天津市现阶段也不存在对碳排放的环境库兹涅茨曲线,经济增长和政府的政策还没有达到"减排"的阶段。

本章选取 2006 年和 2011 年两个时间点、1996 年和 2001 年的时间点数据分析了出口贸易的隐含碳排放问题,运用因素分解分析法研究天津市的碳排放变化的因素,得出的结论是天津市出口商品的结构是导致碳排放量上升的主要原因,而技术进步是减少出口碳排放量的关键因素,出口规模的扩大也使碳排放减少。天津市出口贸易中的碳排放量变化是出口规模、出口结构和生产技术共同作用的结果,总效应为负,对天津市的碳排放量减少有着积极影响。这很大一部分归功于天津市各出口行业的碳排放强度下降带来的技术效应。总体来讲,天津市的出口贸易和碳排放量存在长期稳定的正相关关系;但是选取时间点来考虑,随着各个出口行业的碳排放强度下降,2011 年对 2006 年的总效应是负的,即出口贸易对碳排放有减排效应。

具体从出口商品结构方面看,非食用原料(燃料油除外)、化学成品及有关产品、机械及运输设备等行业的结构正效应较大;按原料分类的制成品、矿物燃料、润滑油及有关原料等行业的结构负效应显著。所以,从出口商品结构优化的角度看,应增加这些结构负效应大的行业,减少那些正效应大的行业的出口,出口商品结构必须向清洁化方向转型,这将有利于减少天津市的碳排放量。为了转变这种发展方式,天津市需要构建绿色贸易体系,调节其出口产品结构,转变贸易增长方式,逐步实现"贸易减排",达到天津市经济发展与资源环境保护"双赢"的目的。

第十二章 促进峰值目标实现的政策体系

2013—2017年的五年是实现城市定位的决定性攻坚阶段。政府工作的总体要求是:进一步加快滨海新区开发开放,协调发展,全面加强社会主义经济建设、政治建设、文化建设、社会建设、生态文明建设,全面增强综合实力、创新能力、服务能力、竞争能力,为实现城市定位奠定更加坚实的基础。2014年上半年,天津市发布了包括金融服务业、现代物流业、电子商务、商贸服务、科技服务、信息服务、文化产业、旅游产业、养老服务业等九个行业的现代服务业三年行动规划(2014—2016),旨在到2017年全面实现市政府确定的提高服务业水平的目标。近期目标的实现与2030年的远期峰值目标的实现关系密切,一些政策规划必须提前就有体现,并做出具体安排。下面在对天津市的政策进行梳理的基础上,将提出具体改进意见,以推动天津实现绿色发展。

第一节 转变发展观念

天津市政府和社会各界应该高度重视和积极抓住"一带一路""互联网+"和"中国制造2025"的契机,以天津的港口区位优势,融入"一带一路"建设,开拓物流市场,强化产业链整合。

物质资源有优势的区域在产业发展的初期,资源是重要的基础、是优势,若长期依赖于此,形成"路径依赖"惯性,而懒于考虑用其他发展模式,则可能发展到一定时期成为再提高的包袱,这就是所谓的"资源诅咒"。而资源相对贫乏的区域,若思路打开,借助其他甚至全球资源,认真发展,可能成为发展的支柱和优势产业,在国内和国外都不乏成功的先例。在绿色、低碳和循环发展的浪潮中,天津必须打破旧有思想的藩篱,抓住自贸区发展的大好机遇,在金融、先进制造、先进创意文化以及绿色物流服务等领域下功夫,推广低碳技术及服务。而这些需要从管理部门实践者的能力建设开始。

俗话说,思路决定出路,而一个地区、一个企业领导人的思路决定着这个地区或者企业的发展出路。为此,必须让各级领导和企业主管领导了解什么才是真正的发展,如何做才能实现科学发展。

一、明确环境资源保护与经济发展的关系

我国新的环境保护法总则第一条规定,制定环境保护法是为保护和改善环境,防治污染和其他公害,保障公众健康,推进生态文明建设,促进经济社会可持续发展。也就是说,保护环境是为了更好的可持续的发展,是为了后代人的更好的发展。

扭转过去发展必须承担环境污染影响代价的思想,环境友好的发展即绿色、低碳发展,在保持经济持续增长的同时,人民生活水平稳步提高。关键是要对发展进行重新认识和理解,以技术创新驱动发展,而不是依靠大量的原始要素投入驱动发展,需要更高层次人才的智力投入使得发展迈向更高层次。所以,政府和企业领导必须经过学习、培训开阔眼界和思路,明确把握发展与保护、近期和远期的关系,也就是提升高层管理人员的能力。这正是十八届五中全会通过的"十三五"规划建议中提出的创新发展、协调发展、绿色发展、开放发展和共享发展等"五大发展"理念。

二、创新来自于自由、受保护的环境

政府部门必须减少对企业的干预,以建设鼓励创新、保护创新的社会制度为目标。除了用制度规范行为之外,还要在制度规范的基础上,在全社会建立原创光荣、抄袭可耻的氛围,强化保护知识产权的力度。有了这样的一个氛围,企业和个人的发明积极性将会得到极大的提高,社会成为一个巨大

的创新"孵化器",培养更多的创新源头,消除人们"只抱能下蛋鸡①"的想法和做法。在市场浪潮中,企业最了解市场上什么最有竞争力,除了涉及国家综合竞争力的国防、大装备、大制造之外,涉及民生的产品,不需要政府过多干预和关注。在与企业领导和一般工作人员进行交流的时候,他们普遍认为,在中国实业难做,各个主管部门从不同的角度检查同一件事情,对企业造成巨大负担。所以,往往对企业来说,不干涉就是最好的支持,让企业自由发展,往往能够产生最佳的、意想不到的效果。

因此,制度环境建立好之后,政府只需要千方百计提供优质、方便、快捷、更加贴近民心、规制化的服务,只需要在国际竞争的大环境下为企业铺路搭桥就可以。剩下的事情,企业会依照自己的发展规律——追求自身利益最大化的原则去努力,去发展,不论是近期还是远期的目标,企业会做得更好。在激励相容的机制下,企业会发挥更大的作用,而这种机制,要通过国家和地方法规来构成,其中更需要各级执法部门的依法、依规办事。

第二节　法律政策

一、地方法规

为了进一步实施《中华人民共和国节约能源法》,由天津市十五届人大常委会第三十二次会议通过的《天津市节约能源条例》和《天津市建筑节约能源条例》于 2012 年 7 月 1 日正式生效实施。为促进天津市节能减碳,减少能源消耗总量,实现减排和峰值目标提供了法律保障。

(一)《天津市节约能源条例》

较之于 2001 年版,2012 年 7 月 1 日新修订的《天津市节约能源条例》突出节能在经济社会发展中的战略地位,健全管理制度,完善激励机制,明

---

① 注:在和一位著名的美国上市公司的老总座谈时,老板说,他不会用鸡蛋孵小鸡,因为这样在中国风险太大,而是看哪个能够下蛋,花高价购买,就能获得即时效益,风险的代价会更小。

确节能管理和监督主体,强化有关各方的法律责任。

该条例在原有工业节能的基础上,增加了对建筑、交通运输、公共机构、农村等重点领域的节能管理。坚持节能与发展相互促进、节能与开发并举,切实推动发展方式转变。条例规定了节能的一系列具体措施:一是市和区县人民政府应当建立节能工作联席会议制度,监督、协调、推动节能工作。二是实行节能目标责任制和节能考核评价制度,将节能目标完成和节能措施落实情况作为对区县人民政府和市人民政府有关部门考核评价的内容。三是市人民政府设立节能专项资金,用于节能技术改造升级以及技术研发、合同能源管理、节能技术、产品推广等方面。四是要求建立健全天津市的能源统计制度和统计指标体系,定期发布市、区县及主要耗能行业的能源消费和节能情况等信息。五是制定节能产品、设备的政府采购名录,公共机构应当优先采购节能产品、设备。六是建立表彰奖励制度,对在节能工作中取得显著成绩或者做出突出贡献的单位和个人,给予表彰和奖励。

条例规定了违反节能相关规定的法律责任。其中包括:用能单位使用国家明令淘汰的用能设备或生产工艺,情节严重的,责令停业整顿或关闭;节能服务机构提供虚假信息,没收违法所得,最高处以十万元罚款;重点用能单位未设置能源管理岗位和开展能源审计、电平衡、热效率测试,拒不改正的处以一万元以上三万元以下罚款等。

虽然罚款额度不高,但是对企业影响较大,这是由自觉行为向强制行为的转变的关键要素。在此作用下,天津市节能成效在全国表现比较好,2014年,天津市单位工业增加值能耗同比下降 6.7%,单位生产总值电耗同比下降 4.7%。

(二)《天津市建筑节约能源条例》

2012 年 5 月 9 日天津市第十五届人民代表大会常务委员会第三十二次会议通过、2012 年 7 月 1 日施行的《天津市建筑节约能源条例》的制定,替代了自 2007 年 1 月 1 日起施行的《天津市建筑节能管理规定》(市政府令第 107 号),使得天津市的建筑节能管理、降低建筑能耗工作的法律依据更加充分和完整。

该条例明确规定适合天津市发展特点的建筑节能技术、工艺、设备和材料的推广、限制、禁止使用目录制度，并规定建设工程不得使用列入禁止使用目录的技术、工艺、材料和设备。建立健全民用建筑使用能耗统计制度，建立民用建筑能源利用效率测评标识制度，测评结果在明显位置进行标识。

该条例重点在规划审查阶段、设计、施工图设计文件审查、施工、工程监理、竣工验收、能源利用效率测评等环节分别规定了参与建设工程各方主体在建筑节能方面的责任和义务，确保新建建筑严格执行节能标准。

对既有建筑节能，规定应当考虑建筑物的能耗现状、安全使用年限等因素，制定节能改造方案，并对其必要性、可行性以及改造效益进行科学论证，特别是吸取上海"11·15"特别重大火灾教训。条例还规定，建设行政主管部门应当加强既有建筑节能改造工程的工程质量和施工安全的监督管理。

对于绿色建筑规定，天津市新建国家机关办公建筑和大型公共建筑，新建居住区、新建城镇等民用建筑，推行绿色建筑标准。绿色建筑项目投入使用一年后，经市建设行政主管部门组织评审，符合国家和天津市绿色建筑标准和要求的，应当向社会公示，并按国家规定颁发绿色建筑标识。被国家确定为绿色建筑的，按照有关规定给予适当奖励或者补贴。

在建筑用能系统运行节能方面规定，建立民用建筑运行能耗监管信息系统，对建筑用能进行分项计量和数据采集、监测。公共建筑用能超定额或者居住建筑供热超指标的，实行超定额、超指标加价。民用建筑运行能耗低于定额或者指标的，低于部分可以通过交易市场进行有偿转让。

该条例对法律责任也做出了明确规定。其中包括，建设单位不按照建筑节能工程质量标准和供热计量标准组织验收的，将处以建设项目节能工程合同价款2%以上4%以下的罚款。设计单位对新建公共建筑不设计用电、用热用冷、用气、用水等分项计量及其数据采集传输装置，施工单位使用列入国家和本市禁止使用目录的技术、工艺、材料和设备，情节严重的，将吊销资质证书。国家机关工作人员在建筑节能监督管理工作中索贿受贿、玩忽职守、滥用职权、徇私舞弊，依法给予处分；构成犯罪的，依法追究刑事责任。

该《条例》实施后,天津市积极推进以中新生态城、翠屏新城、团泊新城和解放南路区域为核心的三城一区绿色建筑发展,凡新建建筑均以绿色建筑标准建设,促进生态城市建设。为了与该《条例》相配套,天津市于2014年还颁布实施了《绿色建筑行动方案》,明确了发展绿色建筑的总体要求和重点行动。要求发展规模化绿色建筑,加强新建建筑节能监管,扎实推进既有建筑节能改造,大力推进可再生能源建筑应用,推动建设资源集约利用,提高建筑的安全性、舒适性和健康性。

(三)《天津市大气污染防治条例》

《天津市大气污染防治条例》(天津市人民代表大会公告第8号)由天津市第十六届人民代表大会第三次会议于2015年1月30日通过,2015年3月1日起施行。该条例是在2002年7月颁布实施的《天津市大气污染防治条例》(天津市人大常委会公告第52号)基础上修订而成。

新《条例》共十一章、九十七条,主要规定七个方面内容:一是明确防治目标和政府责任;二是建立大气污染共同防治制度;三是强化大气污染物排放浓度与总量双控制;四是突出重点领域大气污染防治;五是健全重污染预警与应急机制;六是建立大气污染防治区域协作机制;七是完善法律责任规定。《条例》突出对燃煤、扬尘、机动车尾气、工业废气等重点大气污染源的防治。一是强化高污染燃料污染防治。严格燃煤质量管理,禁止销售使用不符合本市标准的燃煤。授权市政府划定高污染燃料禁燃区,并逐步扩大其范围。在禁燃区内禁止使用煤、重油、渣油等高污染燃料,已建的燃煤电厂和使用高污染燃料的锅炉窑炉应当限期改用清洁能源。二是强化扬尘污染防治。严格规范建设工程施工现场管理,要求采取设置围挡、苫盖、喷淋等措施防治扬尘污染。煤炭、砂石等散体物料堆场,应当密闭贮存或采取有效覆盖措施防止扬尘。运输工程渣土等应当采用专用车辆密闭运输。三是强化对机动车尾气污染防治。不符合尾气排放标准的机动车不予办理机动车登记。实行机动车尾气定期检验、定点监督抽测和遥感监测。对达到规定使用年限的运营机动车实行强制报废制度,鼓励提前淘汰高污染排放机动车。四是强化挥发性有机物、废气等污染防治。石油、化工、工业涂装等生产经营单位应当安装、使用污染防治设施,采取措施减少挥发性有机物泄漏。饮食服务、服装干洗、机动车维修等经营单位应当安装使用油烟、异味和废气等污染物净化处理设施,不得影响周边环境和居民正常生活。禁止露天焚烧沥青、油毡、橡胶、塑料、皮革、垃圾、落叶、秸秆、枯草等产生有毒有害气体、恶臭气体和烟尘的物质。

《天津市大气污染防治条例》的实施,对天津市大气污染防治、保护和改善环境将发挥重要作用。随着经济社会的全面发展,天津市大气污染防治工作出现了一些新情况、新问题,迫切需要制定一部适应当前形势要求的新的大气污染防治条例。这部地方立法对主要大气污染源有针对性地加以治理、规范。特别是大气污染联防联控制度成为京津冀协同发展的优先领域,与北京市已经制定的新的《大气污染防治条例》相协调,促进京津冀地区的环境保护。

(四)其他

天津市以建设资源节约型、环境友好型社会为目标,除《天津市节约能源条例》《天津市建筑节约能源条例》《天津市大气污染防治条例》外,还制定了一系列法规,如《天津市城市绿化条例》《天津市环境保护条例》《天津市供热条例》等,修订完善了《天津市节约用水条例》。通过上述法规的实施,为天津市碳排放、峰值目标的实现提供了相应的制度基础。

1.《天津市城市绿化条例》

新修订的《天津市城市绿化条例》于2014年3月1日起施行,同时废止2012年5月9日修正的《天津市城市绿化条例》。

《天津市城市绿化条例》对各类建设项目的绿地率进行了规定。将城市规划区内应作为城市绿地的区域在规划中明确地界定出来,绿地区域周边的线称为绿线。城市绿线是绿化建设和执法管理的依据,未经法定程序,任何单位和个人不得随意违反规定,侵占绿化建设用地。绿地率是指绿地面积占用地总面积的百分比。各类建设项目的绿地率(绿地面积占用地总面积的比例)应当达到下列标准:(一)新建居住区绿地率,中环线以内不得低于35%,中环线以外不得低于40%。其中,用于建设公园绿地的绿地面积,不得低于用地总面积的10%。(二)新建、改建、扩建城市道路的,绿地率应当符合国家和本市规定的标准。其中,外环线内侧包括辅道用地绿带不小于50米,外环线外侧包括辅道用地绿带为500米。(三)新建疗养院、学校、医院、体育设施、公共文化设施、机关等公共设施的绿地率不得低于35%,工业、仓储区附属绿地的绿地率不得低于20%。(四)新建供水厂、污水处理厂和垃圾处理厂的绿地率不得低于45%。(五)城市河流、湖泊等水体周围的绿地率和新建铁路、公路的绿化带宽度应当符合城市绿地系统规划和有关技术标准。(六)城市生产绿地的面积不得低于城市建成区总面积的2%。(七)商业服务业设施集中建设的地区,应当统一规划、建设集中绿地。在历史文化街区进行建设活动,不得减少原有的绿地面积。

为了使该《条例》落地,天津市市容园林委员会组织实施"绿化、美化、净化、亮化、细化"五大工程,市容环境、园林绿化、城市管理取得明显成效。在园林绿化建设方面,"新建提升各类绿地2784万平方米,栽植树木590.8万株,城市绿化覆盖率、绿地率、人均公园绿地面积分别达到36%、31.5%、11.5平方米"[1],充分发挥了城市绿化释氧固碳、增湿降温、滞尘防污的生态作用。

2.《天津市环境保护条例》

为保护和改善本市的生活与生态环境,防治污染和其他公害,保障人民群众身体健康,《天津市环境保护条例》已由天津市第十二届人民代表大会常务委员会第十二次会议于1994年通过并公布施行。2004年12月21日,由天津市第十四届人民代表大会常务委员会第十六次会议对《天津市环境保护条例》进行第一次修正,根据2010年9月25日天津市第十五届人民代表大会常务委员会第十九次会议通过的《天津市人民代表大会常务委员会

---

① 天津市人民政府:《2014年天津市人民政府公报》2015年第8期。

关于修改部分地方性法规的决定》进行了第 2 次修正。

《天津市环境保护条例》主要从环境监督管理、建设项目环境管理、保护和改善环境、防治环境污染和其他公害等方面进行规定。特别强调:城市建设的集中供热、供气、供水、排水、园林绿化、污水集中处理、固体废弃物和生活垃圾的处理与综合利用,必须统一规划,配套建设。体现了大环境管理的观念,若能认真执行,对环境治理工作将非常有利。

天津市实行排污总量控制和排污许可证制度。排污许可的范围、种类、条件、程序按照国家和本市有关规定执行。排污单位必须按照国家和本市的规定向环境保护行政主管部门缴纳排污费或者超标准排污费,并应当承担消除污染、排除危害和赔偿损失的责任。建设项目必须按照先评价后建设的原则,执行环境影响报告书(表)的审批制度。防治污染的设施必须与主体工程同时设计、同时施工、同时投产使用。

目前,《天津市环境保护条例》与 2015 年 1 月 1 日正式实施的《环境保护法》相比力度稍弱,必然要进一步调整,以与国家法规对接。

3.《天津市供热用热条例》

《天津市供热用热条例》已由天津市第十五届人民代表大会常务委员会第十五次会议于 2010 年 2 月 25 日通过,自 2010 年 6 月 1 日起施行。

条例对旧有住宅要"按照计划逐步实行供热计量收费",有利于推动节能减排工作。但为了增加舒适度,也对室内温度作出新的温度标准规定,在供热期内,居民用热户安装供热设施的卧室、起居室(厅)温度应当不低于 18℃,其他部位应当符合设计规范标准要求,具体标准由供用热双方在供用热合同中约定。

表 12.1:天津供热价格

单位:元/平方米/采暖季

用户分类		价格
按供热面积收费	居民住宅	25
	非居民	40

续表

用户分类		价格
按供热计量收费	居民住宅	基本热价为每平方米 7.50 元;计量热价每千瓦时 0.13 元(每吉焦 36 元)。
	非居民	基本热价为每平方米 12 元;计量热价每千瓦时 0.25 元(每吉焦 70 元)。

资料来源:天津市发改委网站:《供热价格》,2013 年 7 月 1 日,见 http://www.tjdpc.gov.cn/gzcx/syjgcx/gr/201307/t20130705_30045.shtml。

4.《天津市节约用水条例》

《天津市节约用水条例》于 2002 年 12 月 19 日经天津市第十三届人民代表大会常务委员会第三十七次会议审议通过,自 2003 年 2 月 1 日起施行。2005 年 3 月 24 日召开的天津市第十四届人民代表大会常务委员会第十九次会议审议通过了新修改的《天津市节约用水条例》。其主要内容为:

首先,明确新的节水管理体制下各级节水办的职责。天津市节约用水管理工作原实行的是分级、分部门管理,明确了市水利局对全市节水工作的统一管理职责,随着区县水务一体化的深入,大部分区县成立水务局,统一管理本区、县节水管理工作,节水管理体制已基本理顺。各级水行政主管部门同时承担节约用水办公室的职责,市内六区虽然没有水行政主管部门,但也设立了节水办公室,为统一名称,在《节水条例》中表述为市节水办公室,统一管理全市的节约用水工作;区、县节水办公室负责本行政区域内的节约用水工作;区、县节水办公室在业务上受市节水办公室指导。同时,明确了市和区、县节水办公室和其他有关部门的职责分工。根据中央机构编制委员会办公室《关于矿泉水地热水管理职责分工问题的通知》(中编办发〔1998〕14 号),《节水条例》中对于地热水、矿泉水的相关规定体现了"国家对水资源实行统一管理"的要求。

其次,对计划用水管理做了系统的规定。计划用水管理是节水工作的基础,在《天津市河道水库供水管理办法》(1998 年市政府令第 133 号)、《天津市取水许可管理规定》(1998 年市政府令第 126 号)和《天津市城市节约用水规定》(津政发〔1997〕90 号)等规章和规范性文件中,均有对计划用水管理的规定。经过多年来的实践，这些规定是行之有效的，但缺乏进一步的细化，特别是缺乏对一个从水源到各级用水户的、全面系统的计划用水管理规定。针对这些问题，《节水条例》中设置了计划用水章节，对用水户申报用水计划及各级节水办和有关主管部门核定、考核用水户的用水计划做了明确规定，并设置了节水办公室将用水计划指标通知有关供水企业，供水企业按用水指标供水的内容，增强了可操作性。

再次，规范了节约用水管理措施。多年来，天津市在节约用水管理上总结并制定了许多行之有效的措施和规定，如对各行业的定额管理和水的重复利用率的规定，对超计划用水实行累进加价制度等。对这些比较成熟的办法和规定，在《节水条例》中运用法律的形式进一步加以规范。针对节约用水管理上如公共消防栓、园林绿化、环境卫生等公益用水设施，不仅存在常流水现象，还经常被偷用、盗用，造成水资源的大量浪费，以及有的新建、改建、扩建的建设项目，不按规定建设节水设施和使用节水型器具等问题，《节水条例》均逐一进行了规范并设置了处罚条款，加强了依法管理的内容。

最后，制定了节约用水鼓励措施。为了鼓励采用各种措施节约用水，《节水条例》设置了鼓励措施一章，对于兴建农业节水灌溉工程，开展海水、微咸水和再生水利用，兴建雨洪沥水拦蓄工程和节水工程、改造节水工艺效益显著的，分别采取财政贴息、贷款贴息、减免水资源费、资金扶持等鼓励措施。

《天津市节约用水条例》实施以来，天津为从源头上加强需水管理，严格执行节水"三同时"制度，即要求新建、扩建、改建建设项目制订节水措施方案，配套建设节水设施，节水设施应当与主体工程"同时设计、同时施工、同时投产"。并且对工业园区规划进行水资源论证，严格建设项目取水许可。深化管理、优化配置、完善长效机制体系、构建水费价格体系和宣传教育体系，形成了全社会节水的良好形势。

二、配套规范及标准

(一)配套政策

根据市人大及市政府相关总量控制及节能减排的要求,结合天津市的具体情况,各相关委办、行业协会等也在各自领域制定了有关配套规范及标准。

1.《天津市节约能源条例》配套制度

天津市从 2002 年至 2014 年共出台六项政策文件,修改两项政策文件,分别从节能产品认定、监督检测、用能单位能源审计等方面对《天津市节约能源条例》进行细化。(详见表 12.2)。

天津市为贯彻落实《万家企业节能低碳行动实施方案》(发改环资〔2011〕2873 号)和《关于加强万家企业能源管理体系建设工作的通知》(发改环资〔2012〕3787 号)的要求,按照《天津市推进能源管理体系工作实施方案》(津经信节能〔2013〕41 号),组织开展了天津市能源管理体系建设试点工作(津经信节能〔2014〕10 号)。实践证明,通过建立实施能源管理体系,用能单位能源管理持续改进,节能机制逐步完善,能效水平不断提高。

表 12.2:《天津市节约能源条例》配套制度

时间	名称	被替代名称
2002 年 3 月	关于印发《天津——市节能产品认定管理办法》的通知	—
2004 年 6 月	《天津市节能监督检测管理办法》(修正)(天津市人民政府令第 82 号)	《天津市节能监督检测管理办法》(1996 年市人民政府令第 70 号)
2009 年 12 月	天津市用能单位能源审计管理办法(津经环资_2008_70 号)	《天津市用能单位能源审计暂行管理办法》(津经环资〔2008〕70 号)
2010 年 3 月	滨海新区节能降耗重点鼓励项目名录(第一批)【津滨经信〔2010〕31 号】	—

时间	名称	被替代名称
2011 年 5 月	滨海新区节能降耗重点鼓励项目名录(第二批)【津滨经信〔2011〕22号】	—
2011 年 5 月	《天津市主要用能设备超限额使用能源补偿费计算方法》	—
2013 年 10 月	《天津市推进能源管理体系工作实施方案》【津经信节能〔2013〕41 号】	
2014 年 2 月	《天津市能源管理体系建设试点工作的通知》【经信节能〔2014〕10 号】	

2.《天津市供热条例》配套制度

城市供热是保障市民安居乐业和维护社会和谐稳定的重要前提。天津市在贯彻落实《天津市供热用热条例》的同时,还建立健全了配套管理制度(详见表12.3)。

表 12.3:《天津市供热条例》配套制度

时间	名称	颁布部门
2010 年 12 月 29 日	天津市集中供热暂停和恢复用热管理办法	天津市城乡建设和交通委员会、天津市发展和改革委员会
2010 年 12 月 29 日	天津市供热采暖费退还管理规定	天津市城乡建设和交通委员会、天津市发展和改革委员会
2011 年 1 月 11 日	天津市集中供热设施管理办法	天津市城乡建设和交通委员会
2011 年 1 月 11 日	天津市供热工程使用的产品和技术推广、限制、淘汰目录管理办法	天津市城乡建设和交通委员会
2011 年 1 月 11 日	天津市新建房屋供热配套管理办法	天津市城乡建设和交通委员会
2011 年 1 月 11 日	天津市供热室内温度测量管理办法	天津市城乡建设和交通委员会
2011 年 1 月 11 日	天津市供热采暖收费管理办法	天津市城乡建设和交通委员会
2011 年 4 月 8 日	天津市供热计量管理办法	2011 年 4 月 8 日天津市人民政府办公厅
2011 年 6 月 20 日	天津市供热许可管理办法	天津市城乡建设和交通委员会

3.《天津市节约用水条例》配套制度

天津市是水资源严重匮乏的城市之一,人均占有水资源量仅为160立方米,远远低于国际人均水资源占有量1000立方米的严重缺水警界线。天津近年来还先后出台了《天津市实施〈中华人民共和国水法〉办法》《天津市城市排水和再生水利用管理条例》《天津市城市供水用水条例》等涉水地方法规,形成了地方水法规体系。初步形成了以"水法实施办法"和"节水条例"为核心、相关配套规章相协调的水资源管理制度体系。

2011年天津市成为全国首批实行最严格水资源管理制度试点省市之一。根据该《考核办法》,市水务局会同市监察局、市发展改革委、市经济和信息化委、市环保局、市统计局等有关部门组成考核组,开展考核评分工作。考核对象为各区县政府,区县政府主要负责人为第一责任人,相关负责人为直接责任人。考核主要内容为"三条红线"控制指标完成情况和水资源配置、用水效率管理、水资源保护相关配套政策和措施落实情况。考核结果作为对各区县政府相关领导干部综合考核评价的重要内容。考核等级为"未完成"的区县政府,应在考核结果公布后1个月内,向市政府书面报告整改落实情况,并抄送市水务局;对拒不整改或整改不到位的,市水务局严格控制其下年度用水总量指标,市发展改革委、市经济和信息化委等部门依法严格控制审批其新增取用水项目,市监察局将依据有关规定对该区县相关责任人进行问责。

创建节水型居民生活小区是天津市节水型社会建设的重要组成部分,为使天津市节水型居民生活小区创建工作进一步得到发展,特制定《节约型居民生活小区评定方法》作为《天津市节约用水条例》配套制度使用。其中评定方法分为管理评定指标和技术评定指标两种,二者加总作为综合评定分值,分值达90分以上(含90分)可评为节水型居民生活小区。管理评定指标详见表12.4。

表 12.4：节约型居民生活小区评定方法

标准要求	管理指标	评定方法及分值	满分
4.1.1	组织机构健全	1.检查机构设置（有文件）　　　　0—5分 2.节水工作正常开展（有开展情况文字说明） 　　　　　　　　　　　　　　0—5分	10分
4.1.2	节水管理体系健全	1.有节水管理体系网络　　　　　　2分 2.有节水责任人并落实到位　　　　1分 3.有用水情况记录　　　　　　　0—2分 4.节水指标分解到位　　　　　　　1分	6分
4.1.3	节水管理目标明确	1.有节水计划、规划　　　　　　　2分 2.由有关节水管理制度　　　　　0—2分 3.有用水情况记录　　　　　　　0—2分 4.节水指标分解到位　　　　　　0—2分	8分
4.1.4	开展节水宣传教育等日常活动	1.小区内明显位置设固定节水宣传展示栏 （不明显扣1分）　　　　　　　　2分 2.节水宣传教育有工作计划并正常开展工作 （每季度一次）　　　　　　　　0—3分	6分
4.1.5	小区用水管理	1.小区内公共用水管理措施到位，无违章用 水和浪费水现象（一处扣1分）　0—3分 2.有小区供水管网图　　　　　　　1分 3.处理问题及时　　　　　　　　0—2分	6分
4.1.6	无"包费制"和拖欠水费问题	存在问题本项不得分	15分

注：凡标注分值范围视查验情况给分；无取值范围一次性给分。

资料来源：天津市水务局网站：《天津节水型居民生活小区标准》，2019年11月18日。见 http://www.tjsw.gov.cn/pub/tjwcb/zhengfuxxgk/jsbz/200911/t20091118_22917.html。

天津市于2013年1月1日实施《天津市实行最严格水资源管理制度考核暂行办法》（以下简称《考核办法》）津政办发〔2012〕141号，对全市16个区县正式开展考核，严格控制水资源开发利用、用水效率和水功能区限制纳污"三条红线"，促进水资源的可持续利用。此外，天津市还通过制定《天津市节水型企业（单位）考核评分标准》《天津市建设项目用水计划管理规定》《天津市水平衡测试管理办法》《天津市节水型区县考核标准》等，有效控制企业的用水量，水资源利用效率和效益明显提高。

（二）标准

1.建筑节能标准

为了进一步落实《天津市建筑节约能源条例》，天津市还编制了建筑节能设计、施工、验收等多项技术标准，为推进建筑节能提供了技术保障（详见表12.5）。

表 12.5:《天津市建筑节约能源条例》配套制度

时间	名称
2006 年 10 月	《天津市建筑节能门窗技术标准》（DB29-164-2006）
2007 年 1 月	《天津市建筑节能管理规定》（市政府令第 107 号）
2007 年 3 月	《天津市住宅设计标准》（DB29-22-2007） 替代原《天津市城市住宅设计标准》（DB29-22-2000）
2007 年 5 月	《天津市居住建筑节能设计标准》（DB29-1-2007） 替代原《居住建筑节能设计标准》（DB29-1-2004）
2007 年 6 月	《天津市绿色建筑试点建设项目管理办法》建材［2007］699 号
2007 年 8 月	《天津市建筑节能技术和产品备案管理办法》
2010 年 11 月	《天津市建筑节能门窗技术标准》（DB29-164-2010） 替代原《天津市建筑节能门窗技术标准》（DB29-164-2006）
2013 年 10 月	《天津市居住建筑节能设计标准》（DB29-1-2013）

2.产品能耗标准

天津市 2012 年前执行的产品能耗标准为《工业产品电耗定额》，标龄已逾 12 年，随着天津市工业产品结构及其生产技术的变化，已不适应节能管理工作的需要。市质监局会同市经济和信息化委等部门组织有关节能监测机构和专家，重新修订了《产品单位产量综合能耗计算方法及限额系列标准》（详见附录3，该标准共计 100 项，其中包含 1 项总则和 99 种产品能耗限额，产品涵盖冶金、石油化工、电力、建材、机械、电子和纺织等行业的重点耗能产品。该 100 项强制性地方标准于 2012 年 1 月 1 日起正式实施。

该系列标准从内容上呈现出以下特点：一是有 62 种产品的限额值比原标准有所提高，约占所调整的 83 种产品的 75%；二是涉及天津市石油化工、装备制造、电子信息、轻工纺织、生物医药、新能源新材料等优势支柱产业的产品达 53 种,约占节能监测产品的 54%;三是拓展了节能监测范围,此次修订、作废标准 5 项、合并标准 2 项、新增标准 11 项,进一步扩大了节能监测的产品领域,使节能监测产品由原来的 94 种扩大到了 99 种;四是无国家标准限额要求但天津市自主控制的节能监测产品达 78 种,约占监测产品的 79%。

该系列强制性地方标准是适应我国战略性新兴产业发展的需要,并结合"十一五"期间执行的能耗限额地方标准进行的修改、补充和完善形成的节能环保方面的地方标准。该系列强制性地方标准的指标设定以鼓励先进、鞭策落后为原则,以推进企业节能技术进步为目的,考虑到大多数企业用能设备的实际水平和节能潜力,部分产品的限额指标被分成两个阶段考核,进一步体现了能耗限额指标设定的科学性、严密性、实用性和可操作性。

该系列强制性地方标准的出台,为推动市各行业产品能耗的监督管理、企业节能技术进步和完成市"十二五"节能目标做出贡献,同时也使广大百姓了解到节能降耗不仅仅是大型企业、大型耗能单位的事,生活中所接触的衣食住行都与节能降耗息息相关,通过节约一滴水一度电,既能降低生活成本又能为节能环保做贡献,利民利己利国家。

2012 年和 2014 年,天津市工业和信息化委员会还分别下发《关于开展2012 年度单位产品能耗限额标准和高耗能落后机电设备(产品)淘汰目录执行情况监督检查的通知》(津经信节能〔2012〕44 号)、《关于开展 2014 年度单位产品能耗限额标准和高耗能落后机电设备(产品)淘汰目录执行情况监督检查的通知》(津工信节能〔2014〕19 号),规定企业首先进行自查并于规定日期前完成自查报告,然后由主管部门组织现场核查,天津市工业和信息化委员会组织节能监测机构对天津市 150 家工业万家企业(名单附后)进行现场核查,节能监测机构将根据企业提交的自查报告,通过审查材料、实地查看、检测评价等方式进行核查,汇总有关情况,形成监测报告,对存在的问题认真整改落实。

第三节　市场机制

碳交易是为促进全球温室气体减排,减少全球二氧化碳排放所采用的市场机制。《关于天津排放权交易市场发展的总体方案》(津政办发[2011]86号)中明确积极开展碳减排交易体系建设。

一、天津建筑能效交易机制建立

天津排放权交易所早在2009年年初就组织了交易所及其他会员单位的能效市场研究小组,对工业、建筑、交通等领域的能效市场设计进行广泛调研,走访政府主管部门,制定实施方案。在半年之内,天津市民用建筑能效市场实施方案就已初具雏形。此后,由天津市建交委牵头,以国务院《民用建筑节能条例》为基础,研究制定了《天津市民用建筑能效交易实施方案》,于2010年3月由天津市政府办公厅颁布实施,随后又相继制定了《天津市民用建筑能效交易注册和备案管理办法》和《天津市能效方法学管理规则(住宅建筑供热系统)》《天津市能效方法学管理规则》,形成了建筑能效交易监管模式和天津市能效市场。天津市能效市场成为中国首个自主开发的基于强制能效目标的排放权交易体系,也是全球建筑领域首个能效市场,通过"强度控制与交易"模式,提高能效,降低碳排放强度。

(一)《天津市民用建筑能效交易实施方案》

《天津市民用建筑能效交易实施方案》(津政办发[2010]23号)于2010年正式颁布。这是国内首部民用建筑领域排放权交易规范性文件,也标志着天津市能效市场建设进入操作阶段。天津市民用建筑能效市场是我国首个自主开发的基于强制能效目标的碳交易体系,也是全球建筑领域首个能效交易体系。

该方案明确了天津市将实施用能指标(定额)制订与考核和开展能效交易的重要意义、工作目标、主要内容和组织实施等事项。根据这一实施方案,当民用建筑实际运行能耗低于用能指标或定额时,其节约的能耗折算成二氧化碳排放量可进行有偿转让;当民用建筑实际运行能耗高于用能指标或定额时,要通过节能改造或节能措施降低实际运行能耗,或购买等额的二氧化碳排放量以完成节能目标任务。

(二)《天津市民用建筑能效交易注册和备案管理办法》

《天津市民用建筑能效交易注册和备案管理办法》(建材〔2010〕634号)规定,在天津市实行民用建筑能效交易注册制度。天津市行政区内民用建筑产权人、供热单位、能源合同服务公司、物业公司、租赁人等法人单位使用建筑的实际运行能耗低于天津市民用建筑用能指标或定额时,其节约的能耗折算成碳当量可进行民用建筑能效交易。参与民用建筑能效交易的法人单位应办理民用建筑能效交易注册,未办理注册的,不得进行交易。参与民用建筑能效交易的法人单位在取得民用建筑能效交易注册后,应委托经天津市建设交通委认定的民用建筑能效核证机构对减排量进行核证,并由核证机构出具减排量核证报告。参与民用建筑能效交易的法人单位应持减排量证书到天津市排放权交易所进行编码登记并进行交易。交易完成后,由排放权交易所向天津市民用建筑能效专业委员会办理民用建筑能效交易资料备案。

二、《天津市碳排放权交易管理暂行办法》

2013年12月20日《天津市碳排放权交易管理暂行办法》(津政办发〔2013〕112号)颁布实施,以下简称《管理办法》。

《管理办法》中虽然暂未提到纳入配额管理的标准,而配额的发放采取以免费发放为主、以拍卖或固定价格出售等有偿发放为辅。钢铁、化工、电力热力、石化、油气开采等5个行业中自2009年以来排放二氧化碳2万吨以上的企业单位纳入试总范围。纳入企业于每年5月31日前完成履约义务,对于剩余配额可结转至下年度使用,直至2016年5月31日。核证自愿减排量抵消不得超出其当年实际碳排放量的10%。办法中也提及了企业和第三方机构的管理,其中个人也可依据管理办法参与碳排放权交易。

第四节 经济手段

一、融资政策

天津市于 2011 年发布了《鼓励绿色经济、低碳技术发展的财政金融支持办法》(津滨政发〔2011〕11 号)。该办法中开展专项贷款贴息,降低企业财务成本。对中小企业以金融机构贷款为主投资的固定资产建设项目,一般采取贷款贴息方式。每个项目的贴息期限一般不超过两年,贴息额度根据项目贷款额度和利率(最高不超过银行当期基准利率)确定,一般不超过贷款利息总额的 50%,最多不超过 300 万元。

对符合新区产业规划的投资额 5000 万元以上的低碳技术类战略性新兴产业项目,按照贷款合同规定利率(最高不超过银行当期基准利率)给予一年期的贷款贴息,单一项目原则上按不超过 5000 万元贷款额度给予贴息;对没有贷款的项目以资金补助方式给予支持,补助额度按照项目实际投资额在 5% 以内确定,单一项目补助额度原则上不超过 300 万元。

此外,支持融资担保业务。对给予政府财政贴息贷款提供担保的担保公司,可按照贴息贷款担保额的 1% 给予担保风险补助,专项用于贷款担保的相关支出。支持符合条件的企业通过发行短期融资券、中期票据、企业债券、中小企业集合债等进行融资,协调解决其在融资过程中出现的问题。

二、税收优惠政策

(一)车船税

根据《中华人民共和国车船税法》的规定,结合天津市实际情况,制定天津市实施《中华人民共和国车船税法》办法(津政令第 45 号)。其中,第五条第二款规定对公共交通运营车辆,纳税人缴纳车船税确有困难的,可定期减征、免征车船税(详见表12.6)。

表 12.6:天津市车船税税目税额表

税目			计税单位	年基准税额	备注
乘用车〔按发动机气缸容量(排气量)分档〕	1.0升(含)以下的		每辆	270元	核定载客人数9人(含)以下
	1.0升以上至1.6升(含)的			390元	
	1.6升以上至2.0升(含)的			450元	
	2.0升以上至2.5升(含)的			900元	
	2.5升以上至3.0升(含)的			1800元	
	3.0升以上至4.0升(含)的			3000元	
	4.0升以上的			4500元	
商用车	客车	大型	每辆	1140元	核定载客人数20人(含)以上,包括电车
		中型		960元	核定载客人数9人以上20人以下
	货车		整备质量每吨	96元	包括半挂牵引车、三轮汽车和低速载货汽车等
挂车			整备质量每吨	按照货车税额的50%计算	
其他车辆	专用作业车		整备质量每吨	96元	不包括拖拉机
	轮式专用机械车				
摩托车			每辆	120元	
船舶	机动船舶		净吨位	按国家规定的税额执行	拖船、非机动船分别按照机动船舶税额的50%计算
	游艇		艇身长度		

资料来源:天津市地方税务局:关于印发《天津市地方税务局关于2014年征收车船税的通告》的通知(津地税地〔2013〕39号)。

（二）企业所得税

依据《国家税务总局关于资源综合利用企业所得税优惠管理问题的通知》（国税函〔2009〕185号）、《市政府〈批转市经委市财政局市国税局市地税局拟定的天津市资源综合利用（含电厂）认定暂行管理办法的通知〉》（津政发〔2005〕101号）制定的《关于资源综合利用企业所得税优惠有关认定工作的通知》（津经环资〔2009〕26号）对申请资源综合利用认定的企业，申报及认定程序、认定监督管理等事项作出明确规定以便于办理企业所得税优惠的相关手续。

（三）营业税、房产税等其他税收优惠政策

中小企业投资符合国家产业政策的科技创新、技术改造、资源综合利用等项目，可按天津市《支持中小企业发展若干财税政策》中的相关规定享受有关财政资金的支持。具体如下：

中小企业产品属于国家规定的资源综合利用产品目录范围，同时又符合优惠政策条件的，可以按照现行政策规定享受增值税免征、即征即退或减半征收等优惠政策。中小企业购置并实际使用《环境保护专用设备企业所得税优惠目录》《节能节水专用设备企业所得税优惠目录》和《安全生产专用设备企业所得税优惠目录》规定的环境保护、节能节水、安全生产等专用设备的，该专用设备的投资额的10%可以从企业当年的应纳税额中抵免，当年不足抵免的可以在以后5个纳税年度结转抵免。

纳税确有困难的中小企业，可向主管税务机关申请减免城镇土地使用税和房产税。

对符合条件的中小企业担保机构，经批准给予担保业务三年免征营业税政策，担保机构办理代偿、清偿和过户等手续的费用，登记部门按国家有关规定予以减免。中小企业从事技术转让、技术开发业务以及与之相关的技术咨询、技术服务业务取得的收入，免征营业税。

三、财政补贴政策

（一）生态林管护领域的政策

天津市在 2011 年共出台两项生态林管护领域的政策，一项是《天津市〈森林抚育补贴试点资金管理暂行办法〉实施细则》（津财农〔2011〕35 号）。在该实施细则中，第三条规定中央财政森林抚育补贴标准为平均每亩 100 元。经天津市林业局批复有关区县森林抚育作业设计后，市财政局拨付40% 补贴资金。第九条森林抚育任务完成后，有关区县林业主管部门向市林业局申请核查验收，市林业局会同市财政局按照天津市森林抚育管理办法规定对区县森林抚育任务进行核查验收，验收合格后市财政局拨付剩余60% 补贴资金。

另一项政策为关于印发《天津市重点生态林管护补贴资金管理暂行办法》的通知（津财农〔2011〕32 号）。其中，第四条规定重点生态林管护补贴标准每亩 200 元。对已享受中央财政森林抚育补贴的重点生态林管护补贴标准每亩 100 元。第五条规定抚育管护资金支出范围包括：间伐、修枝、除草、割灌、病虫害防治、树干涂白、防火、补植补造、采伐剩余物清理运输、简易作业道路修建等生产作业的劳务用工、抚育作业设备购置和机械燃油等直接费用以及作业设计、检查验收、档案管理、成效监测等间接费用。

（二）绿色经济、低碳技术领域的政策

2011 年 6 月，天津滨海新区为了控制 CO_2 总量，支持绿色经济，发布《鼓励绿色经济、低碳技术发展的财政金融支持办法的通知》（津滨政发〔2011〕11 号），天津市滨海新区主要从鼓励太阳能、风能、生物质能、热泵等新能源及可再生能源的开发利用、培育高新技术企业、支持循环经济和生态园区的发展建设、鼓励企业利用先进技术进行节能改造、鼓励建筑业低碳技术、倡导绿色建筑模式（其中，提出制定滨海新区绿色建筑标准及认证体系

及鼓励新建建筑优先采用地热能、太阳能热水系统和热表计量收费模式)、鼓励农村及农业低碳技术的应用推广、支持低碳技术成果转让、鼓励企业开展能源审计及清洁生产审核、大力发展合同能源管理模式等方面制定具体的补贴政策。此外,还对获得国家级、天津市级节能先进单位、先进集体、先进个人进行表彰。对国家级先进单位给予 10 万元奖励、先进集体给予 5 万元奖励、先进个人给予 1 万元奖励。对天津市级先进单位给予 5 万元奖励、先进集体给予 2 万元奖励、先进个人给予 5 千元奖励。(详见表 12.7)

表 12.7:2011 年天津滨海新区财政补贴政策汇总表

补贴类型	补贴内容	补贴标准
新能源及可再生能源	太阳能光伏发电项目	按项目投资额 30% 给予财政补助,最高补助不超过 200 万元
	风力发电的项目	不超过 200 万元
	生物质气化进行供气、发电和工业化生产,垃圾焚烧发电以及垃圾填埋气的回收利用等项目	按项目投资额 30% 给予财政补助,最高补助不超过 200 万元
	潮汐、波浪、海水温差等海洋能技术的研发和应用项目	按照研发项目研发费用的 10% 给予补助,最高补助不超过 100 万元。推广应用项目按项目投资额 20% 给予财政补助,最高补助不超过 200 万元
	地源热泵、淡(海、污)水源热泵等技术对建筑物进行供热供冷	按照供热(冷)面积,给予 30—50 元/平方米的财政补助,最高补助不超过 200 万元
培育高新技术企业	经认定的国家高新技术企业	5 万元
	经认定的滨海新区高新技术企业	3 万—5 万元
循环经济	废弃物资源化再利用的项目	按照不超过总投资的 10% 给予补助,最高补助不超过 200 万元
节能改造	采用燃煤工业锅炉(窑炉)、热电联产、余热余压余能利用、能量系统优化方式的改造项目	按项目年节能量给予 300 元/吨标准煤的补助,最高补助不超过 300 万元
	电机系统节能、电力节能技术改造类项目	按项目年节能量给予 400 元/吨标准煤的补助
	采用先进技术改造主要耗能设备及工艺,节能效果达 10% 以上的项目	按项目年节能量给予 400 元/吨标准煤的补助,总额不超过 50 万元

续表

补贴类型	补贴内容	补贴标准
节能改造	对大型钢铁企业通过建立能源管理中心实现能源系统的集中管理控制工程及符合国家"十大重点节能工程"要求的石化、化工行业能量系统优化工程	按项目年节能量给予300元/吨标准煤的补助,总额不超过300万元
	对通过清洁生产审核,并对清洁生产审核报告中提出的中高费改造项目进行节能改造的项目	按项目年节能量给予300元/吨标准煤的补助,总额不超过50万元
绿色建筑	通过绿色建筑认证的建筑项目	10万—30万元
	使用新型墙体材料等节能建筑材料和节能设备,降低建筑物能耗的项目(国家强制性规定的项目除外)	按项目投资额10%给予补助,总额不超过50万元
	采用先进节能技术、产品,提高能源管理水平等手段,降低建筑物能源消耗总量,年节能量达50吨标准煤以上的项目	按项目年节能量给予400元/吨标准煤的补助,总额不超过10万元
	现有建筑(工业、公建、居住)采暖用户进行改造,安装用热计量装置、室内温度调控装置和供热系统调控装置,实现按热表计量收费的项目	按照项目改造投资,给予改造费用40%的财政补助,总额不超过10万元
农业低碳技术的应用推广	1.太阳能及农作物秸秆气化集中供气系统和畜牧小区中小型沼气工程等生态能源模式的项目。 2.采用先进的节能制冷与烘干技术,充分利用电网低谷电力和可再生能源进行节能技术改造的项目。 3.采用封闭内循环养殖技术,利用太阳能、地热能、电厂、工矿余热开展示范高效工厂化养殖的项目。 4.对农业机械、渔业船舶进行技术改造,更新或淘汰落后耗能设备的项目	按实际投资额的20%给予财政补助,最高补助不超过100万元
低碳技术成果转让	对企业购买节能科技成果、专利技术转让并已在企业中推广应用的项目	按实际发生合同金额的10%给予财政补助,最高补助不超过50万元
能源审计及清洁生产审核	自愿开展能源审计并按审计要求制定相应节能规划,落实后续节能措施的项目及自愿进行清洁生产审核并签订合同的项目	按合同金额的50%给予补助,最高补助不超过20万元
合同能源管理	以合同能源管理模式在滨海新区开展节能服务	按能源管理合同金额的10%给予财政补助,最高补助不超过100万元

续表

补贴类型	补贴内容	补贴标准
碳交易市场	已通过审核程序并成功在天津股权交易所挂牌交易的新区企业	按照实际发生的会计、律师、保荐、登记托管等相关前期费用给予最高50万元专项补贴

资料来源:根据天津市政府已出台的相关政策整理而得。

(三)新能源汽车补贴政策

2014年2月,天津市政府第26次常务会审议并通过了《天津市新能源汽车推广应用实施方案》,提出到2015年,全市在8个领域推广应用新能源汽车总量达到1.2万辆的目标。其中,在私人领域,市场化推广私人用车500辆。同时,颁布实施的《天津市小客车总量调控管理办法》中,特别规定新能源车购置可直接申领号牌,不限购。

目前新能源汽车普遍比传统燃油车售价高。按照《天津市新能源汽车推广应用实施方案》规定,市级财政将按照中央财政补贴1∶1比例进行配套补贴,以降低购车成本,带动私人使用新能源汽车。中央和包括天津市在内的地方财政补贴支持新能源汽车,必须是已纳入国家工信部《节能与新能源汽车示范推广应用工程推荐车型目录》的纯电动车和插电式混合动力汽车。国际上销售量较大的丰田普锐斯等外资品牌,由于未进入公告,不享受国家补贴。此外,老年代步车等低速电动车,也不在此次补贴范围之内。

但是由于新能源车的市场认知度有限,并且价格优势并不十分明显,大部分车主基于对新能源汽车维修、充电等问题的顾虑,不会单纯因为不摇号而购买新能源车。为保障新能源汽车推广应用,还需要对相关政策进行进一步修订和落实。

四、政府采购政策

关于印发《天津市2012年政府集中采购目录和采购限额标准》的通知(津财采〔2011〕46号)中明确规定采购人在政府采购活动中,应当面向中小企业实施优先采购,执行国家强制采购节能产品制度的有关规定,优先、定向购买节能、环保和经财政部门会同有关部门颁布的战略性新兴产业产品。

第五节　政策实施效果评价

一、实施政策的成绩

(一)单位 GDP 能耗明显下降

"十二五"期间,国家下达天津市节能降耗考核目标为单位生产总值能耗下降18%。围绕这一考核目标,全市在坚持结构节能为根本的同时,着力强化节能考核目标责任,扩大考核范围,增加总量考核要求,并加强节能制度建设,严格执行合理用能评估审查、能源审计和清洁生产审核等制度,积极推动节能技术改造,节能降耗工作取得积极进展,"十二五"期间,天津市单位生产总值能耗继续下降,其中 2014 年比上一年下降 6.04%,降幅在全国排名第五[①]。

(二)产业结构优化升级

天津市发展符合国家产业政策的高端、高质、高新、低耗能产业,基本形成以高新技术产业为引领,优势产业为支撑,三大产业不断优化,整体快速、协调发展的格局。第二产业仍占主导地位,全市基本建成以滨海新区现代化工业为主、中心城区都市型工业和各区县特色工业相互补充、共同发展的产业空间发展格局。现代服务业体系日臻完善,形成一批服务业集群和产业带,城市服务功能不断增强。农业设施化步伐加快,沿海都市型现代农业

[①]　国家统计局、国家发展和改革委员会、国家能源局:《2014 年分省(区、市)万元地区生产总值能耗降低率等指标公报》,2015 年 8 月 13 日,见 http://www.stats.gov.cn/tjsj/zxfb/201508/t20150813_1230040.html。

初具规模。

（三）能源利用效率得到提高

通过积极贯彻落实国家关于节能减排的政策法规,制定节能专项规划,设立节能专项资金,实施"十大重点节能工程",在全国率先建立固定资产投资项目合理用能评估和审查制度,并纳入行政许可事项。狠抓冶金、化工、石化、电力、建材五大行业节能工作;加大公共交通设施建设,加快淘汰老旧汽车,对公交车和出租车率先推广使用清洁燃料、双燃料和混合动力;积极推进既有建筑节能改造,推广地热、太阳能等可再生能源利用技术在建筑领域的应用。

（四）建筑节能体系建立

天津市按照"突出重点、分类指导、加大力度、创新机制、加快推进"的方针,有组织、有计划、积极、稳妥地开展组织推动建筑节能,开展资源节约等工作。通过建立建筑节能监管体制、提高科技创新水平、完善建设标准体系、全面推行建筑节能、实施中水管网入户、推动计量供热等项工作实现建筑"四节"(节能、节地、节水、节材)目标,并取得了十分明显的经济效益、社会效益、环境效益。天津市大力推动可再生能源在建筑中的应用,先后在梅江等区域建设地源热泵建筑试验工程,太阳能一体化的研究与应用工程;在东郊污水处理厂实施污水源热泵供热系统工程。推行建筑节能、绿色建筑和再生能源工程,坚持以点带面,全市推行建筑节能、绿色建筑和可再生能源试点示范项目。

从立项、规划、设计、审批、施工、监理、竣工验收、节能备案等环节加强控制和管理。不断强化各级节能监察中心能力建设。严格过程控制,重点抓住开工、施工和竣工验收三个环节,工程竣工验收必须进行建筑节能专项验收,提出质量评价意见,凡发现不符合规范、规程的,必须进行现场节能工程检测,整改合格后重新验收,确保建筑节能质量。

另外,在横向上做好"四个结合",节能与节水结合。在新建住宅区配套建设中实行自来水和再生水双水管道入户。天津市以中心城区为重点，适当提高了居住区的建筑容积率。积极建设节能省地型住宅，建成一批中小户型住宅，土地资源利用效率明显提高。

二、政策障碍

天津市实现温室气体排放总量控制目标，任务非常艰巨，特别是在能耗标准制定、统计监测、节能监察力量配备等方面。此外，在加大节能投入、强化政策配套、完善法制手段等方面也存在较多不足。

（一）节能财税政策缺陷

天津市能源开采、生产、转化等环节的税费总额中绝大部分的税费是增值税、所得税等收入组织功能的税费，而带有节能调控功能的税费相对较少。天津市虽然早就确立节能降耗的能源发展方针，"十二五"也提出了GDP能耗降低目标，但在政府预算分配结构中，节能始终未放在应有的位置，这与天津市大力发展经济，保经济增长的理念不无联系。因此，显得政策力度小，实现温室气体总量控制的目标难度较大。

（二）能源价格机制欠缺

在经济体系中，能源的稀缺程度是由价格来反映的。较高的价格表明能源的稀缺程度较高。天津市为了支持经济尤其是工业的发展，能源价格被人为地控制在低于市场均衡价格的水平，较低的能源价格水平不能反映资源稀缺的真实性。市场机制在能源配置中的基础性作用得不到发挥，由此形成的经济增长方式是粗放的，能源产出是低效率的。由于能源价格基本上都是实行政府定价或政府指导价，这种机制下形成的价格只反映了能源的开发成本，没有覆盖环境的破坏成本和安全生产成本，因此，能源价格的内容是不完整的，能源价格机制存在较大欠缺。

（三）强制性能效标准执行力较弱

在节能领域,天津市存在法治不健全、有法不依、执法不严的现象。比如,对于现有的强制性建筑节能标准,执行效果并不理想。由于建筑设计把关不严,设计图和施工图不一样,偷工减料现象严重,施工验收阶段对节能的验收并不严格,因此,部分强制性的能效标准形同虚设,难以发挥其节能减排的效果。

第六节　实现峰值目标的法律体系建议

鉴于天津峰值目标实现的压力空前之大,政府在政策引导和制度建设方面必须提前规划和安排,才能及时化解转型中的矛盾,变压力为动力,寻求更大更多的机遇。为此需要在下面几个方面下功夫。

一、梳理政策法规、优化管理体制

首先,发挥政府主导作用,根据"低碳经济"发展趋势和国家相关政策,及时调整本地政策内容,以保证天津市制度的时效性;避免"政策打架"的现象,例如关于节能、新能源利用等方面的技术标准,往往涉及环保、发改委、交通等多个部门,应由相关部门联合出台统一的规范和标准,而不能"政出多门"。其次,由于历史原因,政府部门间的职责划分存在模糊不清的问题,在各主管部门间进行明确的职责分工,规范各辖区政府的关系,避免政府间利益博弈影响政策效果,同时有利于加强政策的执行力。再次,构建天津市"低碳发展"法律体系,将制度设计纳入固定的程序化轨道,使政策不断完善,避免政策的反复。

解决环境问题必须要综合运用法律、经济、技术和必要的行政办法。政府一方面可以通过加大"低碳投资",保证低碳经济的财政资金支持;另一方面,加大转移支付力度,建立统一的生态补偿机制,对环保产业实施转移支付。例如设立可再生能源发展基金,来源于非可再生能源企业收取的费用,用于可再生能源产业的研发及产品推广投入,本质上就是高能耗企业对低能耗企业的转移支付。此外真正落实"绿色采购",推行绿色采购的配套措施,如实行绿色采购强制性条款、规范绿色产品目录、设计绿色采购监督机制,以政府绿色采购推动社会的绿色消费氛围的形成。

二、积极发展绿色金融、碳金融

碳金融也可称作低碳金融,是利用金融手段促进低碳发展。"其作用可以有如下几种方式:第一,发挥金融市场的资源配置作用,促进投资规模大、回收周期长的新能源产业的发展;第二,发挥金融市场促进技术创新的作用,推进低碳技术的研发,以技术基础解决能源问题;第三,通过绿色信贷、绿色证券、环境责任险等金融工具,增强企业的环保意识和积极性;第四,通过建立以碳交易为代表的污染物排放交易市场,发现合理的污染物排放价格,促进企业节能减排"①。7个省市的碳交易试点已经进行了近三年,其中5个已经经历了两次履约期。总体看市场运行平稳,但是相对来说,市场活跃度还不高。这里有交易规则和可交易类别的原因。《国务院关于清理整顿各类交易场所切实防范金融风险的决定》(国发〔2011〕38号)和《国务院办公厅关于清理整顿各类交易场所的实施意见》(国办发〔2012〕37号)中明确规定了中国碳交易市场目前只能进行现货交易,不允许开展碳期货交易。然而,基于国外碳市场的迅速金融化趋势及我国碳市场的快速发展需求,未来,我国碳排放权期货必将在现货市场交易和参与者数量达到一定规模的条件下推出。目前,国际上许多金融机构都活跃于碳交易市场,为碳减排企业提供融资和咨询服务。未来在碳市场交易中可以引进多层次的碳金融服务体系。包括:对碳排放交易项目的信贷融资服务;碳排放交易标的的期货、期权、远期合约等衍生产品;碳金融咨询服务;碳基金等。通过引入金融服务,促进我国碳排放权交易的发展。这是未来活跃碳市场的最佳方法之一。

① 马晓明、蔡羽:《中国低碳金融发展报告2014》,北京大学出版社2014年版。

三、政府引导，多方参与

企业、公民、非政府组织等应成为天津市"低碳经济"的重要主体。"低碳经济"的内在动力源自市场机制，企业、公民等作为市场参与者，积极性的调动有利于实现市场的充分竞争、实现经济资源的有效配置，提高经济效率，也有利于能源价格的公平合理。因此，在政府的指导下，形成一个全民参与的，政府、企业与非政府组织互动的"低碳发展"模式，有利于加速天津市低碳发展步伐。

应该加强对相关法律法规的宣传和普及。许多企业对政府的补贴政策措施了解得不多，或者是企业不愿意和政府打交道，总是试图远离政府，也就是政府在企业中的形象需要重新塑造。为此，政府亲民的形象需要积极宣传，让企业和民众了解。如利用全媒体尤其是政府网站，公开各种可以为企业服务的渠道、方式和力度等。

鼓励建立政府法律咨询机构和培训机构，同时鼓励民间法律咨询机构和培训机构的发展。促进相关知识的普及，提高企业参与国内与国际排放权交易的能力，有助于企业利用国内国际两个市场实现温室气体减排的目标和效益，为天津市及国家总体减排目标的实现创造更多的机遇。

四、以市场机制促进结构调整

要实现绿色低碳转型，优化能源结构是必要之选，更是根本之路。但是，我们必须注意到能源品种煤炭、石油和天然气在提高能源的属性方面是相同的。也就是说，未来减碳的唯一通道是消除化石能源，不论是煤炭还是天然气，都将被非化石能源替代。据研究，中国要实现实际产出与能源消费的去耦效应，必须要依托能源结构效应，因为只有如此，才能提高能源质量，而且能够减少碳排放。

能源资源价格改革，推动能源资源利用效率。通过放开能源价格，减少政府对能源资源价格的过度干预，使能源价格真正反映正常的供需状况以及能源生产、消费过程中产生的负外部成本，发挥市场机制配置资源的作用,使得资源的应有价值得到回归,进而提高能源资源利用效率。

通过市场开发程度,强化资源的有效利用水平。天津市在改革开放以来,得益于市场开放和生产要素的有效流动,尤其是滨海新区成立以来,拉动了各种生产要素的有效流动,外部资本的投入、劳动力的涌入等。未来,随着自贸区的建设,天津的开放程度将进一步提升,有效的流动有助于本地企业降低创新成本,刺激节能技术的开发与利用,而且可以通过引进国外、域外的节能设备,通过消化吸收再创造等得到先进的节能技术。总之,通过交流与贸易往来能够促进区域间的资源高效配置,提升天津及其他地区的能源利用效率。

附录 1 天津市工业行业划分

工业行业划分方法是界定天津市重点耗能和排放部门的重要依据,统一的划分标准方法至关重要。2007 年天津市投入产出表,是运用 CGE 模型的基础数据库,表中将天津市工业部门划分为 24 个,见下附表 1.1。

附表 1.1:2007 天津投入产出表工业门类划分

序号	工业门类	序号	工业门类
1	煤炭开采和洗选业	13	金属冶炼及压延加工业
2	石油和天然气开采业	14	金属制品业
3	金属矿采选业	15	通用、专用设备制造业
4	非金属矿及其他矿采选业	16	交通运输设备制造业
5	食品制造及烟草加工业	17	电气机械及器材制造业
6	纺织业	18	通信设备、计算机及其他电子设备制造业
7	纺织服装鞋帽皮革毛皮羽毛(绒)及其制品业	19	仪器仪表及文化、办公用机械制造业
8	木材加工及家具制造业	20	工艺品及其他制造业
9	造纸印刷及文教体育用品制造业	21	废品废料
10	石油加工、炼焦及核燃料加工业	22	电力、热力的生产和供应业
11	化学工业	23	燃气生产和供应业
12	非金属矿物制品业	24	水的生产和供应业

而天津市统计年鉴中,则是将天津市工业门类划分为 37 种,见下表。

附表 1.2：天津市工业的 37 种门类表

序号	工业门类	序号	工业门类
1	煤炭开采和洗选业	20	化学纤维制造业
2	石油和天然气开采业	21	橡胶制品业
3	黑色金属矿采选业	22	塑料制品业
4	非金属矿采选业	23	非金属矿物制品业
5	农副食品加工业	24	黑色金属冶炼及压延加工业
6	食品制造业	25	有色金属冶炼及压延加工业
7	饮料制造业	26	金属制品业
8	烟草制品业	27	通用设备制造业
9	纺织业	28	专用设备制造业
10	纺织服装鞋帽制造业	29	交通运输设备制造业
11	皮革毛皮羽毛(绒)及其制品业	30	电气机械及器材制造业
12	木材加工及木、竹、藤、棕、草制品业	31	通信设备计算机及其他电子设备制造业
13	家具制造业	32	仪器仪表及文化办公用机械制造业
14	造纸及纸制品业	33	工艺品及其他制造业
15	印刷业和记录媒介的复制	34	废弃资源和废旧材料回收加工业
16	文教体育用品制造业	35	电力热力的生产和供应业
17	石油加工炼焦及核燃料加工业	36	燃气生产和供应业
18	化学原料及化学制品制造业	37	水的生产和供应业
19	医药制造业		

附录 2 能源折标系数和碳排放系数

附表 2.1：主要能源品种折标系数参考值

能源	折标系数	能源	折标系数	能源	折标系数
原煤	0.7143 千克标煤/千克	原油	1.4286 千克标煤/千克	天然气	1.33 千克标煤/立方米
洗精煤	0.9000 千克标煤/千克	汽油	1.4714 千克标煤/千克	焦炉煤气	0.6143 千克标煤/立方米
其他洗煤	0.2857 千克标煤/千克	煤油	1.4714 千克标煤/千克	其他煤气	0.6243 千克标煤/立方米
型煤	0.6000 千克标煤/千克	柴油	1.4571 千克标煤/千克	液化石油气	1.7143 千克标煤/千克
焦炭	0.9714 千克标煤/千克	燃料油	1.4286 千克标煤/千克	炼厂干气	1.5714 千克标煤/千克

附表 2.2：不同能源品种 CO_2 排放因子

能源	CO_2/万吨 CO_2/万吨标煤或亿立方	能源	CO_2/万吨 CO_2/万吨标煤或亿立方	能源	CO_2/万吨 CO_2/万吨标煤或亿立方
原煤	1.84	原油	3.09	天然气	21.65
洗精煤	2.28	汽油	2.93	其他石油制品	3.01
其他洗煤	0.72	煤油	3.03	其他焦化产品	2.85
型煤	2.39	柴油	3.10	其他能源	1.84
焦炭	2.85	燃料油	3.17	煤矸石	0.46
焦炉煤气	8.55	液化石油气	3.10	高炉煤气	1.86
其他煤气	2.58	炼厂干气	3.04	转炉煤气	2.31
热力		电力		液化天然气	3.22

数据来源：课题组根据天津市能源平衡表计算而得。

附表 2.3：热力、电力排放系数表

年份	热力/ tCO$_2$/GJ	电力/ kgCO$_2$/kwh	煤炭综合/ tCO$_2$/吨标煤	单位标煤 CO$_2$/ tCO$_2$/吨标煤
1995	0.1217	1.0801	1.8333	2.36
1996	0.1113	1.0419	1.8400	2.36
1997	0.1188	0.8256	1.8400	2.38
1998	0.0952	0.8096	1.8400	2.35
1999	0.0933	0.7904	1.8400	2.39
2000	0.0563	0.7598	1.8474	2.38
2001	0.0922	0.7224	1.8460	2.34
2002	0.1127	0.7127	1.8714	2.39
2003	0.1011	0.6032	1.8714	2.25
2004	0.1108	0.7584	1.8664	2.27
2005	0.1087	0.8253	1.8879	2.43
2006	0.1083	0.8316	1.9058	2.45
2007	0.1042	0.8097	1.8963	2.46
2008	0.1071	0.8340	1.8876	2.43
2009	0.1067	0.8330	1.8964	2.44
2010	0.1067	0.8356	1.8743	2.18
2011	0.1069	0.8553	1.8639	2.13
2012	0.1033	0.8398	1.8674	2.19

数据来源：课题组根据天津市能源平衡表计算而得。

附录 3 天津部分法规标准

附表 3.1:《天津市节约能源条例》配套制度

时间	名称	被替代名称
2002 年 3 月	关于印发《天津一市节能产品认定管理办法》的通知	—
2004 年 6 月	《天津市节能监督检测管理办法》(修正)(天津市人民政府令第 82 号)	《天津市节能监督检测管理办法》(1996 年市人民政府令第 70 号)
2009 年 12 月	天津市用能单位能源审计管理办法(津经环资_2008_70 号)	《天津市用能单位能源审计暂行管理办法》(津经环资〔2008〕70 号)
2010 年 3 月	滨海新区节能降耗重点鼓励项目名录(第一批)【津滨经信〔2010〕31 号】	—
2011 年 5 月	滨海新区节能降耗重点鼓励项目名录(第二批)【津滨经信〔2011〕22 号】	—
2011 年 5 月	《天津市主要用能设备超限额使用能源补偿费计算方法》	—

资料来源:根据天津市已出台的政策文件整理而得。

附表 3.2:滨海新区节能降耗重点鼓励项目名录(第一批)【津滨经信〔2010〕31 号】

2010 年				
项目类别	序号	项目名称	要求	补助办法和金额
1. 工业节能			工业节能项目基本要求:按照项目年节能量补助的工业节能项目,其年节能量应不低于 500 吨标准煤;年节能量在 10000 吨标准煤以上的项目应先申请国家财政奖励资金,新区专项资金以补齐国家与新区之间政策差额方式实施补助		

续表

<table>
<tr><th colspan="5">2010 年</th></tr>
<tr><th>项目
类别</th><th>序
号</th><th>项目名称</th><th>要求</th><th>补助办法和金额</th></tr>
<tr><td rowspan="7">1. 工业
节能</td><td>1</td><td>燃煤工业锅炉（窑炉）节能技术改造</td><td>采用新型锅炉系统更新、替代低效锅炉；利用先进技术对现有锅炉（窑炉）及管网进行改造，提高运行效率</td><td>按项目年节能量给予 300 元 / 吨标准煤的补助，总额不超过 300 万元</td></tr>
<tr><td>2</td><td>热电联产</td><td>结合城市规划改造和工业园区建设，将现有供热机组改建为热电联产机组；新建热电联产项目，替代城市原燃煤供热锅炉；项目需符合国家关于发展热电联产的规定，禁止以热电联产名义建设火电项目</td><td>按项目年节能量给予 300 元 / 吨标准煤的补助，总额不超过 300 万元</td></tr>
<tr><td>3</td><td>余热、余压、余能利用</td><td>利用冶金、石化、生物制药、建材、纺织、轻工等行业生产过程中产生的余热、余压、余能，通过节能技术改造，以发电、废热锅炉、助燃，回原系统作功等形式，开展综合利用（包括节能型烧碱生产和纯碱余热利用项目）</td><td>按项目年节能量给予 300 元 / 吨标准煤的补助，总额不超过 300 万元</td></tr>
<tr><td>4</td><td>能量系统优化</td><td>大型钢铁企业通过建立能源管理中心，对各类能源介质进行全面监视，分析并调度处理，实现能源系统的集中管理控制；石化、化工行业能量系统优化工程应符合国家"十大重点节能工程"要求</td><td>按项目年节能量给予 300 元 / 吨标准煤的补助，总额不超过 300 万元</td></tr>
<tr><td>5</td><td>电机系统节能</td><td>利用变频调速、永磁调速等技术，更新改造低效电动机及高耗电设备，利用软启动装置、无功补偿装置及计算机自动控制系统优化运行和控制</td><td>按项目年节能量给予 400 元 / 吨标准煤的补助</td></tr>
<tr><td>6</td><td>电力节能技术改造</td><td>利用低损耗节能型变压器、输配电设备及低能耗导线等进行技术改造</td><td>按项目年节能量给予 400 元 / 吨标准煤的补助</td></tr>
<tr><td>7</td><td>清洁生产中高费方案实施</td><td>通过清洁生产审核，并对清洁生产审核报告中提出的中高费改造项目进行节能改造</td><td>按项目年节能量给予 300 元 / 吨标准煤的补助，总额不超过 50 万元</td></tr>
</table>

续表

			2010 年	
项目类别	序号	项目名称	要求	补助办法和金额
1. 工业节能	8	LED 灯替代传统光源	采用 LED 光源替代传统光源的改造项目，包括但不限于：厂房照明用灯、办公用灯、路灯、庭院灯、草坪灯和景观灯等	按项目投资额 40% 给予财政补助，总额不超过 50 万元
	9	主要耗能设备改造	采用先进技术改造主要耗能设备及工艺，节能效果达 10% 以上的	按项目年节能量给予 400 元／吨标准煤的补助，总额不超过 50 万元
2. 建筑节能	10	建筑综合节能改造	建筑管理单位通过采用先进节能技术、产品，提高能源管理水平等手段，降低建筑物能源消耗总量。年节能量达 50 吨标准煤以上的项目	按项目年节能量给予 400 元／吨标准煤的补助。总额不超过 10 万元
	11	采暖热计量改造	对现有建筑（工业、公建、居住）采暖用户进行改造，安装用热计量装置、室内温度调控装置和供热系统调控装置，实现按热表计量收费制度	按照项目改造投资，给予改造费用 40% 的财政补助，总额不超过 10 万元
	12	LEED 认证	通过 LEED 认证	获得白金级项目给于一次性 50 万元奖励；获得金级项目给于一次性 30 万元奖励；获得银级项目给于一次性 15 万元奖励；获得认证级项目给于一次性 5 万元奖励
	13	绿色建筑认证	按照国家建设部《绿色建筑评价标准》，通过绿色建筑认证	获得一星级项目给于一次性 10 万元奖励；获得二星级项目给于一次性 20 万元奖励；获得三星级项目给于一次性 30 万元奖励
	14	蓄冰空调	通过低谷用电方式，将电能转化为冰蓄冷形式储存起来，在用电高峰期再释放冷量，满足建筑物空调系统负荷需要	按项目投资额 30% 给予财政补助，总额不超过 50 万元

续表

2010 年				
项目类别	序号	项目名称	要求	补助办法和金额
2. 建筑节能	15	装饰性景观照明改造	采用先进技术及产品,对非政府投资项目的大型建筑物装饰性景观照明进行节能改造	按项目投资额 30% 给予财政补助,总额不超过 50 万元
	16	新型建材应用	在新建筑和既有建筑改造中使用新型墙体材料等节能建筑材料和节能设备,降低建筑物能耗。国家强制性规定的项目不予补助	按项目投资额 10% 给予财政补助,总额不超过 50 万元
3. 节能产业与节能科技	17	节能产业化项目	国家、天津市先进节能技术和产品在滨海新区的产业化项目,产品同时在滨海新区先行推广使用的优先安排专项资金	依据相应的产能规模与现状技术水平比较,推算可形成的新增节能能力给予补助,最高不超过 100 万元
	18	能源审计	企业自愿开展能源审计并按审计要求制定相应节能规划,落实后续节能措施的项目	按委托能源审计合同金额的 50% 给予补助,总额不超过 20 万元
	19	合同能源管理	专业服务机构以合同能源管理模式在滨海新区开展节能服务,签订正式合同并资金落实的项目。能源管理服务机构同时在滨海新区注册的优先考虑	按能源管理合同金额的 10% 给予财政补助,最高补助不超过 100 万元
	20	节能技术应用研究	科研单位或企业开展的节能共性和关键技术研究,获得国家专利授权以及天津市、滨海新区科技成果鉴定或验收的,同时列入节能技术、产品推广目录的优先考虑	按实际研发实验费用的 10% 给予财政补助,最高补助不超过 100 万元
	21	节能技术转让	企业购买节能科技成果、专利技术转让并实际在企业中推广应用的项目	按实际发生合同金额的 10% 给予财政补助,最高补助不超过 50 万元
	22	能效贷款	企业利用中外金融机构能效专项贷款资金进行节能技术改造	按贷款实际发生利息的 50% 给予财政补助,最高补助不超过 100 万元

续表

2010 年				
项目类别	序号	项目名称	要求	补助办法和金额
4. 新能源、可再生能源利用	23	太阳能发电	采用太阳能光伏发电。所发电力用于生产、照明等方面	按项目投资额30%给予财政补助，最高补助不超过200万元
	24	太阳能热水	公共建筑、工业建筑及居住建筑中采用太阳能热水系统，日设计产水能力大于5吨	按照日产热水设计能力，每吨给予5000元财政补助，最高补助不超过100万元
	25	风力发电	滨海新区范围内批准建设的陆上风电场和海上风电场项目。其配套风电设备在滨海新区内本地采购的优先考虑	按照项目年上网发电量综合考虑补助，最高补助不超过200万元
	26	生物质能利用	利用生物质气化进行供气、发电和工业化生产，垃圾焚烧发电以及垃圾填埋气的回收利用等项目	按项目投资额30%给予财政补助，最高补助不超过200万元
	27	热泵系统利用	利用地源热泵、淡（海、污）水源热泵等技术对建筑物进行供热供冷，并安装单独计量装置的项目	按照供热（冷）面积，给予30—50元/平方米的财政补助，最高补助不超过200万元
	28	海洋能利用	鼓励潮汐、波浪、海水温差等海洋能技术的研发和应用项目	研发项目按研发费用的10%给予补助，最高补助不超过100万元；推广应用项目按项目投资额20%给予财政补助，最高补助不超过200万元
5. 节能管理体系建设	29	节能监督性检测	由区经信委委托专业检测机构依法对重点用能单位开展监督性检测。以项目形式随各类节能项目一同论证并报请政府批准后实施	按区政府批准从专项资金中列支
	30	节能规划、标准制定和实施	由区经信委按照全市总体安排，并结合新区实际，以项目形式随各类节能项目一同论证并报请政府批准后实施	按区政府批准从专项资金中列支

续表

2010 年				
项目类别	序号	项目名称	要求	补助办法和金额
5. 节能管理体系建设	31	能源利用状况调查研究（含咨询、诊断）	由区经信委委托资质机构定期开展区域能源利用状况调查研究，区域性能源消耗咨询、诊断。以项目形式随各类节能项目一同论证并报请政府批准后实施	按区政府批准从专项资金中列支
	32	节能宣传、教育、培训与国际、国内交流合作	由区经信委策划组织活动方案，以项目形式随各类节能项目一同论证并报请政府批准后实施	按区政府批准从专项资金中列支
	33	节能技术、产品推广	区经信委自行或委托节能协会等社会中介机构组织在节能技术、产品推广等方面开展工作。以项目形式随各类节能项目一同论证并报请政府批准后实施	按区政府批准从专项资金中列支
6. 农村节能	34	农副产品加工节能技术改造	采用先进的节能制冷与烘干技术，充分利用电网低谷电力和可再生能源进行节能技术改造	按实际投资额的的 20%给予财政补助，最高补助不超过 100 万元
	35	示范高效工厂化水产养殖	采用封闭内循环养殖技术，利用太阳能、地热能、电厂、工矿余热开展示范高效工厂化养殖的项目	按实际投资额的的 20%给予财政补助，最高补助不超过 100 万元
	36	农业机械、渔业船舶改造项目	采用木质渔船被覆玻璃钢等先进节能技术对农业机械、渔业船舶进行技术改造，更新或淘汰落后耗能设备的项目	按实际投资额的的 20%给予财政补助，最高补助不超过 100 万元
	37	生态能源利用	发展省煤节柴灶具，因地制宜发展太阳能及农作物秸秆气化集中供气系统和畜牧小区中小型沼气工程等生态能源模式项目	按实际投资额的的 20%给予财政补助，最高补助不超过 100 万元
7. 其他	38	清洁生产审核	自愿进行清洁生产审核并签订合同	按委托合同金额的 50%给予补助，最高补助不超过 20 万元

续表

2010 年				
项目 类别	序 号	项目名称	要求	补助办法和金额
7. 其他	39	资源综合利用认定	按照国家及天津市综合利用企业认定规定开展综合利用并取得认定证书的项目	通过认证的项目给予一次性奖励 10 万元
	40	节能先进表彰	获得国家级、天津市级节能先进单位、先进集体、先进个人	国家级：先进单位给予 10 万元奖励，先进集体给予 5 万元奖励，先进个人给予 1 万元奖励。市级：先进单位给予 5 万元奖励，先进集体给予 2 万元奖励，先进个人给予 5000 元奖励

资料来源：天津市滨海新区经信委文件【津滨经信〔2010〕31 号】。

附表 3.3：滨海新区节能降耗重点鼓励项目名录（第二批）【津滨经信〔2011〕22 号】

项目 类别	序 号	项目名称	要求	补助办法和金额
1. 工业节能		工业节能项目基本要求：按照项目年节能量补助的工业节能项目，其年节能量应不低于 500 吨标准煤；年节能量在 10000 吨标准煤以上的项目应先申请国家财政奖励资金，新区专项资金以补齐国家与新区之间政策差额方式实施补助		
	1	燃煤工业锅炉（窑炉）节能技术改造	采用新型锅炉系统更新、替代低效锅炉；利用先进技术对现有锅炉（窑炉）及管网进行改造，提高运行效率	按项目年节能量给予 300 元／吨标准煤的补助，总额不超过 300 万元
	2	热电联产	结合城市规划改造和工业园区建设，将现有供热机组改建为热电联产机组；新建热电联产项目，替代城市原燃煤供热锅炉；项目需符合国家关于发展热电联产的规定，禁止以热电联产名义建设火电项目	按项目年节能量给予 300 元／吨标准煤的补助，总额不超过 300 万元

续表

项目类别	序号	项目名称	要求	补助办法和金额
1. 工业节能	3	余热、余压、余能利用	利用冶金、石化、生物制药、建材、纺织、轻工等行业生产过程中产生的余热、余压、余能，通过节能技术改造，以发电、废热锅炉、助燃，回原系统作功等形式，开展综合利用（包括节能型烧碱生产和纯碱余热利用项目）	按项目年节能量给予300元/吨标准煤的补助，总额不超过300万元
	4	能量系统优化	大型钢铁企业通过建立能源管理中心，对各类能源介质进行全面监视，分析并调度处理，实现能源系统的集中管理控制；石化、化工行业能量系统优化工程应符合国家"十大重点节能工程"要求	按项目年节能量给予300元/吨标准煤的补助，总额不超过300万元
	5	电机系统节能	利用变频调速、永磁调速等技术，更新改造低效电动机及高耗电设备，利用软启动装置、无功补偿装置及计算机自动控制系统优化运行和控制	按项目年节能量给予400元/吨标准煤的补助
	6	电力节能技术改造	利用低损耗节能型变压器、输配电设备及低能耗导线等进行技术改造	按项目年节能量给予400元/吨标准煤的补助
	7	清洁生产中高费方案实施	通过清洁生产审核，并对清洁生产审核报告中提出的中高费改造项目进行节能改造	按项目年节能量给予300元/吨标准煤的补助，总额不超过50万元
	8	LED灯替代传统光源	采用LED光源替代传统光源的改造项目，包括但不限于：厂房照明用灯、办公用灯、路灯、庭院灯、草坪灯和景观灯等	按项目投资额40%给予财政补助，总额不超过50万元
	9	主要耗能设备改造	采用先进技术改造主要耗能设备及工艺，节能效果达10%以上的	按项目年节能量给予400元/吨标准煤的补助，总额不超过50万元

续表

项目类别	序号	项目名称	要求	补助办法和金额
2. 建筑节能	10	建筑综合节能改造	建筑管理单位通过采用先进节能技术、产品，提高能源管理水平等手段，降低建筑物能源消耗总量。年节能量达50吨标准煤以上的项目	按项目年节能量给予400元/吨标准煤的补助。总额不超过10万元
	11	采暖热计量改造	对现有建筑（工业、公建、居住）采暖用户进行改造，安装用热计量装置、室内温度调控装置和供热系统调控装置，实现按热表计量收费制度	按照项目改造投资，给予改造费用40%的财政补助，总额不超过10万元
	12	热泵系统利用	利用地源热泵、淡（海、污）水源热泵等技术对建筑物进行供热供冷，并安装单独计量装置的项目	按照供热（冷）面积，给予30—50元/平方米的财政补助，最高补助不超过200万元
	13	LEED认证	通过LEED认证	获得白金级项目给于一次性50万元奖励；获得金级项目给于一次性30万元奖励；获得银级项目给于一次性15万元奖励；获得认证级项目给于一次性5万元奖励
	14	绿色建筑认证	按照国家建设部《绿色建筑评价标准》，通过绿色建筑认证	获得一星级项目给于一次性10万元奖励；获得二星级项目给于一次性20万元奖励；获得三星级项目给于一次性30万元奖励
	15	蓄冰空调	通过低谷用电方式，将电能转化为冰蓄冷形式储存起来，在用电高峰期再释放冷量，满足建筑物空调系统负荷需要	按项目投资额30%给予财政补助，总额不超过50万元
	16	装饰性景观照明改造	采用先进技术及产品，对非政府投资项目的大型建筑物装饰性景观照明进行节能改造	按项目投资额30%给予财政补助，总额不超过50万元

项目类别	序号	项目名称	要求	补助办法和金额
2. 建筑节能	17	新型建材应用	在新建建筑和既有建筑改造中使用新型墙体材料等节能建筑材料和节能设备,降低建筑物能耗。国家强制性规定的项目不予补助	按项目投资额 10% 给予财政补助,总额不超过 50 万元
3. 节能产业与节能科技	18	节能产业化项目	国家、天津市先进节能技术和产品在滨海新区的产业化项目,产品同时在滨海新区先行推广使用的优先安排专项资金	依据相应的产能规模与现状技术水平比较,推算可形成的新增节能能力给予补助,最高不超过 100 万元
	19	能源审计	企业自愿开展能源审计并按审计要求制定相应节能规划,落实后续节能措施的项目	按委托能源审计合同金额的 50% 给予补助,总额不超过 20 万元
	20	清洁生产审核	自愿进行清洁生产审核并签订合同	按委托合同金额的 50% 给予补助,最高补助不超过 20 万元
	21	合同能源管理	专业服务机构以合同能源管理模式在滨海新区开展节能服务,签订正式合同并资金落实的项目。能源管理服务机构同时在滨海新区注册的优先考虑	按项目年节能量给予 300 元 / 吨标准煤的补助,最高补助不超过 100 万元
	22	节能技术应用研究	科研单位或企业开展的节能共性和关键技术研究,获得国家专利授权以及天津市、滨海新区科技成果鉴定或验收的,同时列入节能技术、产品推广目录的优先考虑	按实际研发实验费用的 10% 给予财政补助,最高补助不超过 100 万元
	23	节能技术转让	企业购买节能科技成果、专利技术转让并实际在企业中推广应用的项目	按实际发生合同金额的 10% 给予财政补助,最高补助不超过 50 万元
	24	能效贷款	企业利用中外金融机构能效专项贷款资金进行节能技术改造	按贷款实际发生利息的 50% 给予财政补助,最高补助不超过 100 万元

续表

项目类别	序号	项目名称	要求	补助办法和金额
4. 新能源、可再生能源利用	25	太阳能发电	采用太阳能光伏发电。所发电力用于生产、照明等方面	按项目投资额30%给予财政补助，最高补助不超过200万元
	26	太阳能热水	公共建筑、工业建筑及居住建筑中采用太阳能热水系统，日设计产水能力大于5吨	按照日产热水设计能力，每吨给予5000元财政补助，最高补助不超过100万元
	27	风力发电	滨海新区范围内批准建设的陆上风电场和海上风电场项目。其配套风电设备在滨海新区内本地采购的优先考虑	按照项目年上网发电量综合考虑补助，最高补助不超过200万元
	28	生物质能利用	利用生物质气化进行供气、发电和工业化生产，垃圾焚烧发电以及垃圾填埋气的回收利用等项目	按项目投资额30%给予财政补助，最高补助不超过200万元
	29	海洋能利用	鼓励潮汐、波浪、海水温差等海洋能技术的研发和应用项目	研发项目按研发费用的10%给予补助，最高补助不超过100万元；推广应用项目按项目投资额20%给予财政补助，最高补助不超过200万元
5. 节能管理体系建设	30	节能监督性检测	由区经信委委托专业检测机构依法对重点用能单位开展监督性检测。以项目形式随各类节能项目一同论证并报请政府批准后实施	按区政府批准从专项资金中列支
	31	节能规划、标准制定和实施	由区经信委按照全市总体安排，并结合新区实际，以项目形式随各类节能项目一同论证并报请政府批准后实施	按区政府批准从专项资金中列支
	32	能源利用状况调查研究（含咨询、诊断）	定期开展区域能源利用状况调查研究，区域性能源消耗咨询、诊断。以项目形式随各类节能项目一同论证并报请政府批准后实施	按区政府批准从专项资金中列支

续表

项目类别	序号	项目名称	要求	补助办法和金额
5. 节能管理体系建设	33	节能宣传、教育、培训与国际、国内交流合作	由区经信委策划组织活动方案，以项目形式随各类节能项目一同论证并报请政府批准后实施	按区政府批准从专项资金中列支
	34	节能技术、产品推广	区经信委自行或委托节能协会等社会中介机构组织在节能技术、产品推广等方面开展工作。以项目形式随各类节能项目一同论证并报请政府批准后实施	按区政府批准从专项资金中列支
6. 公共机构节能	35	公共机构节能改造	公共机构具有示范作用的节能技术改造，节能灯使用率达到 100%，采用 EMC 方式推广使用节能新技术、新产品，应用太阳能、地热能等新能源和可再生能源改造的项目优先考虑	按节能效果给予一定量的资金补助，最高补助不超过 100 万元
	36	公共机构能耗监测体系	各管委会、功能区组织实施能耗监测、统计报送体系及相关课题研究，并以项目形式随各类节能项目上报	按课题研究费用 50% 给予补助，最高补助不超过 20 万元
7. 资源综合利用	37	资源综合利用及认定	符合国家产业政策及《中国资源综合利用技术政策》大纲要求，具有一定示范意义的共伴生矿产资源综合利用、大宗废弃物资源化利用、再生资源综合利用以及林木剩余物资源化等项目，及取得资源综合利用认定的企业	按项目资源综合利用量及社会效益给予一定量的补助，最高补助不超过 50 万元
8. 农村节能	38	农副产品加工节能技术改造	采用先进的节能制冷与烘干技术，充分利用电网低谷电力和可再生能源进行节能技术改造	按实际投资额的 20% 给予财政补助，最高补助不超过 100 万元
	39	示范高效工厂化水产养殖	采用封闭内循环养殖技术，利用太阳能、地热能、电厂、工矿余热开展示范高效工厂化养殖的项目	按实际投资额的 20% 给予财政补助，最高补助不超过 100 万元

续表

项目类别	序号	项目名称	要求	补助办法和金额
8.农村节能	40	农业机械、渔业船舶改造项目	采用木质渔船被覆玻璃钢等先进节能技术对农业机械、渔业船舶进行技术改造，更新或淘汰落后耗能设备的项目	按实际投资额的20%给予财政补助，最高补助不超过100万元
	41	生态能源利用	发展省煤节柴灶具，因地制宜发展太阳能及农作物秸秆气化集中供气系统和畜牧小区中小型沼气工程等生态能源模式项目	按实际投资额的20%给予财政补助，最高补助不超过100万元

资料来源：天津市滨海新区经信委文件【津滨经信〔2011〕22号】

附表3.4：《产品单位产量综合能耗计算方法及限额》系列强制性地方标准

序号	标准编号	标准名称	实施日期
1	DB12/046.01—2011 代替 DB12/046.01-2008	产品单位产量综合能耗计算方法及限额第1部分：总则	2012-01-01
2	DB12/046.02—2011 代替 DB12/046.02-2008	产品单位产量综合能耗计算方法及限额第2部分：吨钢	2012-01-01
3	DB12/046.03—2011 代替 DB12/046.03-2008	产品单位产量综合能耗计算方法及限额第3部分：无缝钢管	2012-01-01
4	DB12/046.04—2011 代替 DB12/046.04-2008	产品单位产量综合能耗计算方法及限额第4部分：转炉炼钢	2012-01-01
5	DB12/046.05—2011 代替 DB12/046.05-2008	产品单位产量综合能耗计算方法及限额第5部分：电炉炼钢	2012-01-01
6	DB12/046.07—2011 代替 DB12/046.07-2008	产品单位产量综合能耗计算方法及限额第7部分：炼铁	2012-01-01
7	DB12/046.08—2011 代替 DB12/046.08-2008	产品单位产量综合能耗计算方法及限额第8部分：冷拔无缝钢管	2012-01-01
8	DB12/046.09—2011 代替 DB12/046.09-2008	产品单位产量综合能耗计算方法及限额第9部分：棒材工序	2012-01-01
9	DB12/046.10—2011 代替 DB12/046.10-2008	产品单位产量综合能耗计算方法及限额第10部分：热轧无缝钢管	2012-01-01

续表

序号	标准编号	标准名称	实施日期
10	DB12/046.11—2011 代替 DB12/046.11-2008	产品单位产量综合能耗计算方法及限额第 11 部分：热轧带钢	2012-01-01
11	DB12/046.12—2011 代替 DB12/046.12-2008	产品单位产量综合能耗计算方法及限额第 12 部分：中、厚板	2012-01-01
12	DB12/046.13—2011 代替 DB12/046.13-2008	产品单位产量综合能耗计算方法及限额第 13 部分：小型材	2012-01-01
13	DB12/046.14—2011 代替 DB12/046.14-2008	产品单位产量综合能耗计算方法及限额第 14 部分：烧结工序	2012-01-01
14	DB12/046.15—2011 代替 DB12/046.15-2008	产品单位产量综合能耗计算方法及限额第 15 部分：线材	2012-01-01
15	DB12/046.16—2011 代替 DB12/046.16-2008	产品单位产量综合能耗计算方法及限额第 16 部分：焦化工序	2012-01-01
16	DB12/046.17—2011 代替 DB12/046.17-2008	产品单位产量综合能耗计算方法及限额第 17 部分：冷轧薄板	2012-01-01
17	DB12/046.18—2011 代替 DB12/046.18-2008	产品单位产量综合能耗计算方法及限额第 18 部分：阳极铜精炼	2012-01-01
18	DB12/046.19—2011 代替 DB12/046.19-2008	产品单位产量综合能耗计算方法及限额第 19 部分：电解铜精炼	2012-01-01
19	DB12/046.20—2011 代替 DB12/046.20-2008	产品单位产量综合能耗计算方法及限额第 20 部分：氧化铝型材	2012-01-01
20	DB12/046.21—2011 代替 DB12/046.21-2008	产品单位产量综合能耗计算方法及限额第 21 部分：挤压铝型材	2012-01-01
21	DB12/046.22—2011 代替 DB12/046.22-2008	产品单位产量综合能耗计算方法及限额第 22 部分：原油加工	2012-01-01
22	DB12/046.23—2011 代替 DB12/046.23-2008	产品单位产量综合能耗计算方法及限额第 23 部分：原油加工单位能量因数	2012-01-01
23	DB12/046.24—2011 代替 DB12/046.24-2008	产品单位产量综合能耗计算方法及限额第 24 部分：乙烯	2012-01-01
24	DB12/046.25—2011 代替 DB12/046.25-2008	产品单位产量综合能耗计算方法及限额第 25 部分：涤纶短丝	2012-01-01
25	DB12/046.26—2011 代替 DB12/046.26-2008	产品单位产量综合能耗计算方法及限额第 26 部分：涤纶长丝	2012-01-01

续表

序号	标准编号	标准名称	实施日期
26	DB12/046.27—2011 代替 DB12/046.27-2008	产品单位产量综合能耗计算方法及限额第 27 部分：PTA 装置	2012-01-01
27	DB12/046.28—2011 代替 DB12/046.28-2008	产品单位产量综合能耗计算方法及限额第 28 部分：聚乙烯	2012-01-01
28	DB12/046.29—2011 代替 DB12/046.29-2008	产品单位产量综合能耗计算方法及限额第 29 部分：聚丙烯	2012-01-01
29	DB12/046.30—2011 代替 DB12/046.30-2008	产品单位产量综合能耗计算方法及限额第 30 部分：火力发电厂供电	2012-01-01
30	DB12/046.31—2011 代替 DB12/046.31-2008	产品单位产量综合能耗计算方法及限额第 31 部分：火力发电厂供热	2012-01-01
31	DB12/046.33—2011 代替 DB12/046.33-2008	产品单位产量综合能耗计算方法及限额第 33 部分：工程轮胎	2012-01-01
32	DB12/046.34—2011 代替 DB12/046.34-2008	产品单位产量综合能耗计算方法及限额第 34 部分：顺酐	2012-01-01
33	DB12/046.35—2011 代替 DB12/046.35-2008	产品单位产量综合能耗计算方法及限额第 35 部分：电石法聚氯乙烯	2012-01-01
34	DB12/046.37—2011 代替 DB12/046.37-2008	产品单位产量综合能耗计算方法及限额第 37 部分：炭黑	2012-01-01
35	DB12/046.38—2011 代替 DB12/046.38-2008	产品单位产量综合能耗计算方法及限额第 38 部分：环氧氯丙烷	2012-01-01
36	DB12/046.39—2011 代替 DB12/046.39-2008	产品单位产量综合能耗计算方法及限额第 39 部分：环氧丙烷	2012-01-01
37	DB12/046.40—2011 代替 DB12/046.40-2008	产品单位产量综合能耗计算方法及限额第 40 部分：氯化钾	2012-01-01
38	DB12/046.41—2011 代替 DB12/046.41-2008	产品单位产量综合能耗计算方法及限额第 41 部分：合成氨	2012-01-01
39	DB12/046.43—2011 代替 DB12/046.43-2008	产品单位产量综合能耗计算方法及限额第 43 部分：平板玻璃	2012-01-01
40	DB12/046.44—2011 代替 DB12/046.44-45-2008	产品单位产量综合能耗计算方法及限额第 44 部分：水泥	2012-01-01
41	DB12/046.46—2011 代替 DB12/046.46-2008	产品单位产量综合能耗计算方法及限额第 46 部分：粉磨站水泥	2012-01-01

序号	标准编号	标准名称	实施日期
42	DB12/046.48—2011 代替 DB12/046.48-2008	产品单位产量综合能耗计算方法及限额第 48 部分：石膏板	2012-01-01
43	DB12/046.49—2011 代替 DB12/046.49-2008	产品单位产量综合能耗计算方法及限额第 49 部分：页岩砖	2012-01-01
44	DB12/046.50—2011 代替 DB12/046.50-2008	产品单位产量综合能耗计算方法及限额第 50 部分：微型轿车	2012-01-01
45	DB12/046.51—2011 代替 DB12/046.51-2008	产品单位产量综合能耗计算方法及限额第 51 部分：汽车发动机	2012-01-01
46	DB12/046.52—2011 代替 DB12/046.52-2008	产品单位产量综合能耗计算方法及限额第 52 部分：汽车桥	2012-01-01
47	DB12/046.53—2011 代替 DB12/046.53-2008	产品单位产量综合能耗计算方法及限额第 53 部分：电焊丝	2012-01-01
48	DB12/046.54—2011 代替 DB12/046.54-2008	产品单位产量综合能耗计算方法及限额第 54 部分：齿轮机床	2012-01-01
49	DB12/046.55—2011 代替 DB12/046.55-2008	产品单位产量综合能耗计算方法及限额第 55 部分：冰箱压缩机	2012-01-01
50	DB12/046.56—2011 代替 DB12/046.56-2008	产品单位产量综合能耗计算方法及限额第 56 部分：电焊条	2012-01-01
51	DB12/046.57—2011 代替 DB12/046.57-2008	产品单位产量综合能耗计算方法及限额第 57 部分：机械电炉钢	2012-01-01
52	DB12/046.58—2011 代替 DB12/046.58-2008	产品单位产量综合能耗计算方法及限额第 58 部分：机车车辆弹簧件	2012-01-01
53	DB12/046.59—2011 代替 DB12/046.59-2008	产品单位产量综合能耗计算方法及限额第 59 部分：曲轴锻件	2012-01-01
54	DB12/046.60—2011 代替 DB12/046.60-2008	产品单位产量综合能耗计算方法及限额第 60 部分：铅酸电池	2012-01-01
55	DB12/046.61—2011 代替 DB12/046.61-2008	产品单位产量综合能耗计算方法及限额第 61 部分：镍氢电池	2012-01-01
56	DB12/046.62—2011 代替 DB12/046.62-2008	产品单位产量综合能耗计算方法及限额第 62 部分：锂电子电池	2012-01-01
57	DB12/046.63—2011 代替 DB12/046.63-2008	产品单位产量综合能耗计算方法及限额第 63 部分：精纺毛织品	2012-01-01

序号	标准编号	标准名称	实施日期
58	DB12/046.64—2011 代替 DB12/046.64-2008	产品单位产量综合能耗计算方法及限额第 64 部分：印染布	2012-01-01
59	DB12/046.65—2011 代替 DB12/046.65-2008	产品单位产量综合能耗计算方法及限额第 65 部分：棉布	2012-01-01
60	DB12/046.66—2011 代替 DB12/046.66-2008	产品单位产量综合能耗计算方法及限额第 66 部分：棉纱	2012-01-01
61	DB12/046.67—2011 代替 DB12/046.67-2008	产品单位产量综合能耗计算方法及限额第 67 部分：地塞米松	2012-01-01
62	DB12/046.68—2011 代替 DB12/046.68-2008	产品单位产量综合能耗计算方法及限额第 68 部分：大输液	2012-01-01
63	DB12/046.69—2011 代替 DB12/046.69-2008	产品单位产量综合能耗计算方法及限额第 69 部分：复方丹参滴丸	2012-01-01
64	DB12/046.70—2011 代替 DB12/046.70-2008	产品单位产量综合能耗计算方法及限额第 70 部分：咖啡因	2012-01-01
65	DB12/046.71—2011 代替 DB12/046.71-2008	产品单位产量综合能耗计算方法及限额第 71 部分：软饮料	2012-01-01
66	DB12/046.72—2011 代替 DB12/046.72-2008	产品单位产量综合能耗计算方法及限额第 72 部分：卷烟	2012-01-01
67	DB12/046.73—2011 代替 DB12/046.73-2008	产品单位产量综合能耗计算方法及限额第 73 部分：白酒	2012-01-01
68	DB12/046.74—2011 代替 DB12/046.74-2008	产品单位产量综合能耗计算方法及限额第 74 部分：造纸	2012-01-01
69	DB12/046.75—2011 代替 DB12/046.75-2008	产品单位产量综合能耗计算方法及限额第 75 部分：油墨	2012-01-01
70	DB12/046.76—2011 代替 DB12/046.76-2008	产品单位产量综合能耗计算方法及限额第 76 部分：啤酒	2012-01-01
71	DB12/046.77—2011 代替 DB12/046.77-2008	产品单位产量综合能耗计算方法及限额第 77 部分：酒精	2012-01-01
72	DB12/046.78—2011 代替 DB12/046.78-2008	产品单位产量综合能耗计算方法及限额第 78 部分：瓦楞纸	2012-01-01
73	DB12/046.79—2011 代替 DB12/046.79-2008	产品单位产量综合能耗计算方法及限额第 79 部分：洗衣粉	2012-01-01

序号	标准编号	标准名称	实施日期
74	DB12/046.80—2011 代替 DB12/046.80-2008	产品单位产量综合能耗计算方法及限额第 80 部分：油漆	2012-01-01
75	DB12/046.81—2011 代替 DB12/046.81-2008	产品单位产量综合能耗计算方法及限额第 81 部分：食用油	2012-01-01
76	DB12/046.82—2011 代替 DB12/046.82-2008	产品单位产量综合能耗计算方法及限额第 82 部分：空调器	2012-01-01
77	DB12/046.83—2011 代替 DB12/046.83-2008	产品单位产量综合能耗计算方法及限额第 83 部分：微波炉	2012-01-01
78	DB12/046.84—2011 代替 DB12/046.84-2008	产品单位产量综合能耗计算方法及限额第 84 部分：聚苯乙烯发泡制品	2012-01-01
79	DB12/046.85—2011 代替 DB12/046.85-2008	产品单位产量综合能耗计算方法及限额第 85 部分：显像管、显示器	2012-01-01
80	DB12/046.86—2011 代替 DB12/046.86-2008	产品单位产量综合能耗计算方法及限额第 86 部分：贴片电容	2012-01-01
81	DB12/046.87—2011 代替 DB12/046.87-2008	产品单位产量综合能耗计算方法及限额第 87 部分：集成电路	2012-01-01
82	DB12/046.88—2011 代替 DB12/046.88-2008	产品单位产量综合能耗计算方法及限额第 88 部分：晶振	2012-01-01
83	DB12/046.89—2011 代替 DB12/046.89-2008	产品单位产量综合能耗计算方法及限额第 89 部分：手机	2012-01-01
84	DB12/046.90—2011 代替 DB12/046.90-2008	产品单位产量综合能耗计算方法及限额第 90 部分：通信机	2012-01-01
85	DB12/046.91—2011 代替 DB12/046.91-2008	产品单位产量综合能耗计算方法及限额第 91 部分：葡萄酒	2012-01-01
86	DB12/046.92—2011 代替 DB12/046.92-2008	产品单位产量综合能耗计算方法及限额第 92 部分：酸奶	2012-01-01
87	DB12/046.93—2011 代替 DB12/046.93-2008	产品单位产量综合能耗计算方法及限额第 93 部分：超高温无菌奶	2012-01-01
88	DB12/046.94—2011 代替 DB12/046.94-2008	产品单位产量综合能耗计算方法及限额第 94 部分：自来水	2012-01-01
89	DB12/046.95—2011 代替 DB12/046.95-2008	产品单位产量综合能耗计算方法及限额第 95 部分：港口吞吐量	2012-01-01

续表

序号	标准编号	标准名称	实施日期
90	DB12/046.96—2011	产品单位产量综合能耗计算方法及限额第 96 部分：钢绞线	2012-01-01
91	DB12/046.97—2011	产品单位产量综合能耗计算方法及限额第 97 部分：高频直缝焊管	2012-01-01
92	DB12/046.98—2011	产品单位产量综合能耗计算方法及限额第 98 部分：管桩	2012-01-01
93	DB12/046.99—2011	产品单位产量综合能耗计算方法及限额第 99 部分：变压器	2012-01-01
94	DB12/046.100—2011	产品单位产量综合能耗计算方法及限额第 100 部分：果汁饮料	2012-01-01
95	DB12/046.101—2011	产品单位产量综合能耗计算方法及限额第 101 部分：低氧铜杆	2012-01-01
96	DB12/046.102—2011	产品单位产量综合能耗计算方法及限额第 102 部分：汽车轮胎	2012-01-01
97	DB12/046.103—2011	产品单位产量综合能耗计算方法及限额第 103 部分：摩托车	2012-01-01
98	DB12/046.104—2011	产品单位产量综合能耗计算方法及限额第 104 部分：棕榈油	2012-01-01
99	DB12/046.105—2011	产品单位产量综合能耗计算方法及限额第 105 部分：燃煤集中供热热源厂	2012-01-01
100	DB12/046.106—2011	产品单位产量综合能耗计算方法及限额第 106 部分：石灰	2012-01-01

资料来源：天津市地方标准发布通告第 55 号，2011 年 12 月 21 日，见 http：//www.tjzfxxgk.gov.cn/tjep/ConInfoParticular.jsp？id=29038。

参 考 文 献

陈向阳、黄艺俊:《论环境污染与经济增长之间的关系——以广东省和贵州省为例》,《区域经济评论》2014 年第 1 期。

丁春香、张秋辉:《英国天然气产业发展政策及启示》,《天然气技术》2009 年第 3 期。

方大春、孙明月、郑晴晴:《经济增长、产业结构与二氧化碳排放量——基于 2001—2011 年面板数据》,《石家庄经济学院学报》2014 年第 1 期。

龚海莹:《日本核能发展路径》,《中国报道》2011 年第 4 期。

龚慧峰:《八十年代美国产业结构调整的特点与前景》,《世界经济》1985 年第 12 期。

国家发改委节能管理信息化赴英国培训班:《英国节能工作对我国的启示》,《国外能源》2009 年第 9 期。

高文辉:《发展天然气法制要先行——英国天然气工业发展与监管的启示》,《中国石油企业》2006 年第 4 期。

高静、黄繁华:《贸易视角下经济增长和环境质量的内在机理研究——基于中国 30 个省市环境库兹涅茨曲线的面板数据分析》,《上海财经大学学报》2011 年第 5 期。

韩永文:《德国的产业结构变化、支柱产业和产业政策》,《经济改革与发展》1995 年第 11 期。

黄有光:《从诺奖得主到凡夫俗子的经济学谬误》,复旦大学出版社 2011 版。

华金秋、王瑗等:《欧盟发展低碳经济的成功经验及其启示》,《科技管理研究》2010 年第 11 期。

胡宗义、刘亦文、唐李伟:《低碳经济背景下碳排放的库兹涅茨曲线研究》,《统计研究》2013 年第 30 期。

胡涛、吴玉萍等:《减少我国贸易的资源环境"逆差"》,《环境保护》2007 年第 8 期。

贾惠婷:《能源效率、产业结构与环境库兹涅茨曲线——基于中国省际数据的实证分析》,《企业经济》2013 年第 4 期。

靳步:《英国第三产业发展述评》,《经济问题探索》1986 年第 3 期。

刘立群:《德国产业结构变动的绿色化趋势》,《德国研究》1999 年第 3 期。

刘华军、闫庆悦、孙曰瑶:《中国二氧化碳排放的环境库兹涅茨曲线——基于时间序列与面板数据的经验估计》,《中国科技论坛》2011 年第 4 期。

刘宇光:《英国节能减排政策及其启示》,《神华科技》2009 年第 3 期。

刘文秀、埃米尔.J.科什纳等:《欧洲联盟政策及政策过程研究》,法律出版社 2003 年版。

联合国开发计划署:《中国人类发展报告.2009/10:迈向低碳经济和社会的可持续未来》,中国对外翻译出版公司 2010 年版。

李春花、何延昆:《出口贸易的隐含碳排放研究——基于天津市实证分析》,《生态经济》2014 年第 2 期。

李影:《基于 ARDL 模型的我国碳排放、出口贸易和经济发展之间的关联分析》,《福州大学学报(哲学社会科学版)》2012 年第 4 期。

林伯强、蒋竺均:《中国二氧化碳的环境库兹涅茨曲线预测及影响因素分析》,《管理世界》2009 年第 4 期。

马晓明、蔡羽:《中国低碳金融发展报告 2014》,北京大学出版社 2014 年版。

闵继胜、胡浩:《中国农业生产温室气体排放量的测算》,《中国人口·资源与环境》2012 年第 7 期。

庞中鹏:《日本能源外交研究》,博士学位论文,中国社会科学院研究生院,2008 年。

齐康:《英国应对气候变化的节能减排政策措施》,《上海节能》2010 年第 4 期。

齐晔、李惠民、徐明:《中国进出口贸易中的隐含碳估算》,《中国人口·资源与环境》2008 年第 3 期。

孙振清等:《全球气候变化谈判历程与焦点》,中国环境出版社 2013 年版。

宋丹瑛、张天柱:《论资源环境优化产业升级——以战后日本产业结构调整为例》,《技术经济与管理研究》2012 年第 3 期。

孙小羽、臧新:《中国出口贸易的能耗效应和环境效应的实证分析——基于混合单位投入产出模型》,《数量经济技术经济研究》2009 年第 4 期。

王庆一:2014 年能源数据,能源基金会。

王红霞:《德国的建筑节能措施及对我国的启示》,《科技情报开发与经济》2010 年第 9 期。

王群、韩晓艳:《欧盟低碳经济策略及其对中国的启示》,《经济研究导刊》2012 年第 5 期。

王良举、王永培、李逢春:《环境库兹涅茨曲线存在吗?——来自 CO_2 排放量的国际数据验证》,《软科学》2011 年第 8 期。

王杜斌:《钢铁冶金概论》,化学工业出版社 2014 年版。

王天凤、张珺:《出口贸易对我国碳排放影响之研究》,《国际贸易问题》2011 年第 3 期。

徐琪:《德国发展低碳经济的经验以及对中国的启示》,《世界农业》2010 年第 3 期。

许广月、宋德勇:《我国出口贸易、经济增长与碳排放关系的实证研究》,《国际贸易问题》2010 年第 1 期。

相震:《德国节能减排低碳经验及启示》,《三峡环境与生态》2011 年第 3 期。

叶玉:《渐进主义与美国能源政策发展》,《国际展望》2010 年第 2 期。

叶静亚:《二战后日本能源安全政策演变分析》,《特区经济》2011 年第 12 期。

张宝珍:《在"能源危机"的威胁下,日本是如何进行其产业结构的调整的》,《世界经济》1981 年第 11 期。

赵嘉、唐家龙:《美国产业结构演进与现代产业体系发展及其对中国的启示——基于美国 1947—2009 年经济数据的考察》,《科学学与科学技术管理》2012 年第 1 期。

张峰、蒋婷:《碳排放与出口贸易和经济增长之间的关系研究——对山东省 1984—2008 年数据的计量分析》,《生态经济》2011 年第 2 期。

张毓卿、周才云:《江西省出口贸易额与碳排放量关系的统计检验》,《统计与决策》2012 年第 12 期。

Ahmad, Wyckoff A., "Carbon Dioxide Emissions Embodied in International Trade of Goods", *OECD Science Technology and Industry Working Paper* 15. OECD Publishing, Paris, 2003.

Ang, J. B, "Economic Development, Pollutant Emissions and Energy Consumption in Malaysia", *Policy Model*, Vol. 30, No. 2(March-April 2008), pp. 271−278.

Agras, J., Chapman, D, "A Dynamic Approach to the Environmental Kuznets Curve-Hypothesis", *Ecological Economics*, Vol. 28, No. 2 (Feb. 1999), pp. 267−277.

Copeland B R, Taylor M S, "Trade, Growth and the Environment", *Journal of Economic Literature*, Vol. 42, No. 1 (March 2004), pp. 7−71.

Dabo Guan, Klaus Hubacek, Christopher L. Weber, Glen P. Peters, David M. Reiner "The Drivers of Chinese CO_2 Emissions From 1980 to 2030", *Global Environmental Change*, Vol. 18. No. 4(October 2008), pp. 626−634.

Dinda, S, "Environmental Kuznets Curve Hypothesis: A Survey", *Ecological Economics*, Vol. 49, No. 4 (August2004), pp. 431−455.

Galeotti, M., Lanza, A. and Pauli, F., "Reassessing the Environmental Kuznets Curve for CO_2 Emissions: A Robustness Exercise", *Ecological Economics*, Vol. 57, No. 1 (April 2006), pp. 152−163.

Grossman G M, Kreuger A B. "Environmental Impacts of a North American Free Trade Agreement", *The U.S.-MexicoFree Trade Agreement*, 1994.

Jung, S.W, Won, D.H, "The Role of Energy Consumption in Environmental Kuznets curve in South Korea", *Global Conference on Business and Finance Proceedings*, Vol. 9. No. 1(Jan. 2014), pp. 303−314.

JanneHaal and Matlary, *Energy Policy in the European Union*. Macmillan press Ltd., 1997.

Jiangbing, Sunzhenqing, liuMeiqin, "China's Energy Development Strategy Under the Low-carbon Economy", *Energy*, No. 35, 2010, pp. 4257−4264.

Joyashree Roy, Duke Ghosh, etc., "Fiscal Instruments: Crucial Role in Financing Low Carbon Transition in Energy Systems". *Current Opinion in Environmental Sustain-*

ability, Vol. 5, No. 2(2013), pp. 261–269.

Li, Y., and C. N. Hewitt, "The Effect of Trade Between China and the UK on National and Global Carbon Dioxide Emissions", *Energy Policy*, Vol. 36, No. 6 (June 2008), pp. 1907–1914.

Lopez R, "The Environment as a Factor of Production: The Effects of Economic Growth and Trade Liberalization", *Journal of Environmental Economics*, Vol. 27, No. 2 (April 1994), pp. 163– 184.

Matthew A. Cole. "Trade, the Pollution Haven Hypothesis and the Environmental Kuznets Curve: Examining the Linkages", *Ecological Economics*, Vol. 48. No. 1 (Jan. 2004), pp. 71– 81.

Machado G.Schaeffer R, Worrell E., "Energy and Carbon Embodied in the International Trade of Brazil: an Input Output Approach", *Ecological Economics*, Vol. 39, No. 3 (Dec. 2001) pp. 409–424.

Martin Wagner. "The Carbon Kuznets Curve: A Cloudy Picture Emitted by Bad Econometrics?", *Resource and Energy Economics*, Vol. 30, No. 3 (August 2008), pp. 388–408.

Peters, G. P. and E. G. Hertwich, "Pollution Embodied in Trade: The Norwegian Case", *Global Environmental Change*", Vol. 16, No. 4(Oct. 2006), pp. 379–387.

Pao, H.T., Fu, H. C., Tseng, C. L, "Forecasting of Emissions, Energy Consumption and Economic Growth in China Using an Improved Grey Model", *Energy*, Vol. 40, No. 1 (April 2012), pp. 400–409.

Shahbaz, M., Lean, H. H., Shabbir, M.S, "Environmental Kuznets Curve Hypothesis in Pakistan: Cointegration and Granger Causality", *Renew. Sustain. EnergyRev.*, Vol. 16, No. 5(June 2012), pp. 2947–2953.

Shui, B., and R.C.Harriss, "The Role of CO_2 Embodiment in US–China Trade", *Energy Policy*, Vol. 34, No. 18(Dec. 2006), pp. 4063–4068.

Selden, T. M., Song, D, "Environmental Quality and Development: Is There a Kuznets Curve for Air Pollution Emissions?" *Environmental Economics and Management*, Vol. 27, No. 2 (Sep. 1994), pp. 147–162.

Schmalensee, R., Stoker, T. M., Judson, R. A, "World Carbon Dioxide Emissions: 1950-2050", *Rev. Econ. Stat.*, Vol. 80, No. 1 (Feb. 1998), pp. 15-27.

Wyckoff A.W, Roop J.M. "The Embodiment of Carbon in Imports of Manufactured Products: Implications for International Agreements on Greenhouse Gas Emissions", *Energy Policy*, Vol. 22. No. 3 (March 1994), pp. 187-194.

Weber C L, Matthews H S., "Quantifying the Global and Distributional Aspects of American Household Carbon Footprint", *Ecological Economics*, Vol. 66. No. 2 - 3 (June 2008), pp. 379-391.

Zaim, O., Taskin, F, "A Kuznets Curve in Environmental Efficiency: An Application on OECD Countries", *Environ. Resour. Econ.*, Vol. 17. No. 1 (Sep. 2000), pp. 21-36.

后　记

　　本书将要提交出版,正值中国实现新常态发展、《巴黎协定》刚刚在法国巴黎获得大会通过。对于中国这样的排放大国,其约束将是紧迫且长期的。所谓紧迫是指其对中国的约束马上就要到来,尤其 1.5 度温升的约束,必须应对。所谓长期是指,要在 2018 年提交 2030 年后的减排目标,也就是说,长期的约束也要提到日程上来,而且每五年一次的盘点,对透明度要求更高。

　　峰值问题成为 2015 年后各方讨论的焦点,更是对中国未来发展的一种预期。西方发达国家的经济发展经验告诉我们,碳排放峰值是在经济发展进入后工业化时代才出现的,是在完成资本积累、环境也得到改善之后才产生的。而我国还处在工业化后期,工业化还远没有完成,污染尤其是雾霾就大范围出现了。一方面要减排温室气体,另一方面还要进行工业化建设,这是一个非常大的矛盾,因为我国不能再走西方发达国家那种老路了。必须在经济保持一定发展速度基础上,进行环境治理,避免进入中等收入陷阱。这一两难问题,较早地出现在国人面前,而且不得不面对!

　　峰值问题带给国人的是一种倒逼机制,是国际气候变化谈判压力、两度温升的国际环境使然,但更是我国经济社会发展、人民增加福祉的内在需求。雾霾的出现是大量使用化石能源造成的,减少雾霾的根本出路,只有减少化石能源尤其是煤炭的使用。而这些会触动相关者的利益,他们会与政府进行博弈,于是就出现这样的情形:一方面雾霾加重,另一方面下放审批权的燃煤电厂却纷纷获批。光伏、风电等清洁电力被纷纷浪费掉。

　　所以说峰值问题,远不是一个碳排放何时、达到多高的峰值问题,而是在经济发展与保护环境都要重视,是否要以保护环境为第一要务的观念问题,是解决当前吃饭问题,还是考虑未来子孙后代的可持续发展问题,更是我国能否顺利进行经济转型的问题。天津的碳排放峰值问题是中国的一个缩影,希望本书的出版能给政府和学界应对转型问题带来进一步的思考,使之有所裨益,也为天津能够尽早达峰、顺利实现绿色、低碳转型发展有所启发。

全体著者于天津

2016 年 1 月 25 日

责任编辑:宰艳红

封面设计:王欢欢

图书在版编目(CIP)数据

峰值目标下中国低碳发展路径选择研究:以天津为例/孙振清等 著. —北京:
　人民出版社,2016.8

ISBN 978-7-01-016216-4

Ⅰ.①峰…　Ⅱ.①孙…　Ⅲ.①节能-经济发展-研究-中国　Ⅳ.①F124

中国版本图书馆 CIP 数据核字(2016)第 103391 号

峰值目标下中国低碳发展路径选择研究

FENGZHI MUBIAO XIA ZHONGGUO DITAN FAZHAN LUJING XUANZE YANJIU

——以天津为例

孙振清 等 著

人民出版社 出版发行

(100706　北京市东城区隆福寺街 99 号)

北京明恒达印务有限公司印刷　新华书店经销

2016 年 8 月第 1 版　2016 年 8 月北京第 1 次印刷

开本:710 毫米×1000 毫米 1/16　印张:22

字数:350 千字

ISBN 978-7-01-016216-4　定价:55.00 元

邮购地址 100706　北京市东城区隆福寺街 99 号

人民东方图书销售中心　电话 (010)65250042　65289539